日本司法省視察記 三

일본 사법성 시찰기 삼

조사시찰단기록 번역총서

8

日本司法省
視察記 三

—

일본 사법성 시찰기 삼

엄세영 지음 / 이주해 옮김

보고사
BOGOSA

통도사 입구 선자 바위에는 1881년 신사유람단으로 일본을 다녀온 12명의 조사(朝士) 이름이 새겨져있는데, 엄세영(嚴世永)과 심상학(沈相學), 언양현감(彦陽縣監)을 지낸 이민희(李民熙) 등의 이름도 확인할 수 있다. 파견된 조사(朝士)들의 주요 경유지가 경상도 양산이었고, 특히 엄세영 등은 돌아오는 길에 통도사에 들러 무려 18일 간이나 머물렀기 때문이다. 일본의 선진 문물을 배우고 수입하기 위해 조사시찰단으로 파견된 이들이 바위에 정으로 쪼아가며 직접 이름을 새겼을지, 아니면 누군가가 한 번에 도맡아 새겼을지, 추측밖에는 할 수 없다. 하지만 자신들이 수행하는 임무가 역사에 길이 남을 일이라는 것은 그들 스스로도 명확히 인지했을 터이다. 시대의 흐름에 뒤늦게 합류한 그들의 마음 또한 비장하고 절실했을 터이다.

이들은 각기 12개 분야, 즉 정부 각 부서, 육군, 세관, 포병공창, 박물관, 도서관, 산업시설 등으로 나뉘어 임무를 수행하였고, 맡은 바 임무를 마치고 7월에 귀국한 뒤에는 조사, 시찰한 내용을 복명했다. 그 내용은 문견사건류(聞見事件類)와 시찰기류(視察記類)로 나뉘는데, 엄세영이 시찰을 담당했던 부서는 사법성(司法省), 그가 작성한 기록은 『일본사법성시찰기(日本司法省視察記)』이다. 이는 메이지 시대 일본의 사법체계와 민법초안(民法草案)을 제외한 법전 전부를 채록한 보고서로서, 엄세영 스스로 밝혔듯 "사무장정·형법·치죄법·소송법·감옥칙(監獄則)·신율

강령(新律綱領)·개정율례촬요(改定律例撮要)·개정율례(改定律例) 등 7권을 한문으로 옮겨 엮은" 것이다.

전근대에서 근대로 향하는 첫걸음 중에 제도화된 법률이 지니는 의미는 그 어떤 영역보다도 막대하다. 윤리 도덕이 아닌 성문화된 법으로 다스리는 법치국가로 나아가기 위해서 무엇보다 시급한 것이 바로 법제의 개편이기 때문이다. 엄세영이 이처럼 무거운 책임 의식을 가지고 일본어 법전을 한문으로 옮겼듯, 120년 가까이 지난 지금 나는 이 글을 다시 한글로 옮겼다. 그리고 그 안에 적힌 내용이 오늘날까지도 상당부분 유효함에 적잖은 충격을 받았다. 이 방대하고도 중대한 역사 기록 중 일부의 번역에 참여하게 된 것에 감사한다.

2018년 더운 여름, 이주해

일러두기

1. 서울대학교 규장각한국학연구원 소장 필사본을 저본으로 하여 번역하였다.

2. 번역문, 원문, 영인본 순서로 수록하였다.

3. 일본의 지명은 우리말 독음으로 표기한 다음 ( )안에 한자와 일본어 발음을 병기했다.

4. 원주는 번역문에【 】로 표기하고 본문보다 작은 글자로 편집하였다. 원문에서도 동일한 방식으로 편집하였다. 각주는 모두 역자 주이다.

5. 원문에는 없지만 이해를 돕기 위해 필요한 내용이 있으면 ( )안에 삽입하였다.

일본 사법성 시찰기 삼

1. 기본 서지

1) 표제 : 일본사법성시찰기 삼(日本司法省視察記 三)

2) 판사항 : 필사본(筆寫本)

3) 발행사항 : 없음

4) 표기문자 : 한문(漢文)

5) 형태사항 : 3책(冊) 6편(編) 480조(條)

2. 저자

　엄세영(嚴世永 : 1831~1900). 조선후기의 문신. 본관은 영월. 자는 윤익(允翼), 호는 범재(凡齋). 엄석우(嚴錫愚)의 아들이다. 1863년(고종 1년)에 증광문과에 병과로 급제하여 승정원가주서, 부사정에 임명되었고 이듬해에 주서가 되었다. 1866년에는 홍문관부수찬, 남학교수, 부사과로 선전관, 수찬 등을 역임하였고, 그해 10월부터 1867년 4월까지, 동지사 이풍익(李豊翼)의 서장관으로 임명되어 청나라에 다녀왔다. 귀국 후 부교리, 교리, 부수찬, 부응교, 사헌부집의, 장악정, 1868년에는 종친부정, 분승지 등을 역임하였다.

그 뒤 6년 만에 발탁되어 전라우도 암행어사로 임명되었고, 1875년과 1878년에 이조참의를 지냈다.

1881년 2월 신사유람단의 한 사람으로 일본에 파견되었는데, 수행원으로 엄석주(嚴錫周)와 최성대(崔成大)를, 통사로 서문두(徐文斗) 등을 대동하였다.

이때 그가 시찰을 담당한 부서는 사법성이었고, 이러한 일본 시찰이 토대가 되어 귀국 후 경리통리기무아문사로서 율례사당상이 되었다.

1882년에는 병조참판, 한성부우윤, 임오군란 때는 청군영접관, 한성부좌윤, 성균관대사성을 역임했다.

김홍집 내각 성립 이후 두 차례에 걸쳐 농상아문대신, 판중추부사를 지냈고, 1895년부터 1900년까지 중추원일등의관, 경상북도관찰사, 종일품관으로 궁내부특진관 등을 역임하였다.

편찬서로는 『일본문견록』, 『일본문견별단초(日本聞見別單草)』, 『일본사법성시찰기』 등이 있다. 시호는 숙민(肅敏)이다.[1]

3. 구성

총 7책(冊)으로 구성되어 있는 일본 사법성 시찰기 중 세 번째 책에 해당한다. 내용 구성을 보면 형사 재판소의 구성과 권한, 범죄의 수사, 기소 및 재판절차 등 형사재판제도에 관련된 제반 사항이 설명되어 있

---

1 성씨총람 – 영월엄씨에서 인용.(http://blog.naver.com/PostView.nhn?blogId=jhan
3309&logNo=130018121738)

다. 기술 순서를 보면 각 조항마다 위경죄에서 시작해 경죄, 중죄로 올라가며 명시하고 있다.

4. 내용

1881년(고종 18) 일본에 파견되었던 신사유람단의 한 사람인 행부호군 엄세영(嚴世永)이 귀국한 뒤 작성, 제출한 일본 사법성과 사법행정 시찰보고서 『사법성시찰기』 중 제3책에 해당하는 부분이다. 책의 주제는 '치죄법목록(治罪法目錄)'으로 표기되어 있으며 재판에 관련된 각급 재판소와 재판의 제반절차에 관한 규정이 6편으로 나뉘어 소개되어 있다.

일본 근대법사(近代法史)에 있어 조사시찰단이 파견된 1881년까지는 근세에서 근대로 들어오는 과도기이며, 근대법의 준비 기간이었다고 할 수 있다. 메이지 초기의 법전은 중국 법제의 영향을 크게 받았다. 후에 근대화를 통해 서구 열강과 병립하려했던 메이지 정부는 구법과 차별화된 근대적 법전의 필요성을 절감하고 1870년부터 프랑스 민법(民法)을 모방한 민법전의 편찬에 착수한 결과, 조선의 조사시찰단이 도일하기 한해 전인 1880년에 보와소나드가 편찬한 프랑스계 형법(刑法)과 치죄법(治罪法), 즉 형사소송법이 공포되었는데, 이는 1882년 1월 1일부터 시행되기로 예정되어 있었다.[2] 실제 1882년 1월 1일에 포고된 치죄법의 내용은 살펴보면[3] 엄세영이 소개하고 있는 것과 완전 일치하지는 않

---

[2] 手塚豊, 『明治初期刑法史の研究』(東京: 慶應義塾大學法學研究會, 1956), pp.3~108 참조.

[3] http://ja.wikisource.org/wiki

음을 알 수 있다.[4]

일본 형법은 전문이 한자와 가타카나로 이루어져 있는데, 엄세영이 이를 다시 한역(漢譯)한 것으로 보인다. 흥미로운 사실은 엄세영의 기록이 청나라 황준헌(黃遵憲)의 『일본국지』 권 27, 28 「형법지」 1, 2 부분과 상당부분 유사하다는 사실이다. 황준헌은 주일참찬(駐日參贊)으로서 1877년부터 1882까지 일본에 머물렀는데, 당시 일본 법계의 거대한 변화를 목격하고서 『일본국지』를 저술하기 시작했다. 이 책은 1887년에 완성되었다고 알려져 있으며, 정식으로 출판된 것은 1895년이다. 따라서 그 내용이나 기술이 흡사한 것은 엄세영과 황준헌이 본 것이 동일한 법전이며, 이를 한역하다보니 유사해질 수밖에 없었던 것으로 해석할 수밖에 없을 듯하다.(황준헌은 번역, 기록 이외에 비교적 상세한 주석을 붙이기도 하였으므로 엄세영의 기록과는 분명 차이가 있다.)

제3책에 소개된 치죄법은 모두 6편, 480조로 구성되어 있는데, 주로 다루고 있는 것은 첫째, 대심원, 상등재판소, 지방재판소로 재편성된 재판의 체계, 둘째, 형사 소송의 방식 및 절차, 셋째, 재판과 특사 및 복권에 관한 문제 등이다. 구체적으로 살펴보면, 제1편 총칙에는 공소(公訴)와 사소(私訴)에 대한 조항이, 그리고 제2편 형사재판소 구성 및

---

4 이들 기록은 엄세영 자신이 "대개 형법(刑法)·치죄법(治罪法)·헌법(憲法)·소설법(訴設法)·민법(民法)·상법(商法)이 프랑스인(佛人)이 말하는 육법(六法)이다. [일본이 이를] 다 본뜨지 못했고, 갖추기는 했더라도 소설법 일관(一款)과 같이 시행하기에 이르지 못한 것도 있으므로, 사무장정(事務章程)·형법·치죄법·소송법·감옥칙(監獄則)·신율강령개정율례촬요(新律綱領改定律例撮要)·개정율례(改定律例) 7책을 번역, 편차했다."라고 밝힌 바대로, 일본이 명치유신 이후 당시까지 갖춰 놓은 사법체계와 신구 형법을 망라, 수록해 놓은 것이다.(허동현, 「1881년 朝士視察團의 明治日本 司法制度 이해-嚴世永의 『司法省視察記』와 『聞見事件』을 중심으로)

권한에는 각급 재판소의 구성에 관한 조항이 실려 있다. 제3편 범죄 수사 기소 및 예심에는 고소, 고발, 현행범죄에 관한 수사 원칙, 검찰관과 민사 원고인에 의한 기소 절차, 영장·증거·대질신문·검증과 압류·증인신문·감정 등 예심 절차에 대한 조항이 실려 있다. 제4편 공판(公判)에는 위경죄·경죄·중죄 등 죄질에 따른 공판 절차에 관한 조항이 실려 있다. 제5편 대심원 직무에는 상고(上告)와 재심의 소(訴) 등에 관한 조항이 실려 있다. 제6편 재판시행과 복권 및 특사에는 재판시행·복권·특사에 관한 조항이 실려 있다.

5. 가치

이 글에 기록된 당시의 시행 법규는 일본 메이지(明治) 시대 사법 행정에 관한 전반적인 내용은 물론, 국가제도 및 사회제도, 문화·풍속적 면모 등의 시대상을 엿볼 수 있는 자료가 되기에 충분하다.

조선 시찰단으로서 엄세영은 『사법성시찰기』 중 「치죄법」을 통해 기존의 형법 체계와 확연히 차별화되는 서구식 법제 체계를 처음으로 조선에 소개하였다. "그는 형벌 집행권자인 국가가 형사 절차를 개시하지 않고 원고인 피해자나 일반인의 제소에 의해 절차가 개시되는 탄핵주의(彈劾主義)에 입각한 형사소송 절차, 그리고 검사와 대언인[변호사] 제도 등을 파악하고 소개한 조선 최초의 인물이었다."[5] 민주와 인권 개념이 도입된 새로운 법제의 소개는 당시 조선인들에게 신선한 충격을 안겼을 것이다. 개화기에는 자주적인 법제 정비는 근대국가로 성장하는 데 있

---

5 허동현, 위의 글.

어 초석이었다. 따라서 서구적 법제를 처음으로 도입한 일본 메이지 시대의 치죄법을 번역하고 소개하는 일은, 단순한 기록과 보고라는 차원을 넘어서 조선의 서구 근대법 수용 의지와 그 과정을 살펴보게 하는 중요한 작업이 될 것이다.

치죄법

제1편　총칙

제1조　공소가 발생하면 범인에게 그와 같은 형벌을 적용하는 이유를 증명해야 하며, 검찰관은 법률에 의거하여 각각 집행해야 한다. 【모든 범죄는 공중에게 손해를 입히고 치도를 어지럽히므로 검찰관 스스로가 원고가 되어 공중을 위하고 치도를 보호한다. 그래서 공소라고 한 것이다. 소(訴)라 함은 재판소에 고발하는 것을 말한다.】

제2조　사소가 발생하면 범죄로 인해 발생한 손해나 장물을 배상하거나 복원시켜야 한다. 그러나 이는 피해자에게 속하는 문제이며 또한 반드시 민법에 따라야 한다. 【죄질이 공익에 해를 입히고 치도를 어지럽히는 데 그칠 뿐, 사익과 관계되지 않는 경우란 모반이나 반란, 보화(寶貨) 위조 등을 말한다. 공익과 사익과 치도 모두에 해를 끼치는 경우란 살인과 상해와 절도 등을 말한다. 그러나 사소는 원래 민사에 속한 것이라 보상하고 안 하고는 피고인이 어떻게 하느냐에

달려있으므로 피해자에게 속한 문제라고 한 것이다.】

제3조 피해자의 고소가 있어야만 공소가 발생하는 것은 아니며, 또한 고소와 사소권의 포기로 인해서 소멸되는 것도 아니다.【검찰관이 범죄를 인지하기만 해도 고소를 막을 수 없음을 말한 것이다.】 그러나 법률에 달리 규정된 바가 있을 때는 이 조항의 제한을 받지 않는다.【강간이나 비방죄 등 반드시 직접 고소해야만 처벌할 수 있는 경우를 말한다.】

제4조 사소는 금액의 다소를 불문하고 공소에 부대(附帶)하여 형사재판소에 기소할 수 있다.【공소에 부대하여 사소를 기소할 수 있다고 한 것은 형사재판소에서 사소를 통해 죄증을 아울러 얻을 수 있고, 보상하는 과정에서 공소를 증명할 수도 있으며, 또 피고인에게 민사와 형사 변호를 한꺼번에 하게 하는 등의 편의가 있기 때문이다.】 그러나 법률에서 허락하지 않은 자는 이 조항의 제한을 받지 않는다. 또 사소는 민사재판소에서 따로 기소할 수 있다.

제5조 공소와 사소의 재판은 관할 재판소에서 현행 법률이 정한 소송 절차에 따라 진행해야 한다.【위경죄와 경죄와 중죄는 각기 해당 관할 재판소에서 재판해야 함을 말한 것이다. 또 한 사람이 경죄 및 중죄, 경죄 및 위경죄를 범했을 시 비록 부대죄(附帶罪)가 아니더라도 각각 상급 재판소에서 재판하고, 또 죄질이 중대하여 황실이나 국가나 외환(外患)과 관계 되는 사안이거나 범죄자가 귀족인 경우, 일괄 고등법원에서 재판하는 것 등을 말한 것이다.】

제6조 공소와 사소는 모두 형사재판소에서 진행한다. 형사재판과 민사재판 모두를 진행할 경우, 사소를 공소 재판보다 먼저 진행할 수 없다. 이를 어길 시 선고가 성립되지 않는다.【이 조항은 피고

자를 보호하기 위해 세운 것이다. 즉 먼저 배상과 장물 반환을 선고하게 되면 공소 재판에까지 영향을 미치게 되는 폐단을 면하기 어렵기 때문이다.】

제7조　민사재판소에서 사소가 진행될 시, 검찰관의 기소가 없을 경우에는 사소를 취하해 달라 청하여 다시 형사재판소에 기소할 수 없다.【검찰관의 기소가 있으면 그 사소를 취하해 달라 청하여 형사재판소로 이송할 수 있음을 말한 것이다. 그리하면 원고는 부대 공소의 편이를 얻을 수 있고, 피고는 민사와 형사를 동시에 변호할 수 있다.】 형사재판소에서 사소를 진행하는 사람은 피고와 상의하여 사소를 취하해 달라 청한 다음 다시 민사재판소에 기소할 수 있다. 【상의하라고 한 것은 원고가 자기 쪽의 편의만을 마음대로 도모하는 것을 방지하기 위함이며, 또한 피고를 보호하기 위함이기도 하다.】

제8조　피고인이 면소되었거나 무죄 선고를 받았더라도【면소라 함은 당초의 예심에서 비록 혐의점이 발견되었다 하더라도 명백한 범죄 증거가 없거나, 친속 간의 절도, 공소 기한 만료, 이미 확정판결이 난 사안, 대사면, 혹은 법률 전례 상 본디 면책 대상인 것 등 피고 사건의 죄목이 성립되지 않는 경우를 말한다.】 민법에 의거해 피해자가 요구한 배상이나 장물 반환에 장애가 있게 해서는 안 된다.【만약 피고의 절도 증명이 사람을 오인한 경우라면, 비록 무죄라 하여도 그 재산을 원래 주인에게 돌려주지 않을 수 없다. 전매에 맡겼거나 이미 소비해 버린 경우에도 반드시 배상하게 해야 한다.】

제9조　공소권이 소멸되는 경우는 다음과 같다.

제1항, 피고인이 죽었을 경우

제2항, 고소해야 하거나 고소당한 자에 대해 피해자가 기권했

거나 사적으로 화해한 경우

제3항, 확정판결 난 경우【상소 기한이 지났거나 상소 재판을 이미 거쳐 더 이상 건드릴 수 없는 경우】

제4항, 범죄 후에 법률이 반포, 시행되어 형 집행이 폐지된 경우

제5항, 대사면령이 내려온 경우

제6항, 기만 면제인 경우【이 사항은 시일이 오래되어 증좌가 불분명 해졌거나 공중이 그 죄에 대해 무관심해져 더 이상 개의치 않을 경우, 또 재범의 우환이 없을 경우에 적용한다. 범죄에는 경중이 있고 기한 에는 장단이 있으니, 다음 조목에서 말하는 것이 이에 관한 내용이다.】

제10조 사소권이 소멸되는 경우는 다음과 같다.【형 집행 폐지와 대사면령 은 공소권을 없앨 수는 있지만 사소권을 소멸시킬 수는 없다. 배상의 책임은 재산과 관련된 것이 많으므로 본범이 이미 죽었더라도 유산을 물려받은 자가 있으면 그 책임을 지지 않을 수 없다. 이것이 바로 사소 가 공소와 다른 점이다.】

제1항, 피해자가 기권했거나 사적으로 화해한 경우

제2항, 확정판결 난 경우

제3항, 기만 면제인 경우

제11조 공소의 기만 면제의 기한은 다음과 같다.

제1항, 위경죄, 6개월

제2항, 경죄, 3년

제3항, 중죄, 10년

제12조 사소의 기만 면제의 기한은, 가령 피해자가 민사재판소에 기소 할 능력이 없는 자인데【너무 어리거나 정신질환을 앓고 있는 사람,

금치산자(禁治產者) 등을 말한다.】 민사재판소에 기소한 경우라면 공소와 그 기한이 같다.【민사의 기만 면제의 기한이 비록 조금 연장 되기는 하였으나 범죄로 인해 기소된 것은 공소나 사소나 그 근원이 같다. 공소에서 증좌가 불분명하다면 사소에서도 불분명하다.】

만약 공소에서 이미 처벌 선고를 받은 자라도 민법에서 정한 기만 면제의 예를 따른다.【아직 기한이 지나지 않았는데 이미 처벌 선고를 받은 자라면, 죄증이 명확할 경우 민사의 통례를 따른다는 뜻 이다.】

第13조 공소와 사소의 기만 면제 일자는 범죄일로부터 계산한다. 계속 범죄를 저지른 자는 범죄가 끝난 날로부터 계산한다.

第14조 검찰관 혹은 민사 원고인이 형사재판소에 이미 기소 절차를 밟 았거나, 예심 혹은 공판 절차를 밟았다면, 기만 면제의 기한을 중단할 수 있다. 정범(正犯)과 종범(從犯) 및 민사 관련인 중 발 각되지 아니한 자 역시 마찬가지이다.【본 조는 공중의 권리를 보 호하기 위해 정한 것이다. 즉 범죄 정황이 확실한 자가 기만 면제되면 공중에 해를 입힐 우려가 있기 때문이다.】

기만 면제의 기한이 중단된 자는 예심 및 공판에 대한 기소가 정지된 날로부터 다시 기한을 계산한다. 그러나 전후를 합쳐서 제11조에서 정한 기한의 갑절을 넘어서는 안 된다.【본 조는 피고 인의 손해를 방지하기 위해 정한 것이다. 즉 시일의 구분 없이 기소하 고 시일의 구분 없이 기소 정지하여 공소권만을 영원히 보장할 시, 피 고인에게 해를 입히는 경우가 적지 않기 때문이다.】

第15조 기소 및 예심과 공판의 절차에서 규칙을 어긴 자는 기만 면제의 기한 중단이 성립되지 않는다.【예를 들어 검사가 예심에서 증빙,

참조 물건의 교부를 요구하거나, 범행 장소와 범인의 이름 등을 지시할 경우, 제109조에서 말한 것과 같이 해야지, 그렇지 않으면 규칙 위반이 된다.】

그러나 재판관이 소관을 벗어나 관리한 경우라면 이 조항의 제한을 받지 않는다.【피고인의 소관 부서를 정하는 일은, 기소 처음에는 갑자기 판단하기 어려울 때가 있으므로 비록 소관이 아닌데 관리했다 하더라도 피고인을 무죄라고 할 수 없음을 말한 것이다.】

제16조 피고인 중 면소된 자나 무죄 선고를 받은 자는 당초에 고소, 고발한 자 및 악의에서 민사 소송을 건 원고인, 그리고 중대 과실을 저지른 자에게 손해배상을 청구할 수 있다.

피고인이 비록 처벌 선고를 받았다 하더라도 당초 고소, 고발한 자 및 악의에서 민사 소송을 건 원고인, 그리고 중대 과실로써 실제보다 더한 죄로 고발한 자에게 위와 마찬가지로 할 수 있다.【실제보다 더한 죄라 함은 실수로 살상한 것을 고의로 살상한 것처럼 고소하는 것 등을 가리킨다.】

만약 민사 원고인이 예심이나 공판 선고에 대해 상소했다가 패소했다면, 피고인은 상소로 인해 발생한 손해배상을 청구할 수 있다. 배상청구 소송은 본 안건의 결판 선고가 나기 이전에 해당 재판소에 제기할 수 있다.【본 안건이 선고되고 나면 부대(附帶)의 성질을 잃게 되어 형사재판소에 제소할 수 없음을 말한 것이다. 보상 청구는 형사재판소의 관리 대상이 아니기 때문이다.】

제17조 피고인이 비록 무죄 선고를 받았다 하더라도 재판관, 검찰관 및 서기, 사법경찰관을 향해 손해배상을 청구할 수 없다. 그러나 각 해당 관이 고의로 손해를 입혔거나【예컨대 감금인을 괴롭혀 구

류하거나 사주하여 뇌물을 받은 경우】혹은 형법에서 정한 범죄를 저지른 경우 이 조항의 제한을 받지 않는다.

제18조 본 율에서 '시간'으로써 기한을 계산할 때는 사건이 올라온 즉시부터 계산하고, '날'로써 계산할 때는 첫째 날과 기한이 끝나는 날은 계산하지 않으며, 휴일 또한 기한에 넣어 계산하지 않는다.【휴일이 아니라면 기한에 넣어 계산해야 함을 말한 것이다.】그러나 기만 면제의 기한은 이 조항의 제한을 받지 않는다.【기만 면제는 전적으로 피고인을 위해 만든 것임을 말한 것이다. 기한 계산은 또한 다른 예에 속한다.】

1일이라고 칭한 것은 24시간을 가리키고, 1개월이라 칭한 것은 30일을 가리키며, 1년이라고 칭한 것은 달력에 의거한다.【365일이라고 말하지 않은 것은 연월(年月)이나 대소 윤달의 차이를 구분하지 않고 일괄 1주년으로 계산하기 때문이다.】

제19조 본 율에서 정한 (路程의) 기한은 육로 8리(里)마다 1일로 잡는다. 8리가 되지 않는 경우라도 3리 이상이면 이와 마찬가지이다. 도서 지역이나 외국의 노정에 적용하는 날짜 기준은 다른 법률로 정한다.【도서 지역이라 함은 오직 북해도 유배지만을 가리킨다.】

제20조 본 율에서 정한 소송 기한이 지난 자는 특별한 연고가 있는 경우를 제외하고는 소송 권한을 상실한다.【특별한 연고라 함은 교부한 선고서에 상소 기한이 기록되어 있지 않았거나, 소송 관계인이 자연 재해를 입어 상소 기한을 어기게 된 경우 등을 말한다.】

제21조 소송 관계자가 재판소 소재지에 거주하지 않을 경우, 임시 머무를 곳을 정하여 서기국에 신고해야 한다. 이를 어긴 자는 문서를 교부받지 못했다 하더라도 이의를 제기할 수 없다.【소송 관계

자라 함은 검찰관, 민사 원고인 및 피고인, 민사 관련인 등을 가리
킨다.】

제22조 문서를 소송 관계자에게 전달할 때에는 본 율에 달리 규정된
바가 없는 한 서기가 책자를 만들어 해당 국(局)의 사환 편에
전달해야 한다.

문서를 수령해야 하는 자가 재판소 관할 지역 밖에 있을 시 그
사건을 해당 기관 외부에 있는 재판소 서기에게 위탁해야 한다.

【관리의 권한은 관할 지역을 넘어설 수 없음을 말한 것이다.】

제23조 문서를 전달할 때는 2부를 작성하여 그중 1부를 본인에게 교부
해야 한다. 만약 본인에게 교부가 불가능할 경우, 그 집을 찾아
가 동거 친속 및 고용인에게 교부해야 한다.

문서를 전달한 자는 수령인으로 하여금 2부 모두에 서명, 날인
하게 해야 한다. 서명과 날인을 하지 못한 자가 있으면 그 이유
를 부기해야 한다.

동거 친속이나 고용인에게 교부하지 못했거나 수령하지 않으려
고 할 경우, 당해 처(處)의 호장(戶長)에게 교부해야 한다. 호장
은 문서에 서명한 후 속히 본인에게 교부해야 한다.

전달한 자는 2부의 문서에 수령자 성명, 거주지 및 일시를 기록
해야 한다.

본 조항의 규칙을 어겼을 경우 문서 전달이 성립되지 않는다.
전달인은 문서 1부를 서기국에 제출해야 하며 당해 국에서는
증빙과 함께 이를 보관해야 한다.

제24조 휴일 및 일출 일몰 전후에는 문서 전달을 할 수 없다. 이를 위반
할 시에는 문서 전달이 성립되지 않는다. 그러나 본인이 받겠다

고 허락하였다면 이 조항의 제한을 받지 않는다.【휴일에는 사람들이 대부분 집에 있지 않아서 문서 교부가 지연될 수 있으며, 일출 일몰 전후는 사람들이 고요히 휴식하는 시간이라 민폐를 끼칠까봐 우려되기 때문이다.】

제25조 관리의 문서는 본부 소속 관인을 사용해야 하고, 연월일 및 거주지를 기록한 다음 서명, 날인해야 한다. 또 매 쪽 계인(契印)[1]을 찍어야 한다. 관인을 사용할 수 없는 경우에는 사유를 부기해야 한다. 이를 위반할 시에는 문서가 성립되지 않는다.

관리의 문서가 아닌 경우, 본인이 직접 서명, 날인해야 한다. 서명, 날인을 할 수 없는 경우, 관리와 대면하여 작성하는 것 이외에 사람을 대동[2]하여 대신 서명하게 하고, 그 사유를 부기해야 한다.

제26조 작성된 소송 문서의 정본 및 등본은 관사(官私) 구분 없이 문자를 고치거나 심지어 문자를 삽입 또는 삭제할 수 없다. 혹 기주(記註) 란 바깥에 기입한 경우에는 도장을 찍어야 하며, 삭제한 것은 반드시 본 자양(字樣)을 보존하고 원래 수(數)를 기재함으로써 관람에 편의를 제공해야 한다. 이를 위반할 시 글자의 증감이나 고침이 성립되지 않는다.【이 조항은 문서 위조를 방지하기 위해 정한 것이다.】

제27조 본 율에서 정한 바는 예심 및 공판 규칙에 해당하므로, 본 율이

---

1 관련된 두 종이에 걸쳐서 찍음으로써 서로 관련되어 있음을 증명하는 도장.
2 이 법률에서 이른바 '대동(對同)'이라는 것은 현장에서 당사자와 직접 만나는 것을 뜻한다.

반포되기 전에 일어난 범죄에도 통용하여 적용할 수 있다.

소송 절차가 본 율이 반포되기 이전에 진행되고 있었을 시, 규율을 어기지 않는 한 여전히 효력을 지닌다.

제28조 본 율은 장차 새로운 법을 반포, 실행하여 범죄에 대한 예심 및 공판 절차를 정할 때도 준용할 수 있다. 그러나 저촉되는 바가 있을 시 이 조항의 제한을 받지 않는다.

새로운 법이 내려왔거나 내려와서 새롭게 정해야 하는 범죄의 예심 및 공판이라면 앞 항목의 예를 적용할 수 없다.

제29조 본 율은 강육해군(江陸海軍)의 율법으로 처단해야 하는 자에게는 적용할 수 없다.

제30조 본 율에서 친속이라 칭한 자는 형법 제140조 및 제115조의 예를 따른 것이다.

제2편 형사재판소 구조 및 권한

제1장 통칙

제31조 통상 형사재판은 민사재판과 동일한 재판소에 두어 그 권한을 합친다.【통상이라 말한 것은 군사재판소 등 특이한 곳과 구분하기 위함이다.】

제32조 재판소의 위치 및 관할 구역을 정할 때에는 사법경이 상주한 다음 상부의 결재에 따른다.【위치와 구역이 수시로 바뀌어 미리 결

정하기 어려울 때는 지세가 편리한지 그렇지 못한지, 사무가 번다한지 한가로운지를 짐작하여 결정한다. 사법경이 상부의 결재에 따른다.】

제33조 재판소는 검찰관 1명 혹은 약간 명을 둔다.【검찰관은 공중을 대신하여 원고가 되는 자이므로 검찰관이 없으면 구조가 성립되지 못한다.】

제34조 검찰관의 형사 직무는 다음 항목과 같다.

제1항, 범죄 수사【범죄 사실 유무만 수사할 뿐 범죄 사실을 조사하거나 고발할 수 없다.】

제2항, 재판관을 향해 범인에게 적용할 법률의 심사를 청구한다.【예심 판사는 반드시 검찰관의 청구가 있어야만 예심을 시작할 수 있음을 말한 것이다.】

제3항, 재판소의 명령과 선고 시행을 지휘한다.

제4항, 재판소에서 공익을 보호한다.【소송에 있어 공익과 관련된 것이 있으면 진술할 수 있음을 말한 것이다. 또 피고인을 위해 청구하고자 하는 바가 있어도 마찬가지이다.】

제35조 검찰관 1명이 공정(公廷)에 대동해야 한다.[3]【검찰관이 긴밀히 관여한 사건에 대해 의견을 진술하지 않을 수 없음을 말한 것이다. 직접 진술함으로써 사실을 확인시키지 않으면 재판이 성립되지 않는다.】

제36조 재판소에는 서기 1명 혹은 약간 명을 두어야 한다.

제37조 서기는 예심 및 공판이 열릴 때마다 대동하여 문안 및 공판의

---

3 황준헌(黃遵憲)이 편한 『일본국지(日本國志)』「형법지(刑法志)」에는 "검찰관은 검찰일만 관장할 뿐, 공정의 심판권에는 간여할 수 없다. 따라서 대동이라고만 말할 뿐, 회동 혹은 해동이라고는 말할 수 없다.(然檢察官只司檢察, 公廷審斷之權不得干豫, 故只令對同, 不能竟稱爲會會同, 偕同.)"는 기록이 더 보인다.

시말, 그 나머지 일체의 소송문서들을 작성해야 한다.【재판소에서 서기는 검찰관과 마찬가지로 중요함을 말한 것이다. 만약 서기가 대동하지 않으면 또한 재판이 성립되지 않는다.】

또한 재판 선고 및 그 나머지 일체의 문서를 보관한다.

제38조 죄명에 따라 소관 재판소를 다음 항목과 같이 나누어 정한다.

제1항, 위경죄는 위경죄 재판소

제2항, 경죄는 경죄 재판소

제3항, 중죄는 중죄 재판소

한 사람이 중죄와 경죄, 경죄와 위경죄를 저질러 두 가지 범죄가 동시에 발생했을 경우, 비록 부대죄(附帶罪)는 아니지만 무거운 쪽을 따르도록 하며, 일괄 상등 재판소에서 관리하도록 한다.【경죄를 중죄에 합치면 재판에 신중을 기할 수 있을 뿐만 아니라 간편하고 빠르다는 이로움이 있음을 말한 것이다.】

제39조 다음 항목에 나오는 것들이 부대죄(附帶罪)에 속한다.

제1항, 1명 혹은 몇 사람이 같은 곳 같은 시간에 몇 가지 죄를 범한 경우

제2항, 2인 이상이 다른 곳 다른 때에 공모하여 몇 가지 죄를 범한 경우

제3항, 자신의 편의를 도모하기 위해 타인을 범죄에 빠뜨리거나 혹은 본 죄를 모면하기 위해 다른 죄를 또 저지른 경우【부대된 죄질은 서로 다를 수 있으나 범죄의 정황이 연결되어 있고, 죄의 맥락이 서로 얽혀있는 까닭에 본 죄에 부대하여 일괄 재판함을 말한 것이다.】

제40조 재판소의 등급이 같은 경우, 범죄 장소가 있는 재판소의 소관

이다.

범죄 장소가 불분명한 경우에는 체포된 장소가 있는 재판소의 소관이다.【범죄 장소로써 재판 소관을 정하면 책임이 불분명하거나 서로 저촉되는 폐단이 없을 뿐만 아니라 증거를 수집하여 증인을 심문하기에도 편리하기 때문이다.】

제41조 각 해당 재판소 관할 지역 내에서 동시에 한 가지 죄를 범하였거나 연속으로 범죄를 저지를 경우는 체포 장소가 있는 재판소의 소관이다.【각 소관 지역 내의 범죄란 각각의 소관 접경 지역 안에서의 범죄 등을 가리킨다. 연속으로 범죄를 저질렀다는 것은 각각의 소관 지역 내에서 위조된 도량형 등을 사용하여 이익을 도모한 경우 등을 말한다.】

여러 가지 죄가 모두 적발된 경우에도 마찬가지이다.

제42조 범죄 장소 이외의 재판 소관 지역 내에서 체포된 자는 부근 해당 관할 재판소로 압송해야 한다.【서경(西京, 니시쿄)이나 대판(大坂, 오사카)에서 몇 가지 죄를 저지른 자 중 자하(滋賀, 시가) 관할 지역 내에서 체포한 자는 서경으로 압송하고, 신호(神戶, 고베) 관할 지역 내에서 체포한 자는 대판으로 압송하는 것 등을 말한 것이다.】

영장으로써 체포된 자는 발령 재판소로 압송한다.

제43조 각 해당 재판소 소관 지역 내에서 체포할 수 없거나 법률상 체포가 허락되지 않은 자【위경죄 등 벌금에 그쳐야 하는 경우】는 당초 예심 및 공판을 맡았던 재판소로 보내 관리하게 한다.

제44조 종범(從犯)은 정범(正犯)의 소관 재판소에 따른다.

만약 각 해당 재판소 소관 내의 정범이 약간 명이 경우, 당초 예심 및 공판을 맡았던 재판소로 보내 관리하게 한다.

고등법원 및 육해군 재판소의 소관인 자, 그리고 법률에서 특정한 자는 본 조항의 범례에 있지 않다.【예컨대 정범이 군인이거나 군인의 가족이고 종범이 평민이거나 귀족인 경우 등을 말한다.】

제45조 외국에서 범죄를 저질렀으나 본국의 법률에 의거해 판결해야 하는 자는 내지에서 체포한 다음 체포지의 재판소로 보내 관리하게 한다. 외국으로부터 압송되어 온 자는 압송지의 재판소에서 관리하게 한다.

　　　　궐석 재판을 진행해야 하는 경우, 피고인의 최종 거주지 재판소 소관이 된다. 만약 거주지가 불분명하다면 안건을 결정한 재판소에서 관리하여 기소토록 한다.【궐석 재판이라 함은 피고인이 아직 체포되지 않아서 문대(問對)하는 자리를 비워두어야 하는 것을 말한다.】

제46조 상선(商船) 안에서 죄를 범한 자의 소관 및 소송 절차는 다른 법률로써 정한다.

제47조 예심을 진행한 재판관은 공판에 더 이상 관여할 수 없다. 또 그전에 예심 및 공판을 진행한 자의 경우에도 애소(哀訴)가 있거나 궐석 재판에 장애가 생기는 경우를 제외하고는 상소 재판에 더 이상 관여할 수 없다. 이를 위반할 경우, 재판이 성립되지 않는다.【재판관에게 당초 선입견이 생기고 나면 그것에 얽매일 수밖에 없기 때문이다. 그러나 애소가 있거나 궐석 재판에 장애가 생기는 경우라면 전관이 관여하지 않을 시 심판하여 밝히는 데 어려움이 따른다.】

제48조 재판소에서 사건 소송을 맡게 되면 사건 판결 시 가부(可否)를 직접 판단하고 관리할 권한을 지닌다. 본 안이 최종 심의를 거쳤다 하더라도 검찰관이나 나머지 소송 관계자들은 상규(常規)

에 의거해 상소할 수 있다.

제2장 위경죄 재판소

제49조 치안 재판소가 위경죄 재판소가 되어 관리 지역 내에서 발생한 위경죄를 재판한다.

제50조 위경죄 재판소의 판사 직무는 치안 재판소의 판사가 맡는다. 판사에게 사고가 생겼을 경우 판사보가 맡는다.

제51조 위경죄 재판소의 검찰관 직무는 해당 처의 경부(警部)에서 맡아 진행한다.【검찰관을 두지 않고 경부에서 맡아 진행하게 하는 이유는 사안이 가볍기 때문이다.】

제52조 위경죄 재판소의 검찰관은 매달 이결(已決), 미결(未決) 사건표를 작성하여 경죄 재판소 검사에게 발송해야 한다.【재판의 폐단 중 가장 큰 것은 시간을 지체하는 것이므로 매달 상관에게 보내어 검열 받도록 하는 것이다.】

사건표는 위경죄 재판소 판사의 검인이 있어야 한다. 만약 의견이 있을 시에는 부기해야 한다.【판사의 검인을 요구하는 까닭은 정확함을 표시하기 위함이고, 의견을 부기하라고 한 까닭은 지체된 이유를 변별하기 위함이다.】

제53조 위경죄 재판소 서기의 직무는 치안 재판소의 서기가 맡아 진행한다.

제3장 경죄 재판소

제54조 시심(始審) 재판소가 경죄 재판소가 되어 관할 지역 내에서 발생한 경죄를 재판한다.

또 경죄 및 중죄 예심을 진행한다.【재판 관할 지역 내에서 발생한 범죄가 본디 재판소의 정규(正規)이기는 하지만, 본 안에 부대된 범죄라면 관할 지역 밖의 것이어도 재판할 수 있음을 말한 것이다.】

또 관할 지역 내 위경죄 재판소의 시심 재판에 대해 공소를 제기한 자가 있으면 이를 재판한다.【경죄 재판소가 곧 위경죄 공소 재판소임을 말한 것이다. 재판을 거치고 나면 다시 공소할 수 없다.】

제55조 경죄 재판소 판사의 직무는 해당 소장이 소심 재판소의 판사 중에서 1명 혹은 약간 명을 차례대로 임명하며, 임기는 1년으로 한다.【직무를 번갈아가며 맡게 하고 또 1년의 기한을 둔 이유는 직무에 익숙해지게 함과 동시에 비리를 막기 위함이다.】

1년간 그 직무를 더 계속할 수 있다.

제56조 예심 판사의 직무는 사법경이 시심 재판소의 판사 중에 1명 혹은 약간 명을 임명하고, 임기는 1년으로 한다.【발탁, 임명에 있어서 차례에 구애받지 않음을 말한 것이다.】

1년 이상 그 직무를 더 계속할 수 있다.【예심 판사가 직무에 숙련되기를 바라는 뜻에서 1년 이상을 더하여 그 직무를 계속하게 한 것이다.】

제57조 판사가 유고시에는 나머지 판사 및 판사보가 그 직무를 대행한다.

판사보는 예심 및 공판에 대동하여 직접 의견을 진술해야 한다.

【의결에 간여할 수 없다.】

제58조 경죄 재판소의 검사관 직무는 시심 재판소의 검사 및 지명한 검사보가 맡는다.

제59조 경죄 재판소의 서기 직무는 시심 재판소의 서기가 맡는다.

제60조 동경(東京, 도쿄) 경시청의 본서장 및 부현의 부장은 각기 관할 지역 내의 사법경찰이 되어 검사와 마찬가지로 범죄를 수사할 권리를 갖는다. 그러나 동경부의 장관은 이 조항의 제한을 받지 않는다.【동경은 호구가 조밀하고 사무가 번다하여 경시국을 설치하여 그 일을 전담하게 함을 말한 것이다.】

아래에 기재되어 있는 각 관리와 보좌검사들은 그들의 지휘를 받는다. 또한 제3편에서 정한 규칙에 따라 사법경찰이 되어 범죄를 수사한다.【각 해당 관리들에게 비록 각기 소속이 있으나 경찰 직무를 수행함에 있어서 주관 검사의 명령을 따르지 않을 수 없음을 말한 것이다.】

첫째, 경시와 경부

둘째, 구장과 군장

셋째, 치안 판사

넷째, 경부가 설치되어 있지 않는 지방의 호장

제61조 사법경찰관, 검찰관, 그리고 재판관이 동직 관리로부터 위탁을 받게 되면 관리 지역 내의 증빙 및 참고 자료를 수합하여 심사자에게 제공해야 한다.【관리의 권한이 관할 지역을 벗어날 수 없으므로 상호 간에 위탁하지 않을 수 없음을 말한 것이다.】

제62조 검사는 2개월마다 예심 및 공판의 이결, 미결 사건표를 작성하여 공소 재판소 검사장에게 올려야 한다.【2개월마다 작성하라고

하는 것은 사건이 약간 중대하기 때문이다.】

또 위경죄 재판소 검찰관이 이첩한 사건표도 같이 올려야 하며, 의견이 있으면 부기한다.

사건표에는 재판장의 검인이 찍혀있어야 한다. 의견이 있으면 또한 부기한다.

제4장 공소 재판소

제63조 공소 재판소에서는 형사국을 설치하고, 경죄 재판소의 시심 재판에 대해 공소한 내용을 재판한다. 그러나 판사 3명 이상이 재판해야 한다.【공소 재판은 까다로워서 특히나 분명히 변별하기가 어려우므로 반드시 판사 3인 이상을 두어야 함을 말한 것이다.】

제64조 형사국의 판사 직무는 재판소장이 해당 소의 판사 중에서 차례대로 임명하고, 1년을 기한으로 한다.

그 직무는 1년간 더 계속할 수 있다.

제65조 형사국 판사가 유고시에는 재판소장이 민사국 판사로 하여금 그 직무를 대행하게 명령할 수 있다.

재판소장은 편의에 따라 각 해당 재판장을 둘 수 있다.【소장은 민사와 형사 구분 없이 통괄하여 관할하는 자이므로 편의에 따라 집권할 수 있음을 말한 것이다.】

제66조 형사국 검찰관의 직무는 해당 재판소의 검사장 및 그가 지명한 검사가 맡는다.【공소 재판에 검사보를 두지 않는 것은 이 일이 특히나 신빙을 요하기 때문이다.】

제67조 검사장은 해당 재판소 관할 지역 내에서 경죄 재판소 검사 및 사법 경찰의 기소 직무를 직접 담당해야 한다. 소속 부의 검사에게 대행하도록 명령할 수도 있다.

또 기소 및 기타 직무에 대해서도 해당 관할 지역 내 검찰관에게 이첩해야 한다.

검사장은 해당 관할 지역 내 검찰관 및 사법경찰관을 감독해야 한다.

제68조 검사장은 3개월마다 예심 및 공판의 이결, 미결 사건표를 작성하여 사법경에게 올려야 한다.

또 경죄 재판소의 검사가 이첩한 사건표도 같이 사법경에게 올려야 한다. 만약 의견이 있으면 부기한다.

사건표에는 재판관의 검인이 찍혀 있어야 한다. 만약 의견이 있으면 부기한다.

제69조 형사국 서기의 직무는 해당 재판소 서기가 맡는다.【서기보를 두지 않은 뜻은 제66조에서 검사보를 두지 않은 것과 같다.】

제5장 중죄 재판소

제70조 중죄 재판소는 관할 지역 내에서 발생한 중죄를 재판한다.

제71조 중죄 재판소는 3개월마다 한 차례씩 개설된다.【상시 설치되어 있지 않음을 말한 것이다.】 만약 사건이 방대하고 번다하여 시일이 부족할 시, 공소 재판소장 및 검사장이 사법경에게 신청하여 허락을 받은 후에 임시로 개청할 수 있다.【전번 재판이 이미 폐청되

었더라도 후에 다시 중범죄가 일어나 사건이 번다해졌거나 신속한 재
판이 필요하여 다음 재판이 열릴 때까지 기다릴 수 없는 경우 등을
말한다.】

제72조 중죄 재판소는 공소 재판소 및 시심 재판소에 개설한다.

제73조 중죄 재판소는 다음과 같은 직원을 두어 재판을 진행한다.

첫째, 재판장 1명

공소 재판소장이 해당 소 판사 중에서 임명한다.

둘째, 배석 판사 4명

공소 재판소가 개청되었을 때는 해당 소장이 해당 소의 판사
중에서 임명한다. 시심 재판소가 개청되었을 때는 해당 소장 및
전임 판사 중에서 선발한다.

제74조 중죄 재판소의 검찰관 직무는 공소 재판소의 검사장 및 그가
지명한 검사가 맡는다.

시심 재판소가 개청되었을 때 검사장은 해당 소의 검사에게 명
령하여 그 직무를 대행하게 할 수 있다.【중죄 재판소의 검찰관 직
무는 공소 재판소의 검사장이 반드시 맡아야 하며, 또한 나머지 검사
에게 명해 대행하게 할 수도 있음을 말한 것이다.】

제75조 중죄 재판소 서기 직무는 해당 재판소 서기가 맡는다.【서기의
책임은 재판관이나 검찰관에 비해 가볍기 때문에 편의를 따른다.】

제76조 공소 재판소 검사장은 폐청 후에 이결 사건표를 작성하여 사법
경에게 올려야 한다.【공소 재판소의 검사장에게는 관할 지역 내 중
죄 재판소를 감찰할 책임이 있으므로, 사건표를 작성하는 것은 본디
그의 직무에 속함을 말한 것이다. 미결 사건을 언급하지 않은 까닭은
중죄 재판소에는 미결이 있을 수 없기 때문이다.】

사건표에는 공소 재판소장의 검인이 찍혀 있어야 한다. 만약 의
견이 있으면 부기한다.

제6장 대심원

제77조 대심원에 형사국을 두어 다음과 같은 사항을 재판한다.
　　　제1항, 상고
　　　제2항, 복심(覆審)에 관한 소
　　　제3항, 소관 재판소를 정할 것을 청구한 소
　　　제4항, 소관 재판소를 이송할 것을 청구한 소
제78조 형사국에 5명 이상의 판사가 갖추어져 있지 않으면 재판을 진행
　　　할 수 없다.
제79조 형사국 판사의 직무는 사법경이 상주하여 어지를 받은 다음 해
　　　당 원 판사 중에 임명한다.
　　　판사가 유고시에는 민사국 판사가 옛날 절차에 따라 그 직무를
　　　맡는다.
제80조 형사국 검찰관 직무는 해당 원의 검사장 및 그가 지명한 검사가
　　　맡는다.
제81조 형사국 서기 직무는 해당 원의 서기가 맡는다.
제82조 검사장은 3개월마다 예심 및 공판의 이결, 미결 사건표를 작성
　　　하여 사법경에게 올린다.
　　　사건표에는 원장의 검인이 찍혀있어야 한다. 만약 의견이 있으
　　　면 부기한다.

제7장 고등법원

제83조 고등법원에서는 형법 제2편 제1장과 제2장에 게시된 중죄를 재판한다.【황실과 나라의 일과 외환에 관련된 범죄를 말한다.】

또 황족이 범한 중죄 및 금고에 처해져야 마땅한 경죄,【벌금형의 경우 황족들은 통상적으로 재판소에 앉아 재판을 받지 않는다.】 그리고 칙임관이 범한 중죄를 재판한다.

앞 두 항목에서 기록한 정범 및 종범은 신분 지위를 불문하고 해당 원에서 한꺼번에 재판한다.【공범과 신분이 서로 다르다 할지라도 두 사건으로 나눌 수 없음을 말한 것이다.】

제84조 고등법원을 열기 위해서는 사법경이 상주하여 위의 재결을 받든다. 마땅히 재판해야 하는 사건 및 개원할 장소도 마찬가지이다.

제85조 고등법원은 다음과 같은 직원을 두어 재판을 진행한다.

첫째, 재판장 1명. 배석 재판관 6명.

매년 미리 원로원 의관과 대심원 판사 중에서 (선발하여) 미리 상주한 다음 어지를 얻어 확정한다.

둘째, 예비 재판관 2명.【예비관을 두는 이유는 논변이 길어져서 미처 판결이 나기도 전해 해당 재판관이 병이 나거나 사정이 생기면 사건을 처리할 수 없기 때문이다. 그래서 대신할 재판관을 예비하여 논변에 참가하도록 하는 것이다.】

이 모두 전 항목에서 정한 규칙에 따라 임명한다.

제86조 예비 판사의 직무는 상주하여 어지를 받든 다음 대심원 형사국 판사 1명 혹은 약간 명을 임명한다.【미리 임명하지 않는 이유는

예심 판사의 직무가 죄증이 있는지 없는지를 판결하는 것에만 그칠 뿐, 본 안에는 간여하지 않으므로 임시 선발해도 무방하기 때문이다.】

제87조 고등법원 검찰관의 직무는 대심원 검사장 및 사법경이 지명한 검사가 맡는다.

제88조 고등법원 서기의 직무는 대심원 서기가 맡는다.

제89조 고등법원의 재판에 대해 상소할 수 없다. 그러나 다음과 같은 조건 하에서는 해당 원에 상소할 수 있다.

제1항, 궐석 재판에 장애가 생긴 경우

제2항, 애소.【형벌을 받아서는 안 되는데 형벌 선고를 받은 경우, 과도한 중형을 선고받은 경우, 기한 내 상고를 하지 못하였는데 재판 판결이 이미 난 경우에는 해당 원의 검사가 상고할 수 있다.】

제3항, 재심소.【판결을 바로 잡거나 오류를 바로잡을 것을 호소하는 것을 말한다.】

제90조 방대한 피고 사건이나 재심소를 재판하는 경우에는 새로 직원을 배치해야 한다.【모반 범죄와 같이 연루된 무리가 많아서 보통 인원으로는 심리할 수 없는 경우 등을 말한다. 재심 재판은 이전 인원을 쓸 수 없고, 달리 위원을 배치해야 한다.】

제91조 고등법원의 소송 절차는 일괄 통상 규칙을 따른다.【비록 고등법원이라 할지라도 증인 신문, 변론, 대질 등의 순서는 통상 규칙과 조금도 다르지 않다.】

제3편   중범 수사 기소 및 예심

제1장 수사.【범죄의 유무를 수색하는 것을 말한다. 오직 범죄를 인지할 수만 있을 경우에는 현장의 증거와 방증을 수습하고 범인의 소재지만 수거하여 기소의 절차를 밟는다. 은밀한 정황을 정탐하거나 증인을 심문하거나, 물건을 압수하는 것을 말하지 않는다.】

제92조 검찰관이 현행범의 고발이나 고소로 인하여, 혹은 범죄에 대한 인지나 추측에 기인하여 증빙 및 범인을 조사해야 할 경우에는 제107조 이하의 규칙에 따라 기소 절차를 밟는다.【검찰관에게 있어 현행범을 긴급한 현행 범죄 정황으로 인준하여 처리하는 것 이외에 기타 증빙 검점이나 심문, 수색 등 제반 사항은 주요 직무가 아님을 말한 것이다.】

제1절 고소 및 고발.【고소라 함은 피해자가 범죄 사실을 직접 호소한 것을 말하고, 고발이라 함은 피해자가 아닌 사람이 범죄 사실을 알린 것을 말한다.】

제93조 중범 및 경죄로 인해 손해를 입은 사람은 누구나 범행 장소 및 피고인의 거주지가 있는 곳의 예심 판사, 검사 혹은 사법경찰관에게 고소할 수 있다.【고소는 범죄 장소가 있는 곳의 관사뿐만 아니라 피고인의 거처가 있는 곳의 관사에서도 접수할 수 있음을 말한 것이

다. 경찰관 역시 접수할 수 있다. 이는 언로를 넓히고 (수사) 방법을 촘촘히 하기 위함이다. 그러나 고소 여부는 피해자에게 달려있을 뿐, 절대 강요할 수 없으므로 '할 수 있다'고 표현했을 뿐 '해야 한다'고 표현하지 않았다.】

예심 판사로서 고소를 접수하게 되면 제114조 이하의 규칙에 의거하여 처리한다.

사법경찰관으로서 고소를 접수하게 되면 문서를 속히 검사에게 발송해야 한다.【경찰관에게는 취사의 권한이 없으며, 또한 심사의 권한도 없으므로 그저 주관자에게 발송하기만 하면 된다는 뜻이다.】

위경죄에 해당하는 경우는 범행 장소가 있는 해당 재판소의 검사관에게 고소할 수 있다. 만약 사법경찰관이나 경찰관이 고소를 접수하게 되면 해당 관할 검찰관에게 이첩해야 한다.【위경죄는 범죄 정황이 가볍고 도망칠 우려가 적기 때문에 범죄 장소가 있는 곳에서 주관한다고 말한 것이다.】

제94조 고소인은 증빙이나 참조 자료를 가능한 한 모두 수합하여 신고해야 한다.【범죄자 성명, 범죄 장소, 시일, 범죄 사실 및 검찰관이 필요로 하는 모든 것들은 만약 이를 알지 못할 시 수사가 불가능하므로 반드시 고소와 더불어 신고해야 함을 말한 것이다.】

또 고소인은 제110조 이하의 규칙에 의거하여 민사 원고가 된다.【고소는 범죄를 신고하여 수사의 근거를 제공하는 것에 그친다. 그러나 민사 원고가 되고 나면 비로소 공소나 사소를 제기할 수 있다.】

제95조 고소는 당사자가 문서에 서명하고 날인하면 진행된다.

고소인은 구술이 가능하지만 고소를 접수하는 관리는 서면 문서를 작성하여 끝까지 낭독함으로써 기록한 바가 사실임을 증명해야 한다. 또한 관리의 서명과 날인도 같이 있어야 한다. 만약 고소인이 서명, 날인을 할 수 없을 경우 그 사유를 부기해야 한다.

관리는 증거 문건을 수리하여 고소인에게 교부해야 한다.【고소인에게 신빙을 줄 뿐만 아니라 관리의 소홀, 태만을 막기 위함이기도 하다.】

제96조 관리가 직무 중에 중죄 및 경죄가 발생한 것을 인지 혹은 추측했을 시에는 속히 해당 처의 검사에게 고발해야 한다.【본 조에서는 관리의 고발에 대해 말하고 있다. 당직 중에 고발하는 것은 본디 직분에 속한 것이라 일반인과 다르므로 '해야 한다'라고 표현하였지 '할 수 있다'고 표현하지 않았다. 그러나 직무 중이 아닐 때 발견하였다면 일반인과 다르지 않다.】

고발을 할 때는 서명, 날인이 되어 있는 문서가 필요하며, 증빙 및 참조할 만한 자료를 가능한 한 취합, 부록하여 신고한다.【관리가 고발할 때는 반드시 문서로써 해야 하며 구술은 불가함을 말한 것이다. 이는 직무 역할을 잘 지키게 하기 위함이다.】

위경죄에 해당하는 것은 위경죄 재판소 검사관에게 고발해야 한다.

제97조 누구를 막론하고 중죄 및 경죄가 발생한 것을 인지 혹은 추측하였다면 제94조, 제95조 규칙에 의거하여 해당 처 및 범행 장소가 있는 곳의 예심 판사, 검사, 그리고 사법경찰관에게 신고할 수 있다.【본 조는 고소와 그 내용이 같다. 누구를 막론한다는 것은 직무 밖에 있던 관리 또한 그 안에 포함됨을 말한 것이다. 그러나 일반인에게 고발을 강요할 수 없으므로 '할 수 있다'고 표현하고 '해야 한다'

고 표현하지 않았다.】

고발을 접수한 관리는 제93조 규칙에 의거하여 처리해야 한다.

제98조 고소와 고발은 대리인을 통해 할 수 있다. 그러나 제96조에서 말한 내용은 이 조항의 제한을 받지 않는다.【관리 고발은 직분 안의 일이므로 타인에게 위탁할 수 없음을 말한 것이다.】

무능력자는 법률에서 정한 사람이 대신해도 고소가 성립된다.【어린이의 부모 혹은 후견인, 백치나 정신병 환자의 보호자 등을 말한다.】

제99조 고소와 고발은 취하를 요청하거나 내용을 바꿀 수 있다. 그러나 제16조 규칙에 의거하여 피고인의 배상 소송을 거부할 수 없다.

제2절 현행 범죄

제100조 현행범죄라 함은 죄를 범한 당시 혹은 직후에 발각된 것을 말한다.【범죄에는 현행과 비현행의 차이가 있음을 말한 것이다. 현행범은 드러나 증거가 명백하여 누명을 씌울 걱정이 없으며, 만약 시일을 늦춘다면 상황이 불분명해질 뿐만 아니라 도주의 우려가 있다. 따라서 누구를 막론하고 그 즉시 체포할 수 있다. 이는 현행범이 나인 경우 반드시 검사 및 민사 원고의 청구가 있어야만 심사할 수 있는 것과 다르다.】

제101조 중죄와 경죄를 범한 자 중 다음 사항에 해당하는 자는 현행범에 준한다.

제1항, 1명 혹은 약간 명에 의해 죄명으로 불리는 자

제2항, 흉기나 장물, 혹은 기타 범죄 물건으로 의심 가는 물건을 휴대한 자

제3항, 가장이 관리에게 요구하여 가택 내 범죄자를 조사하였거나 해당 범인으로 의심 가는 자를 체포하였을 경우

제102조 사법경찰관 및 순사가 직무 중에 중죄 및 경범죄 현행범을 인지하였을 경우, 영장이나 명령을 기다리지 않고서 범인을 체포해야 한다.

만약 현행범이 위경죄에 해당한다면, 성명과 거주지를 물어 해당 재판소 검찰관에게 고발해야 한다. 만약 성명과 거주지가 불분명하거나 도주의 우려가 있는 경우, 해당 재판소로 송치한다.【위경죄로는 체포가 불가하기 때문이다.】

제103조 순사가 피고인을 체포하였다면 속히 사법경찰관에게 교부해야 한다.【순사에게는 가택 수사 이외에 문안 작성의 권한이 없으므로 체포자를 곧장 상사에게 교부해야 함을 말한 것이다.】

피고인을 교부받은 사법경찰관은 체포 및 고발에 관련된 문안을 작성해야 한다.

제104조 사법경찰관이 피고인을 체포하였거나 교부받았을 시에는 임시로 심문하고 검증할 수 있다.【현행범의 사안은 신속히 처리해야 하므로 임시로 심문하고 검증하는 것을 허한다는 뜻이다. 그러나 이것이 고유의 권한이 아니므로 증인으로 하여금 선서하게 하거나 영장을 발부하게 할 수는 없다.】

제105조 중죄 및 경죄의 현행범이 있을 시 누구를 막론하고 곧장 체포할 수 있다.【일반인에게도 체포의 권한이 있지만 체포를 강요할 수는 없기 때문에 '할 수 있다'고 표현하고 '해야 한다'고 표현하지 않

았다.】

제106조 앞 조항에서 체포한 범인은 사법경찰관에게 송치해야 한다. 만약 송치할 수 없으면 자신의 성명, 직업, 거주지 및 체포 사유 등을 진술하여 순사에게 교부해야 한다.

범인을 순사에게 교부한 자는 속히 고소 및 고발을 진행해야 한다.

그러나 범인이나 순사가 체포인에게 관서에 동행해줄 것을 요구하였다면, 체포인에게 긴급한 사고가 있지 않은 한 그 요구를 거절할 수 없다.【그 요구를 강력히 거부하면 끌고 갈 수밖에 없음을 뜻한다.】

제2장 기소.【기소에는 두 종류가 있다. 하나는 검찰관이 공중을 위해 한 것이고 또 하나는 피해자가 자신을 위해 한 것이다. 재판관은 둘 중 하나가 없으면 심리할 수 없다.】

제1절 검찰관 기소

제107조 검사는 수사를 마친 후에 다음 항목과 같이 처분해야 한다.

제1항, 사건이 중죄에 해당한다고 추측할 경우, 예심 판사에게 예심을 청구한다.

제2항, 사건이 경죄에 해당한다고 추측할 경우, 사건의 경중과 난이도에 따라 예심을 청구하거나 직접 경죄 재판소에 기소한다.【무겁고 어려운 사안이면 예심을, 가볍고 쉬운 사안이면 곧장 공

판을 청구한다는 뜻이다.】

제3항, 사건이 위경죄에 해당한다고 추측할 경우, 증빙 문안에 의견을 부기하여 위경죄 재판소 검찰관에게 송부한다.

제4항, 피고인의 신분 지위와 죄질, 그리고 범행 장소 등이 관할 범위 내에 있지 않다고 추측할 경우, 해당 관할 재판소 검찰관에게 송치해야 한다.

만약 피고 사건이 죄가 성립되지 않거나 수리해서는 안 된다고 추측할 경우, 기소할 필요 없다.【수리해서는 안 된다는 것은 기만 면제, 확정 재판, 대사면 등으로 인해 공소권이 소멸된 경우와 고소가 있어야만 수리할 수 있는데 고소하는 사람이 없는 경우 등을 말한다.】

제108조 앞의 항목에 해당하여 검사가 이미 기소한 경우, 그 처분을 피해자에게 통보해야 한다.【피해자 즉 훗날 원고가 어떠한 처분이 내려왔는지 알고자 하는 것은 인정상 당연한 일이므로 통보해야 한다는 것이다.】

제109조 검사가 예심을 청구할 때에는 증빙이나 참조가 될 만한 사물을 취합하여 발부하는 한편, 임검할 장소와 체포할 범인, 그리고 원고와 피고 측의 증인 등을 지시하여야 한다.

제2절 민사 원고인 기소

제110조 피해자는 중죄와 경죄에 대하여 공소에 부대해 사소를 청구하여 고소와 동시에 신고해야 한다. 이미 고소를 마쳤다면 예심 판사에게 신고해야 한다.【사고와 고소를 한꺼번에 신청했을 경우

사법경찰관이 접수할 수 있다. 그러나 이미 고소한 후에 사소를 청구했을 경우 판사나 검찰관이 아니면 접수할 수 없다.】

예심 판사가 피해자로부터 민사원고 제소 신청을 받으면 검찰관의 기소가 없어도 공소와 사소를 아울러 수리할 수 있다.【고소만 한 경우는 고발과 차이가 없으나 사소가 일어나면 공소 또한 따라 일어난다. 따라서 검찰관의 소견이 어떠하건 관계없이 응분의 심판을 진행해야 한다.】

예심 판사가 피해자로부터 민사원고 제소 신청을 받았다면 검사에게 통보해야 한다.

제111조 피해자는 공소 본안의 시심과 종결심에서부터 재판선고가 날 때까지, 때를 불문하고 사소를 기소할 수 있으며, 요구 또한 변경할 수 있다.【민사원고의 권한은 기만 면제 제한을 제외하고는 억압할 수 없음을 말한 것이다.】

또 사소의 취하를 청구한 후에 다시 제소할 수 있으며 그 요구사항도 변경할 수 있다.【사소는 피해자에 속한 것이므로 취하 청구도 편의에 따라 할 수 있다. 그러나 고소를 취하했다고 해서 권한을 포기한 것은 아니므로 재소 역시 뜻대로 할 수 있다.】

제112조 피해자는 타인에게 위임하여 사소를 진행하거나 소를 취하하거나 권한을 포기할 수 있다.【법정에서 사송(詞訟)을 수리하는 이유는 민권을 신장하기 위함이므로 반드시 당사자가 공정에 출석할 필요는 없다.】

제3장 예심

제113조 예심 판사는 중죄와 경죄의 현행범을 제외하고는 앞 장의 규정
을 따라야 한다. 검사 및 민사원고의 청구가 있지 않은 한 예심
을 진행할 수 없다. 이를 위반할 시 청구가 있기 이전에는 심사
가 성립되지 않는다.【재판관은 불고불리(不告不理)[4]를 정규로 삼
으므로 기소를 거치지 않은 채 진행된 예심은 모두 헛수고에 지나지
않음을 말한 것이다. 그러나 청구가 있었다면, 매 건마다 청구할 필요
는 없다.】

제114조 예심 판사가 직접 중죄 및 경죄의 고소 혹은 고발을 접수했을
시 소환장을 발급하여 피고인에게 제시할 수 있다. 그러나 추
측만 빈번하여 마땅히 조사해야 하는 사건이라면 이를 검사에
게 송치하도록 한다.【예심 판사가 고소 및 고발을 직접 수리하여
범인을 심문하는 것은 본래 다른 예에 속하기 때문에 소환만 할 수
있을 뿐 기한을 둘 수 없으므로 편할 때에 출정하도록 해야 함을 말한
것이다. 사건을 검사에게 송치한 경우에는 상규에 따라 검찰관에게
고발해야 한다는 뜻이다.】

제115조 예심 판사가 사건의 고발이나 고소를 접수했다면 지체 말고
구인장(拘引狀)을 피고인에게 발부하거나 심문한 후에 구류장
(拘留狀)을 발부해야 한다.【범죄 정황이 긴박하거나 혹 도망의 우
려가 있을 시 즉시 구인 및 구류를 진행할 것을 말한 것이다. 이는

---

4 형사 소송법에서 법원은 검사의 공소 제기가 있는 사건에 한에서만 심리하고 판결할
   수 있다는 원칙.

본디 상규 이외의 처분에 속한다.】

그러나 이 때 속히 검사에게 보고하고, 증빙 및 참조 물건을 취합하여 이송해야 한다. 만약 검사가 통보를 받았더라도 1일 내에 기소할 수 없다면, 예심 판사는 그 즉시 피고인을 석방해야 한다. 그러나 후일에 기소하여도 무방하다.【검사와 판사의 소견이 다를 시, 비록 통보를 했어도 기소할 수 없는 경우, 판사는 이를 불고(不告)로 간주하며, 불고불리법에 의해 피고인을 석방하지 않을 수 없다. 이를 위반하는 경우, 임의로 사람을 감금한 것으로 간주한다.】

제116조 피고인의 거주지나 처소에 속한 예심 판사가 고발 및 고소를 직접 접수하거나 검사로부터 사건을 전달받았을 시 지체 말고 먼저 상규에 의거해 피고인을 심문해야 한다. 또 조사가 끝난 후에 증빙 및 참조 물건을 취합하여 범죄 장소가 있는 곳의 예심 판사에게 발송해야 한다.

만약 금고 이상의 처분이 추측되는 경우라면 구류장을 피고인에게 발부할 수 있다.【벌금형에 해당하는 경우에는 발부할 필요가 없음을 말한 것이다.】

제117조 검사는 예심 중에 시일과 상관없이 해당 판사에게 본 안의 사송 문서를 검시할 것을 부탁할 수 있다. 그러나 24시간 이내에 되돌려주어야 한다.

또 긴요한 처분에 대해서는 그때그때 청구할 수 있다.

제1절 영장

제118조 예심판사는 검사 및 민사 원고의 기소가 있으면 중죄 및 경죄를 수리하고, 먼저 피고인에게 소환장을 발부해야 한다. 그러나 소환장을 발부한 때로부터 출정할 때까지는 최소한 24시간을 주어야 한다.【사건의 혐의만 있지 아직 범죄 판결이 나지 않았기 때문에 기한을 강요하여 출정을 명령할 수 없음을 말한 것이다. 그러나 영장에 출정 장소, 일시를 기재하는 것은 공판의 소환과 다르지 않다.】

피고인이 출정하면 그 즉시 심문을 시작하며, 늦어도 당일을 넘겨서는 안 된다.

제119조 예심 판사는 소환을 받은 피고인이 관할 지역 내에 거주하지 않을 경우 거주지의 예심 판사에게 심문할 조건들을 명시하여 처분을 위탁할 수 있다.【사건의 혐의자를 함부로 소환하여 명령에 따르느라 수고롭게 하여서는 안 됨을 말한 것이다.】

제120조 예심 판사는 기한 내에 출정하지 않는 소환 피고인에 대해 구인장을 발부할 수 있다.

제121조 다음 항목에 대해 예심 판사는 구인장을 발부할 수 있다.

제1항, 피고인의 거주지가 일정하지 않은 경우【소환할 방법이 없기 때문에 바로 구인한다는 뜻이다.】

제2항, 피고인에게 죄증 인멸 혹은 도주의 우려가 있을 경우

제3항, 피고인이 미수죄(未遂罪) 혹은 협박죄를 범해 계속해서 범죄를 가중시킬 우려가 있을 경우【공중에게 피해를 입힐 뿐만 아니라 자신의 죄를 더욱 키울 수 있을 경우 범인을 구인하는 것이

곧 범인을 보호하는 것임을 말한 것이다.】

제122조 구인장을 집행한 자는 피고인을 해당 예심 판사에게 압송한다.
【구인장을 집행하는 자란 예컨대 순사 등을 가리킨다.】

구인된 피고인에 대해서는 48시간 내에 심문하여야 한다. 만
약 시한이 경과되었는데도 구류장이 다시 발부되지 않았다면
반드시 석방해야 한다.【즉시 심문한다고 하지 않은 까닭은 압송
시간을 미리 예측하기 어려우며, 구인장은 2일 이상 구류할 권한이
없기 때문에 더 이상 구류할 수 없어 부득불 석방해야 함을 뜻한
것이다.】

제123조 피고인이 구인장이 발부되기 전에 관할 지역 밖으로 나갔다면,
현재 피고인이 있는 곳의 예심 판사를 직접 찾아가 심사를 부
탁해야 한다. 해당 예심 판사가 임시로 피고인을 구류하고자
하면 본관(本管) 예심 판사에게 속히 통보해야 한다.【관할 지역
바깥의 판사가 본관 예심 판사로부터 청탁 받지 않으면 사정을 상세
히 알 수 없어 심문할 수 없기 때문이다. 그러나 엄하게 단속하지 않
을 수 없는 관계로 임시 구류해 놓은 다음 친관의 처분을 기다려야
한다. 그러나 피고인의 청구가 없을 시에는 시행할 수 없다.】

제124조 앞의 조항에서 본관 예심 판사는 기타 예심 판사【즉 임시로 피고
인을 구류하고 있는 자】에게 심문 조건을 명시하고 그 처분을 위
촉해야 한다. 또한 피고인을 구인장에 의거해 압송할 것을 청
구해야 한다.

예심 판사로서 위촉을 받은 자는 먼저 심문을 진행하고, 본관
예심 판사에게 보고하여 의 의견을 구하여 방면하거나 구인장
의 선고 내용에 의거해 압송해야 한다.

제125조 소환 및 구인장을 받은 피고인이 병환이나 기타 사유가 있어 응할 수 없는 경우, 이것이 사실임을 입증한 자에 한해 예심 판사는 그의 소재지로 가서 심문할 수 있다.【기타 사유라 함은 조부모나 부모가 질병을 앓고 있어 약시중을 드는 등의 경우를 말한다.】

그러나 피고인이 관할 지역 밖에 있다면 해당 처의 예심 판사에게 심문을 위탁해야 한다.

제126조 구류장은 피고인이 도망갔거나 제123조에 게시된 상황을 제외하고, 심문을 통해 그 형량이 금고 이상일 것으로 추측되는 자가 아니라면 발부할 수 없다.

제127조 예심 판사는 구인장을 발부하고 열흘이 경과하면 수감장[5]으로 교환해야 한다. 또 제129조의 규칙에 의거하여 피고인을 책부(責付)[6]해야 한다.【구류 기한은 열흘이다. 수감장은 정해진 기한이 없어 영장 중 가장 무겁다.】

다음 항목에 대해 검사는 예심 판사에게 책부 정지를 요구하여 10일 동안 추가로 구류할 수 있다.【검사의 청구가 있었더라도 취사선택은 판사만이 할 수 있음을 말한 것이다.】

제128조 수감장이 나오지 않았으면 예심 착수 절차를 검사에게 통보한다. 또 그 의견을 구한 후에는 발부할 수 없다.

제129조 수감장에는 다음 항목 조건이 기재되어 있어야 한다.

---

5 군사 법원에서 사형, 징역, 금고, 구류 따위의 선고를 받은 사람이 구금되지 않았을 때에, 그 사람을 수감하기 위하여 검찰관이 발부하는 처분서.

6 이전의 형사 소송법에서 피고인을 친속이나 특정한 사람 또는 단체에 맡기고 구속의 집행을 정지하던 제도.

제1항, 피고 사건 및 가중, 경감의 개략.

제2항, 법률 정규 조목

제3항, 검찰관 의견 조회

제130조 영장에는 피고 사건 및 그의 성명, 직업, 거주지가 기재되어 있어야 한다. 그러나 소환장을 제외하고, 성명이 불명확한 자는 용모와 체격을 명시해야 한다.【소환장에는 영장 발부자 본인 및 친속의 성명과 거처가 반드시 있어야 함을 말한 것이다. 구인이나 구류, 수감장의 경우 성명이 분명하지 않은 자는 인상착의만 기록하면 된다.】

또 발부 연월일시를 기록해야 하며, 예심 판사 및 서기도 서명, 날인해야 한다.

구인, 구류 및 수감장은 순사로 하여금 집행하게 한다.

제131조 소환장은 제23조 규칙에 의거하여 서기국 사환 편에 피고인 및 그의 거주지에 발부해야 한다.

제132조 구인, 구류, 수감장은 본국 판도 내에서 시행한다. 그러나 경우에 따라 정본 몇 부를 작성하여 순사 약간 명에게 발부한다. 전 항목의 영장을 집행하는 자는 피고에게 먼저 정본을 보여준 후 등본을 발부한다. 또 제23조 제2항과 제4항 규칙에 따른다.【구인장이 적용되는 범위가 넓어서 갑 관리 측의 일이 을 관리 측에도 관여할 수 있으므로 집행자들이 서로 위탁하지 않을 수 없음을 말한 것이다.】

제133조 영장 집행 순사는 피고인이 자신의 집이나 다른 집에 은닉했을 것이라 추측될 경우 호장 및 이웃 2명 이상에게 요청하여 대동 수색할 수 있다.【집은 사람들이 머물며 쉬는 곳이라, 침입하여 소동

을 일으키는 일은 비상사태에 해당하므로 대동하는 자를 얻지 못하면 수색할 수 없다.】

순사는 피고인을 발견했건 못했건 상관없이 수색 증빙 문서를 작성하고, 대동한 자와 함께 서명, 날인해야 한다.

가택 수색은 일출 일몰 전후에는 시행할 수 없다.

제134조 예심 판사가 피고인이 기타 관할 지역 내에 은닉한 것을 발견했거나 은닉 장소를 추측했을 시, 지체 말고 영장을 순사에게 발부하여 가지고 가게 한다.【숨거나 도망가는 것은 범인들의 인지 상정이므로 비록 다른 관할 지역으로 도망쳤다 해도 놓아준 채 심문하지 않아서는 안 된다. 만약 있는 곳을 알아냈다면 체포할 사람을 파견해야 한다.】

순사는 피고인 거처의 예심 판사, 검사 및 사법경찰관에게 영장을 보여주고 즉시 집행해야 한다.

제135조 예심판사가 피고인의 소재지를 찾아내지 못할 경우 피고인의 인상착의를 각 공소 재판소 검사장에게 전달하여 수사 및 체포를 청구해야 한다.

청구를 받은 검사장은 관할 지역 내 검사에게 명령하여 수사 및 체포하게 해야 한다.

제136조 육해군 군영에 있는 군인 및 군속에게 영장을 발부할 때는 해당 장관에게 먼저 영장을 보여주어야 한다. 해당 장관은 기타 사유가 있는 경우를 제외하고 속히 해당 범인을 내보내 영장에 응하도록 해야 한다. 행군 시에도 마찬가지이다.

제137조 구류장 및 감수장이 발부된 피고인은 영장에 기록된 감방에 속히 구치해야 한다. 만약 기록된 감방에 구치하지 못할 경우

에는 임시로 근처 감방에 구치한다. 감방은 사정 여하를 불문하고 영장을 발부받은 피고인을 검열한 다음 증표를 교부해야 한다.

第138조 영장을 집행하는 순사는 집행 여부를 영장 정본에 분명히 기입해야 한다.

단 순사는 영장 집행 문서를 서기국 서기에게 바치고 수령증표를 교부해야 한다.

第139조 구류장 및 수감장을 접수해야 할 피고인이 감방 및 옥사에 있다면 서기는 해당 범죄 사유를 영장의 정본 및 등본에 분명히 기입하여 해당 범인에게 발부해야 한다.【이미 감옥에 있다면 더 이상 순사를 번거롭게 할 필요가 없음을 말한 것이다.】

第140조 피고인이 밀실에 감금되어 있지 않다면 감옥의 규칙에 따라 관리를 대동하여 친구, 친속 및 대변인을 접견해야 한다.

모든 편지와 서적 등 문서는 예심 판사의 검사를 거치지 않았을 시 피고인이 외부인과 사사로이 주고받을 수 없다. 단 예심 판사는 그 문서를 영수하여 보관할 수 있다.【폐해가 있는지 없는지, 주고받아도 무방한지 등을 검시함을 말한 것이다.】

第141조 예심 판사가 범죄 정황을 추측하여 금고 이상의 형벌에 해당하지 않는다고 판단되는 경우에는 예심이 진행되는 동안 시일을 가리지 않고 영장 소멸을 요구할 수 있다.

그러나 수감장의 경우는 반드시 먼저 검찰관의 의견을 자문해야 한다.【수감장은 당초 검사가 발부한 것이므로 검찰관의 소견을 물어 받아들이는 것도 당연함을 말한 것이다.】

第142조 감방 내 형법과 치죄법 두 종류의 서적을 비치해두어 피고의

요청에 따라 빌려주도록 한다.【피고인이 법전을 익숙히 읽고 법률
의 뜻을 명확히 말할 수 있게 되면 자신의 권리가 무엇인지도 저절로
알게 되어 변호할 수 있으며, 고집스럽고 집요하게 이치에도 맞지 않
는 상소를 거듭할 폐단 역시 절로 줄어들기 때문이다.】

제2절 밀실 감금

제143조 예심판사가 예심 중에 밀실 감금의 필요성을 이미 확인했을
시에는 검사의 청구 혹은 자신의 직권으로써 수감장을 받은
피고인에게 선고할 수 있다.【본 범인이 공범 및 기타 범죄자와 한
데 거하거나 친구, 친척 및 대변인과 접견할 경우 통모하거나 엄폐하
려는 우려를 면하기 어려우므로 임시로 이 법을 마련했음을 말한 것
이다. 그러나 미리 검사에게 통보하여 그 의견을 얻지 못했을 시에는
시행할 수 없다.】

제144조 밀실 감금 선고를 받은 피고인은 1명씩 별실에 구치하고, 예심
판사의 윤가를 얻지 못하면 타인을 접견하거나 문서 및 화폐
(貨幣) 및 기타 물건들을 주고받을 수 없다.

그러나 음식이나 음료, 약물 및 기타 마땅히 공급해야 할 물건
들은 감방의 장관이 특별 지명한 자로 하여금 공급하게 한다.

제145조 밀실 감금은 10일을 초과할 수 없다. 그러나 10일마다 감금을
다시 명할 수 있다.【밀실 감금은 인체를 구속하고 자유를 억압하기
때문에 시일을 제한하지 않을 수 없음을 말한 것이다. 만약 기일이
지났는데 더 감금하고자 한다면 선고를 다시 해야 한다. 그렇지 않을

시 자의로 사람을 감금하게 됨을 면치 못한다.】

명령을 다시 내려 감금했을 경우에는 그 사유를 재판소장에게 보고해야 한다.【조치가 혹 자의적인 횡포에 해당하여 심리가 지연되는 것을 방지하기 위함이다.】

예심판사는 10일 안에 적어도 두 차례는 심문해야 하며, 상규에 의거하여 심사 문안을 작성해야 한다.【적어도 두 차례 심문하라고 한 것은 수차례 심문하는 것이 법률에서 바라는 바임을 말한 것이다. 이 규칙을 어길 시, 피고인은 석방을 요구하거나 판사에게 손해배상 소송을 제기할 수 있다.】

제3절 증거

제146조 법률에서는 피고 사건의 정황으로써 유죄를 추측할 수 없다. 피고인의 공초 및 관리가 검증한 증빙 문서, 증거물 혹은 증좌인의 진술, 감정인의 보고 및 기타 제반 증빙들은 일괄 재판관이 판정한다.【죄를 판단할 때 비록 증빙이 필요하기는 하지만, 본 조의 내용만 가지고 단정 짓지 말고, 반드시 문대하고 변론하는 중 재판관이 명확히 감지한 것으로써 결단해야 함을 말한 것이다.】

제147조 예심 판사는 검찰 민사 원고 혹은 피고인의 청구에 기인하거나 혹은 자신의 직권으로써 본 안의 증거 및 증빙들을 수집하여 필요하다고 여겨지는 사항들을 검증해야 한다.【증거라 함은 죄를 증명하는데 확실한 근거가 있는 것을 말하고, 증빙이라 함은 행적을 증명하는데 어느 정도 신빙할 수 있는 것을 말한다.】

제148조 예심 판사가 가택을 직접 검증하거나 수색하여 물건을 압수할 때, 혹은 피고인과 증좌인을 심문할 때는 반드시 서기를 대동해야 한다. 서기는 심사 문안을 작성하고 판사와 함께 서명, 날인해야 한다.

재판소 밖에서 긴급한 상황에 처해 서기를 대동할 수 없을 때, 기타 2명의 인원을 대동해야 한다. 감방에서 심문할 때는 해당 감방의 관리 1명을 대동해야 한다.

예심 판사는 전 항의 내용을 처리할 때 스스로 심사 문안을 작성하여 낭독해야 하며, 낭독을 마친 후에는 대동인과 더불어 서명, 날인해야 한다.

서기 및 기타 인원을 대동하지 않았을 시에는 처분이 성립되지 않는다.

제4절 피고인의 심문 및 대질

제149조 예심 판사는 먼저 피고인을 심문해야 한다. 그러나 검증 및 증인 심문을 늦출 수 없는 경우라면 이 조항의 제한을 받지 않는다.

제150조 예심 판사가 피고인에게 죄를 공술하게 명령할 때 협박이나 속임수를 사용해서는 안 된다.

제151조 서기는 심문 및 진술을 기록하여 피고인을 향해 선독해야 한다.

예심 판사는 먼저 서기의 기록을 피고인이게 보여주어 착오가 없는지 물어본 다음 서명, 날인하도록 명령해야 한다. 서명, 날인을 할 수 없는 자는 반드시 그 사유를 부기해야 한다.【예심의 감결(甘結)은 후일 공판 진술과 서로 대조할 수도 있고, 혹 예심 종결 선고에 대해 상소하는 자에게도 매우 중요하기 때문이다.】 서기는 본 조에서 정한 방식에 따라 이행한 내용을 기록한 다음 예심 판사와 함께 서명, 날인해야 한다.

제152조 피고인이 진술한 내용을 변경하거나 증감하고자 할 때에는 다시 심문한 다음, 앞의 규정에 의거하여 심문 및 답변한 내용을 등록하고, 거듭 낭독을 마친 후에 서명, 날인하게 해야 한다.

제153조 피고인은 공술장 등본을 보여 달라고 요청할 수 있다.【피고인의 변호의 권리를 막을 수 없으므로 공술장에 착오가 있는지 확인하고자 할 경우 교부하지 않을 수 없음을 말한 것이다.】

제154조 예심 판사가 피고인이 공범임과 (이러한 사실에) 오인이 없음을 증명하기 위해 대질을 진행하는 것은 매우 중요한 일이므로 피고인과 기타 피고인, 그리고 증인 및 기타인에게 대질 명령할 수 있다.【예심은 본래 기밀에 속하므로 대질은 본지에 어긋나지만 본 조에서 언급한 조치는 또한 사용하지 않을 수 없음을 말한 것이다.】

제155조 서기는 대질인의 공술 내용 및 대질 중에 발생한 모든 사건을 등록하여 그 부분을 대질인을 향해 선독해야 한다.【대질한 부분이 아니라면 선독하지 않아도 됨을 말한 것이다. 예심은 기밀에 속하기 때문이다.】

제151조 및 제152조 규칙은 대질에도 적용할 수 있다.

제156조 피고인 및 대질인이 청각 장애인(귀머거리)인 경우 지필을 사용

하여 질문하고, 언어 장애인(벙어리)인 경우 지필로 대답한다. 청각 장애인이나 언어 장애인이 모두 문자를 알지 못한다면 통역사를 써야 한다. 국어로 소통할 수 없는 경우도 마찬가지이다.

제157조 통역사는 사실대로 통역할 것을 선서해야 한다.

서기는 심사한 문서 증빙을 통역사에게 선독한 다음 서명하고 날인하도록 명해야 한다. 제192조 및 제193조, 그리고 제200조의 규칙을 본 조에도 준용한다.

제5절 검증 및 물건 압류

제158조 예심 판사는 검증을 위해 필요하다고 생각될 시 중범 및 경범죄의 범행 장소를 임검(臨檢)할 수 있다.

검사의 청구가 있을 시, 어떤 일이건 막론하고 반드시 임검해야 한다.

제159조 예심 판사가 죄질, 범죄 상황, 일시, 장소 및 피고인이 오인된 것이 아니라는 등의 정황을 종합하여 증명하고자 할 때는 문안을 작성해야 하며, 피고인에게 편의가 될 만한 정황이 있어도 등록해야 한다.【예심 판사는 피고인의 범죄를 증명해야 할 뿐 아니라, 피고인을 보호할 수 있는 부분 또한 증명해야 함을 말한 것이다.】

제160조 예심 판사가 임검 장소에서 물건을 발견했을 시, 그 물건의 출처와 정황이 절대 피고인을 오인한 것이 아님과 범죄 정황이 사실임을 족히 증명해 줄만한 것이라면 압류하여 검인한 다음

목록을 작성해야 한다. 그러나 그 물건을 감호하고 발송하는 일은 서기의 책임이다.【물건이라 함은 흉기나 옷 조각, 그리고 이름이 새겨진 기구 등을 말한다.】

제161조 예심 판사가 임검 중 혹은 가택 수색 중 물건을 압류하는 등의 사항이 그 날로 종결할 수 없을 시에는 주위를 봉쇄하고 간수를 두어야 한다.

제162조 예심 판사는 피고인의 거처 및 타인의 거처로 증거 될 만한 물건을 은닉했을 것이라 의심되는 장소를 임검할 수 있다.

피고인 및 물건을 은닉한 사람이 부재중일 시에는 동거 친속을 대동해야 하며, 친속이 부재중일 시에는 호장(戶長)을 대동해야 한다.【인가를 수색하는 일은 특별 상황이므로 주인이 부재중일 시에는 반드시 호장이나 친속이 대동해야 함을 말한 것이다.】

제133조 제3항의 규칙을 본 조항에도 준용한다.

제163조 피고인은 임검이나 가택 수색에 본인이 직접 대동해도 되고, 대리인을 대동시켜도 된다.【가택 수색은 피고인이나 그 집안에 관계되는 바가 매우 크므로 대동을 거절할 수 없음을 말한 것이다.】 만약 피고인이 구류 중이라 직접 대동할 수 없는 상황에서 예심 판사가 대동을 요구하는 경우에는 이 조항의 제한을 받지 않는다.

앞 조항의 민사 원고인 및 대리인 역시 대동해야 한다. 다만 예심 판사는 이 일로 인해 예심을 늦춰서는 안 된다.

제164조 예심 판사가 가택 수색을 진행할 시에는 제160조의 물건 압류 규칙에 따라야 한다.

물건을 압류할 때에는 목록의 등본을 대동인에게 교부해야 한다.【물건의 소유권을 빼앗지 않을 것임을 알려야 함을 말한 것이다. 따라서 판사가 만약 등본을 교부하지 않을 시, 대동인이 직접 요구할 수 있다.】

제165조 예심 판사는 피고인의 대동 여부를 떠나 물건 압류 시 물건을 피고인에게 보여준 다음 직접 해명하도록 해야 한다.

심문 및 진술 내용은 문안에 기재해야 한다.

제166조 예심 판사가 임검 장소에서 증인의 진술을 듣는 것은 매우 중요한 일이므로 서기를 대동하여 각기 나누어 심문하도록 한다.

제167조 예심 판사가 앞 조항을 처리할 때에는 누구를 막론하고 금지함으로써 그 장소의 출입을 허락하지 않아야 한다.

만약 금지를 어기는 자가 있으면 밖으로 쫓아낸 다음 그 사건이 종결될 때까지 억류할 수 있다.

제168조 예심 판사는 비록 자신의 관할 지역 내에서 일어난 사건이라 하여도 편의에 따라 임검 혹은 가택 수사를 해당 지역 치안 판사에게 위탁할 수 있다.

제169조 예심 판사가 피고인 및 예심 관련자, 혹은 기타인이 발부한 문서의 전보(電報)나 증험할 물건들을 검열하고자 할 때에는 반드시 우편, 전신, 철도 등 여러 관서 및 기타 회사【해조운(海漕運), 육운(陸運) 등】에 그 사유를 통지하고, 그들로 하여금 문건을 접수하여 열어보도록 명령해야 한다. 그러나 영수증을 교부받아야 한다.

앞 조항에 나오는 문건 중 현재 사용하지 않는 것은 원래 장소로 돌려보내야 한다.

제6절 증인신문[7]

제170조 예심 판사는 검사 및 민사 원고인, 그리고 피고인이 지명한 증인을 소환해야 한다.

피고의 증인 인원수가 많을 경우 피고가 지명한 순서에 따르거나 가장 확실하게 사실을 입증해줄 만한 사람을 선택해야 한다. 경죄 사건은 각각 5명으로, 중죄 사건은 각각 10명으로 제한하여 먼저 소환한다. 사실을 입증해줄 만한 사람이 많을 경우, 이 조항의 제한을 받지 않는다.

예심 판사는 피고인이 지명하지 않은 자라 하여도 자신의 직권으로써 증인 소환할 수 있다.

제171조 증인은 예심 판사의 명칭으로 소환해야 한다. 단 영장은 제23조 규칙에 따라 발부해야 한다.

만약 증인이 관할 지역 바깥에 있다면 해당 지역 경죄 재판소 서기에게 위탁하여 영장을 발부해야 한다.

제172조 증인이 재판소 소재지에 거주하지 않을 경우, 예심 판사는 증인이 거주하는 지역의 치안 판사에게 심문을 위탁할 수 있다. 【사안이 가벼운 경우, 비록 관할 지역 내에 있더라도 거주지가 조금 멀다면 멀리서부터 소환할 필요 없이 그 부근에 맡기라는 뜻이다.】 증인이 관할 지역 밖에 있다면, 해당 처의 예심 판사 혹은 치안 판사에게 심문을 위탁할 수 있다.

제173조 소환장에는 증인의 성명, 거주지 및 직업이 기재되어 있어야

---

7 원본에는 이 제목이 빠져있다.

한다. 또한 출정 일시와 장소, 그리고 소환에 응하지 않은 자에게 부과하는 벌금과 차기 구인 시간 등이 기재되어 있어야 한다.【본 조는 법률에 어두운 자가 법망에 빠질 것을 걱정하여 미리 경계하고자 하는 것이지, 협박하는 것이 아니다.】

소환장은 전달받은 시간으로부터 출정하는 시간까지 적어도 24시간의 말미를 주어야 한다.【노정이 조금 먼 사람에게는 거리에 따라 응분의 시일을 더 주어야 한다.】

제174조 증인이 질병 혹은 공무, 혹은 기타 사고로 인해 소환에 응할 수 없을 시에는 예심 판사가 증인이 있는 곳으로 가서 심문해야 한다.

제175조 증인이 되어야 하는 사람이 육해군 군영 내 군인이나 군속【군영 내라고 한 것은 군역이 아니라는 것을 분명히 하기 위함이다.】이라면, 소환장을 소속 부대의 장관을 경유해 발부해야 한다. 해당 장관은 즉시 그에게 출정을 명령해야 한다. 만약 직무로 인해 장애가 있다면, 예심 판사에게 그 사유를 진정하고 연기해 줄 것을 요청해야 한다.

제176조 앞의 두 조에서 말한 장애에 해당하지 않은데도 소환에 응하지 않는 증인이 있다면, 예심 판사는 검사의 의견을 구한 다음 벌금 2원 이상, 10원 이하를 선고해야 한다. 그러나 선고한 내용에 대해 이의를 제기하거나 공소할 수 없다.【증인의 고변 내용은 범인으로 하여금 법망으로부터 빠져나가지 못하게 할 뿐만 아니라 죄 없는 자로 하여금 억울한 일을 당하지 않게 해주므로, 민생의 공권 (公權)임은 물론 또한 백성의 의무이기도 하다. 따라서 소환에 응하지 않는 자는 벌금형에 처할 수 있다.】

예심 판사는 증인에게 소환장 및 벌금 선고장을 재발부할 수 있으며, 구인장도 곧장 발부할 수 있다. 그러나 제반 비용은 본인이 직접 부담하도록 한다.

만약 증인이 거듭 소환에 응하지 않는다면, 벌금을 2배로 올리고 후에 구인장을 발부해야 한다.

제177조 예심 판사는 증인이 거듭 소환에 응하지 않을 경우 해당 격식이 법칙에 위배됨을 증명해야 한다. 만약 증인에게 미리 예측하기 어려운 사실이 발생하여 출정하지 못하는 경우라면 검사의 의견을 구해 벌금 선고를 취소해야 한다.

제178조 소환으로 인해 출정한 증인은 그 소환장을 서기에게 되돌려주어야 한다. 만약 유실했을 경우, 본인임을 증명해야 한다.

제179조 예심 판사는 소환한 증인에게 성명, 나이, 직업, 거주지 및 제181조에 열거되어 있는 자에 해당하는지 여부 등을 물어야 한다.

제180조 예심 판사는 증인으로 하여금 (피고인과의 사이에) 애증도 없고 두려워하는 바도 없으며, 사실대로 진술할 것임을 선서하게 해야 한다.

예심 판사는 증인으로 하여금 선서문을 낭독하도록 하고, 낭독을 마친 후에는 서명, 날인하도록 한다. 만약 서명, 날인할 수 없다면 그 사유를 부기해야 한다.

선서문은 소송 문서와 함께 보관해야 한다.

제181조 다음 항목에 기재된 자들은 증인이 될 수 없다. 그러나 그들의 진술을 참조할 수는 있다.

제1항, 민사 원고인

제2항, 민사 원고 및 피고인의 친속

제3항, 민사 원고 및 피고인의 후견인 혹은 후견을 받고 있는 자.【후견이라 함은 지켜주는 것을 말한다. 즉 누군가의 배후에서 지시를 내리거나 보조해주는 것을 말한다. 장본인이 어린이이거나 치매 환자이거나, 질병을 앓고 있거나 장애인일 경우에는 통상적으로 후견인을 둔다.】

제4항, 민사 원고 및 피고인의 고용자

제182조 다음 항목에 기재된 자들은 앞의 조항과 같다.

제1항, 16세 이하 어린이

제2항, 지각이나 정신이 온전치 않은 자

제3항, 언어 장애인(벙어리)

제4항, 공권을 박탈당했거나 공권이 잠시 정지된 자【박탈은 무기한인데 반해 정지는 기한이 정해져 있다. 그러나 정지 중에 있다면 박탈과 마찬가지로 간주한다.】

제5항, 사안이 중대하여 중죄 재판소로 이송하여 선고를 받은 자, 혹은 사안이 비록 경죄에 해당하나 무거운 금고령을 내려 공판에 부쳐야 하는 자

제6항, 지금 진행 중인 사안에 대해 일찍이 다른 사람으로부터 소송을 당했으나 증거 불분명으로 면소 선고를 받은 자【소송 당했던 범죄 장소, 시일, 정황, 죄명, 형벌 명칭 및 살해자 등이 현재 진행 중인 사건과 전혀 다르지 않을 경우, 비록 면소 선고를 받았다 하더라도 혐의가 있으므로 증인이 될 수 없음을 말한 것이다.】

제183조 증인이 선서하지 않으려고 하거나 선서를 하고도 진술하지 않으려고 할 시에는 예심 판사가 검사의 의견을 구한 후 형법

제180조에 의거하여 벌금을 선고해야 한다. 그러나 이 선고에 대해 이의를 제기하거나 공소할 수 없다.

의사, 약상, 산파 및 변호 대리인, 공증 대필인 등과 종교인, 승려 등 직업상 타인의 비밀 부탁을 받은 자는 앞 항목의 예에 속하지 않는다.【이 항목에 속한 사람들은 직업상 비밀을 알아낼 수 있으므로 이들이 이를 엄폐했다고 해서 법률로 정죄할 수 없음을 말한 것이다. 또 이들의 소환을 빠트렸다고 해도 판사가 이를 빠뜨린 것으로 간주할 수 없다. 형법 제360조를 참고할 수 있다.】

제184조 증인은 기타 증인 및 피고인과 각기 별개로 심문해야 하지만, 검증을 위해 필요한 경우에는 대질을 명할 수 있다.【증인을 섞어 놓으면 서로 결탁해 폐단을 일으킬 염려가 있지만 진술한 내용이 서로 맞지 않을 경우에는 대질을 해야만 명백히 알 수 있음을 말한 것이다.】

제185조 예심 판사는 증인에게 확실한 사항만을 진술하도록 명령하며, 범행 장소에 동행이 필요한 경우라면 중죄 및 경죄 범행 장소나 그 밖의 장소에 함께 데려갈 수 있다. 만약 증인이 동행하려 하지 않을 시에는 제176조 규칙에 따라 벌금을 선고해야 한다.

제186조 제156조, 제157조 규칙을 증인에게도 적용할 수 있다.【증인이 외국인일 경우, 판사와 서기가 외국어를 이해하기 위해 부득불 통역사를 고용해야 함을 말한 것이다. 청각 및 언어 장애인의 경우도 마찬가지이다.】

제187조 증인이 황족이나 칙임관일 경우, 예심판사는 서기와 함께 그 소재지를 찾아가 진술을 듣도록 한다.

제188조 서기는 증인이 진술한 내용을 각기 문안으로 작성해야 한다. 해당 문안에는 증인이 선서를 했는지, (하지 않았다면) 사유가 무엇인지 기록해야 한다.

제189조 예심 판사는 증인에게 명령하여 진술한 내용에 오류가 있는지 여부를 확인하도록 해야 하며, 서기에게 명령하여 문안을 낭독하게 해야 한다.

증인은 진술한 내용에 대해 변경 혹은 증감을 요구할 수 있다. 서기는 문안에 증인이 요구한 변경 및 증감의 조건을 기록해야 하며, 예심 판사 및 증인과 더불어 서명, 날인해야 한다. 만약 증인이 서명, 날인할 수 없다면 그 사유를 부기해야 한다.

제190조 증인은 출정으로 인해 발생한 교통비 및 일비(日費)를 즉시 요구할 수 있다.【누군가를 위해 증인이 되는 일은 민생의 의무이긴 하지만 그에 따르는 비용은 자신이 부담할 수 없으므로 청구할 수 있음을 말한 것이다.】

만약 증인이 하루 벌어 하루 살아가는 자라면, 교통비 이외에도 매일의 소득에 준하는 보상금을 요구할 수 있다.【본 조 두 번째 항목에 나오는 비용의 경우 처음에는 재판소에서 지급하지만 재판 감결 이후에는 소송에서 진 쪽에서 배상하도록 명령해야 한다.】 본 조항은 예심 판사가 그 금액을 산정하여 선고해야 한다.

제7절 감정

제191조 예심 판사는 죄질과 범죄 정황을 증험하거나 감결하기 위해

감정이 필요하다고 판단될 시에는 학술 직업 종사자 1명 혹은 여러 명을 불러 감정하게 해야 한다.【독살 당했다면 시체 해부와 독 성질 분석이 필요하고, 구타당했다면 경중을 살피고 기물을 검사해야 하며, 보화를 위조했다면 용해, 분석하여 혼합물을 검증해야 하는데, 이는 모두 판사가 할 수 있는 일이 아니므로 어쩔 수 없이 의사, 화학자, 광물학자를 필요로 함을 말한 것이다.】

제192조 감정인은 서기국에서 영장으로 소환해야 한다. 영장 격식에는 반드시 '감정을 명령한다' 및 '소환에 응하지 않으면 벌금을 선고해야 한다.' 등의 내용이 기록되어 있어야 한다.

감정인이 소환에 응하지 않을 경우, 제176조 규칙에 의거하여 처결해야 한다. 그러나 다시 구인장을 발부할 수는 없다.【감정인이 소환에 응하지 않을 시 다른 사람에게 명할 수 있음을 말한 것이다. 증인의 경우 반드시 본인이 나와야 하는 것과 달리 벌금에 그칠 뿐, 구인할 수는 없다.】

제177조의 규칙을 본 조에도 적용할 수 있다.

제193조 감정인은 '사실대로 감정할 것'을 선서해야 한다. 격식은 제180조의 예를 따른다.

서기는 감정 영장의 끝부분에 감정인이 선서한 내용을 기록하고, 선서문을 부록하여 탑재해야 한다.

제194조 감정인이 선서하지 않으려고 하거나 선서를 하고도 감정하지 않으려고 할 때에는 예심 판사가 검사의 의견을 구한 후 형법 제179조에 의거하여 벌금을 선고해야 한다. 그러나 이 선고에 대해 이의를 제기하거나 공소할 수 없다.

제195조 제181조, 제182조에 열거되어 있는 자들에게는 감정을 명할 수

없다. 그러나 긴급 상황에 감정할 사람이 없다면 참고 차원에서 감정을 명할 수 있다.

제196조 예심 판사는 가능한 한 감정에 동참해야 한다.

제197조 예심 판사는 감정인의 요청에 따라 혹은 본인의 직권으로 인원을 증가하거나 다른 사람에게 명령할 수 있다.

제198조 감정인은 직접 감정첩을 작성하여 감정 절차 및 검사한 내용들을 상세히 기록하고, 본인이 추론한 바를 기록해야 한다.

감정인들 간의 의견이 서로 다를 경우에는 각자 감정첩을 작성한 뒤 감정첩 위에 각각의 의견을 기록하도록 한다.

제199조 감정인은 감정첩 위에 연월일을 기록하고 서명, 날인한 뒤 계인(契印)을 찍어야 한다.

또 예심 심사는 감정첩 위에 수령 연월일을 기록하고, 서기와 함께 서명해야 한다.

감정첩에 영장을 부록, 탑재해야 한다.

외국인이 감정했을 경우에는 재판소에서 명령한 통역사가 글을 번역한 다음 감정첩 (원본)도 부록해야 한다.

제200조 감정인 및 통역사에게는 교통비와 고용비 및 기타 비용을 지급해야 한다.

제8절 현행범 예심.【현행 범죄는 신속하게 처리함으로써 범인이 도주하여 증빙을 인멸하는 것을 방지하는 것이 가장 중요하다. 따라서 이 절을 둠으로써 이것이 변칙(變則)임을 알리는 바이다.】

제201조 예심 판사가 검사보다 먼저 중죄 및 경죄의 현행 범죄가 발생했음을 인지했을 경우, 사안이 시급하므로 검사의 청구 없이 곧장 사유를 보고하고서 먼저 예심을 열 수 있다.

예심 판사는 범행 장소를 임검하여 영장을 발부할 수 있으며, 이 장(章)의 규칙에 의거해 예심 처분을 내릴 수 있다.【피고 심문, 증인 및 감정인, 가택 수색, 물건 압류 등도 아울러 시행할 수 있다.】

제202조 앞 조의 사안에 대해 예심 판사는 비록 검사의 기소가 없더라도 검증 문안을 작성하여 해당 안건을 공소로 수리할 수 있다. 그러나 현행 범죄가 중죄인지 경죄인지 기록해야 한다.

예심 판사는 신속히 문서를 검사에게 송치해야 한다. 검사의 소견으로 해당 예심을 계속 진행할 필요가 없다고 판단되는 경우라도 통상 규칙에 의거하여 종결해야 한다.

제203조 검사가 예심 판사보다 먼저 경죄 및 중죄가 발생한 것을 인지했다면 예심 판사를 거치지 않고서 사유만 통보한 다음 직접 범행 장소에 임검하여 판사 처분을 내릴 수 있다. 그러나 벌금 선고는 내릴 수 없다.【검사에게는 범죄의 판결 권한이 없으므로 임시로 판사의 처분을 집행할 수는 있으되 증인 및 감정인에게 벌금을 선고할 수는 없음을 말한 것이다.】

증인 및 감정인의 진술은 들을 수 있지만 그들에게 선서를 명할 수는 없다.

제204조 검사가 앞 조의 사항을 처리할 적에는 의견서를 증빙 문서에 첨부하고 속히 예심 판사에게 발송해야 한다.【검사는 본디 판사의 권한을 대신하여 그 직분을 행사하는 것이므로 판결할 수는 없음

을 말한 것이다.】

제205조 제203조에서 허락한 검사의 직무는 사법경찰관 또한 대신할
수 있다. 그러나 영장을 발부하지는 못한다.

사법경찰관 역시 의견서를 증빙 문서에 첨부해야 하며, 피고인
과 아울러 검사에게도 발송해야 한다.【피고인을 순사로부터 접수
하였을 시 피고인을 명에 따라 보내주어야 함을 말한 것이다.】

제206조 검사가 임시로 피고인을 접수받았으면 24시간 이내에 심문한
뒤 문안을 작성해야 한다. 구류장 발부 여부와 상관없이 청구
서를 모든 문서에 첨부하여 예심 판사에게 이송해야 한다.

기소가 불가하다고 판단되는 사안이라면 즉시 피고인을 방면
해야 한다.

제207조 예심 판사는 24시간 내에 피고인을 심문해야 한다. 검사가 구
류장을 발부할지 여부는 그의 판단에 맡긴다.

제208조 예심 판사는 검사 및 사법경찰관이 취한 조치 절차에 대해 재
심사를 진행해야 한다. 그러나 검사 및 사법경찰관이 보낸 문
안은 소송 문서에 첨부해야 한다.【검사 및 경찰관이 비록 현행범
의 예심 조치를 취했다고는 하나 주도면밀하지 못하거나 격식에 위배
되는 일이 있을지도 모르는 관계로 판사가 다시금 심사해야 함을 말
한 것이다. 그러나 문안을 보존해 놓음으로써 참고 조사를 위해 제공
해야 한다.】

제209조 검사는 경범죄 현행범에게 구류장 발부 여부와 상관없이 피고
인을 심문해야 한다. 그러나 예심이 불필요하다고 사료되는 경
우, 직접 경죄 재판소로 소환할 수 있다.

제9절 보석.【보석이라 함은 보증을 받은 후에 석방하는 것을 말한다. 평의와 형벌 선고가 내리기 전까지, 피고인을 무죄로써 대하는 것이 치죄의 요점이기 때문이다. 첫째는 보석이고 둘째는 책부[8] 보석이라 하는데, 돈으로써 피고의 출정을 보증하는 것을 말한다. 책부의 경우 당사자 에게만 책임을 물을 수 있다. 이 둘 모두 판사의 명령에 달려 있다. 그러나 도주나 증거 인멸의 우려가 있을 시에는 부득이하게 구류할 수밖에 없다.】

제210조 예심 판사는 예심 중 구류장 및 수감장을 받은 피고인의 청구 에 기인해 먼저 검사의 의견을 구하고, 당사자에게 시일을 불 문하고 소환에 반드시 따를 것임을 문서로써 보증하게 한 다음 보석을 윤가할 수 있다.

만약 피고인이 무능력자라면 친속 및 대리인이 보석을 청구할 수 있다.【어린이나 치매 환자, 정신병 환자 등 금치산자의 경우 보석 금을 낼 수 없으므로 타인에게 명하여 대리 청구하게 한다는 뜻이다.】

제211조 앞 조의 문서는 서기국에 제출해야 한다.

만약 보석 중 피고를 소환할 일이 있으면 출정 24시간 전에 미리 통보해야 한다.

제212조 보석을 윤가할 시에는 피고인에게 돈을 걸고 출정할 것을 보증 하도록 명령해야 한다. 예심 판사가 그 금액을 책정하여 보석 선고장에 기입해야 한다.【보석 시에 보증 문서 이외에 반드시 돈을

---

8 이전의 형사 소송법에서 피고인을 친속이나 특정한 사람 또는 단체에 맡기고 구속의 집행을 정지하던 제도.

내도록 명령하는 것은 도주의 우환을 방지하기 위해서임을 말한 것이다. 그러나 금액의 경우 사안의 경중이 다르고 사람마다 경제 수준이 달라 일괄 책정할 수 없으므로 그때그때 정하도록 한다.】

제213조 보증 시 피고인 혹은 기타인은 보증금 및 저금 예치소【남으로부터 받은 재화나 돈을 꾸어주고서 받은 이자】, 혹은 은행의 기탁 증서를 서기국에 제출해야 한다.【예치소 및 은행의 증단(證單)은 허락하지만 현물(現物)을 사적으로 꾸거나 꾸어준 계약서는 사용할 수 없음을 말한 것이다.】

재력이 충분한 자로서 재판소 관할 지역 내에 거주하는 자라면 응당 충당해야 할 금액의 보증서를 제출해야 한다.

제214조 피고인은 보석 중에 소환에 응해야 한다. 이유 없이 소환에 불응하는 자에게는 보증금 전액을 몰수하거나 몇 분의 몇을 몰수해야 한다.【몰수 정도가 다른 이유는 정황에 따라야지 일괄 적용할 수 없기 때문이다.】

제215조 보증금을 몰수 할 때, 예심 판사는 검사의 의견을 구한 후에 선고해야 한다.【본 조에서는 몰수한 것이 금액과 다를 경우 그 나머지를 환부(還付)해야 하고, 만약 증거 문서라면 현물로 바꾸고 난 나머지도 응당 지불해야 함을 말하고 있다. 그러나 부족하다면 거듭 징수할 수 있다.】

만약 타인이 보증한 경우라면 민사 규칙에 의거해 징수해야 한다.【증서에 따라 돈을 징수하는 경우, 만약 내놓으려고 하지 않을 시 민사재판소에 소송을 걸어도 무방함을 말한 것이다.】

제216조 예심 판사는 보증금을 몰수한 후에는 보석 선고를 취소해야 한다.【보석을 취소했으면 다시 구류하지 않을 수 없음을 말한 것이

다. 이전의 약조를 어겼으니 후일 다시 출정하지 않을 우려가 없을

수 없기 때문이다.】

또한 예심 중에 보석 선고를 취소하는 일은 매우 중요한 사안

이므로 먼저 검사의 의견을 구한 뒤에 그 선고를 취소해야 한

다.【보석을 선고하였더라도 도주 중에 있다고 인지되거나 인멸의 우

려가 있다고 여겨질 시에는 선고를 취소할 수 있음을 말한 것이다.

보석은 본디 판사의 권한 내에 있으므로 이를 취소하는 것도 판사의

편의대로 할 수 있다.】

제217조 예심 판사가 보증금을 몰수한 후에 면소되었거나 위경죄 재판

소로 이송되었거나, 혹은 벌금이 합당하다고 판단되어 경죄 재

판소로 이송되었다면, 검사의 의견을 구한 다음 이미 몰수한

돈을 환부해야 한다.【법률에서는 벌금 이하 경범죄의 구류를 허락

지 않으니, 면소 이후라면 어떻겠는가? 이 조항은 판사가 당초 오인

하여 조치를 취한 후에 잘못임을 발견하고 처음 선고를 뒤집었을 경

우를 말한 것이다.】

제218조 예심 판사가 앞 조항에 대해 보석을 선고하였거나 보석 선고를

취소하였으면 보증금을 환부해야 한다.

제219조 예심 판사는 보석 청구 요청 유무와 관계없이 검사의 의견을

구한 후 피고인을 그의 친속 혹은 친구에게 책부할 수 있다.【보

석과 책부가 다른 점은, 보석의 경우 반드시 청구가 있어야만 가능하

지만 책부는 청구도 필요치 않을뿐더러 보증도 필요치 않으며, 오직

그의 친속이나 친구에게 맡길 따름이라는 데 있다. 피고 사건이 비록

금고 이상에 해당하는 죄라 할지라도 귀족 혹은 재력가라면 도주의

우려가 없으므로 그를 책부에 처할 수 있다는 것이다.】

제10절 예심 종결

제220조 예심판사는 피고사건을 자신의 관할 내용이 아니라 간주하거나【죄질, 범행 장소 및 피고인의 신분 지위 등을 말한 것이다.】달리 심사할 만한 것이 없다고 사료될 시에는 예심 종결 처분을 내리고 검사의 의견을 구한 다음 소송 문서 일체를 발송해야 한다.

　검사는 자신의 의견을 소송 문서에 첨부하여 사흘 이내에 환부해야 한다.

제221조 검사가 예심에 대해 만족스럽지 못한 부분이 있다고 판단할 때는 해당 안건을 다시 심사해줄 것을 청구할 수 있다. 만약 예심 판사가 검사의 청구를 따르고자 하지 않을 시, 검사는 자신의 의견을 소송 문서에 첨부하여 24시간 이내에 환부해야 한다.

제222조 예심 판사는 검사의 의견이 어떠한지 따질 것 없이 다음 조에 기재된 내용으로써 예심 종결 선고를 내릴 수 있다.【가령 검사가 중죄라고 여길지라도 판사가 법률로 따질 바가 못 된다고 판단할 시에는 재량껏 면소 선고를 내릴 수 있다. 하지만 검사가 이를 부당하다고 여길 경우, 상소할 권한이 있다.】

제223조 예심 판사가 피고 사건을 자신의 소관이 아니라고 생각할 경우, 그 사유를 선고해야 한다. 만약 구류하고자 한다면 전에 발부한 영장 및 새로 발부한 영장을 보존하고 있어야 하며, 또한 해당 사건을 검사에게 교부해야 한다.【판사가 피고인을 구류하고 있다 해도 이를 자신의 소관이 아니라고 여긴다면 관계가 이미

단절된 셈이므로 해당 사건을 타처로 송부해야 함을 말한 것이다.】

제224조 아래 사항에 대해 예심 판사는 면소 선고를 내리고, 구류하고 있던 피고인을 방면해야 한다.

제1항, 범죄의 증빙이 불분명한 경우

제2항, 피고 사건의 죄가 성립되지 않는 경우【친속 간의 절도 등】

제3항, 공소의 기한이 만기되어 면제된 경우

제4항, 확정 판결을 거친 경우

제5항, 대사면령이 내려온 경우

제6항, 법률에서 그 죄를 완전 면제하고 있는 경우【증인이 그 소송 건에 대해 자수한 경우 등】

본 조에 대해 피해자는 민사재판소를 경유하지 않을 시 보상 소송을 걸 수 없다.【예심은 범죄 사실 유무만을 판단하지 사건의 곡직을 심의, 판결하는 데까지는 미치지 않음을 말한 것이다. 이것이 예심이 공판과 다른 점이다. 따라서 사소 재판을 진행할 수는 없는 것이다.】

제225조 피고 사건이 위경죄에 속한다고 판단한다면 위경죄 재판소로 이송하여 선고해야 하며, 구류되어 있던 피고인에게 석방을 선고해야 한다.

제226조 만약 피고 사건이 경죄에 해당한다고 사료된다면 경죄 재판소로 이송하여 선고해야 한다.

구류되어 있던 피고인에게 벌금형을 처하는 것이 합당하다고 사료된다면 석방 선고를 해야 한다.【벌금형은 구류 대상이 아님을 말한 것이다.】

금고에 처해야 합당하다고 사료된다면 보석 및 책부를 윤가할 수 있다.

만약 피고인이 구류되어 있는 상태가 아니라면 영장을 발부해야 한다.【금고 이상의 형벌에 처해야 합당한 경우를 말한 것이다.】

제227조 피고 사건이 중죄라고 사료된다면 중죄 재판소로 이송하여 선고해야 한다. 보석 및 책부 보석을 윤가했다면 그 선고를 취소해야 한다.

중죄 재판소로 이송할 때 선고장에는 "공소 재판소 검사장의 지시가 있을 때까지 본 소에 피고인을 임시 감금한다."는 말을 기입해 넣어야 한다.

제228조 예심 종결 선고는 사실 및 법률에 의거하여 그 이유를 밝혀야 한다.

판사의 소관이 아님을 선고하거나 피고인을 구류함이 합당함을 선고할 시에는 그 이유를 명시해야 한다.

면소 선고를 할 적에도 피고 사건의 죄목이 성립되지 않는 이유와 공소로 수리할 수 없는 이유를 명시해야 한다. 범죄 증빙이 명백하지 않은 자 등도 마찬가지이다.

위경죄, 경죄 및 중죄 재판소로 이송할 것을 선고할 때에도 죄질, 범죄 정황을 명시해야 하며, (죄상이) 명백하다는 증빙과 그 죄에 해당하는 법률 규정 조례를 명시해야 한다.

제229조 앞 조의 선고장에는 제130조 규칙에 의거하여 피고인의 성명을 분명히 게재해야 한다.

제230조 서기는 예심 종결 선고장 등본을 검사, 민사 원고인 및 피고인에게 속히 발송해야 한다. 그러나 이들은 제246조 이하 규칙에

의거하여 해당 선고에 대한 번복 요구 공소를 제기할 수 있다. 【번복 요구 공소라 함은 회의국에 복심(覆審)을 요구하는 것을 말한다. 공판에 있어서의 공소와 같은 뜻이다.】

제231조 피고인이 체포되지 않았어도 중죄 재판소로 이송하여 선고할 수 있다. 또 금고에 처해야 할 경죄라면 경죄 재판소로 이송하여 선고할 수 있다. 두 경우 모두 영장에 그 사유를 기입해 넣어야 한다. 그러나 피고인이 현재 구류 중이 아니라면 그 선고에 대해 상소할 수 없다.【판사가 예심 사건을 자신의 소관이 아니라고 판단할 경우, 피고인 체포 여부와 관계없이 선고 장소를 이전해야 하며, 이에 대해 번복 요구 공소 및 상고를 제기할 수 없음을 말한 것이다.】

제232조 앞 조에 있어 검사 및 민사 원고인은 민사재판소에 피고인 재산의 압류를 청구할 수 있다.【피고인이 재산을 전매할 경우, 한편으로는 은신할 시 자금으로 삼을 우려가 있고, 또 한편으로는 배상에 필요한 자금을 잃을 우려가 있기 때문이다.】

제233조 예심 종결 선고를 행할 때 예심 판사는 재판소 소장에게 그 사유를 속히 보고해야 한다.

또 보름마다 예심 미결 사건을 뽑아 기록한 다음 신고해야 한다.

제4장 예심 상소

제234조 다음 항목에 대해서, 예심이 종결되기 전까지 검사 및 피고인

은 시일을 가리지 않고 번복 요구 공소를 제기할 수 있다.

제1항, 자신의 소관이 아니라는 진술을 포기한 경우

제2항, 법률을 어기고서 영장을 발부했거나 발부하지 않은 경우

제3항, 법률을 어기고서 보석과 책부를 행했거나 행하지 않은 경우

제4항, 월권 처분의 경우

민사 원고인은 제4항에 대해 사소(私訴)로 번복 요구 공소를 제기할 수 있다.【민사 원고인은 배상만 요구할 수 있을 뿐 공소에 관여할 권한이 없으므로 사소 처분에 관계된 것 이외에는 번복 요구 공소 제기를 허락할 수 없음을 말한 것이다.】

제235조 번복 요구 공소를 제기하고자 하는 자는 해당 재판소 서기국에 소장을 제출해야 한다.

번복 요구 공소를 제기한 자가 있을 시, 서기는 소장의 등본을 대상인에게 발송해야 한다. 대상인은 사흘 이내에 답변서를 제출해야 한다.

예심 처분은 번복 요구 공소 제기로 인해 시행 정지되지 않는다. 그러나 보석과 책부로 인해 검사가 번복 요구 공소를 제기했다면, 시행을 정지해야 한다.【번복 요구 공소의 제기가 모두 공정한 마음에서 나왔다고는 볼 수 없으며, 혹 공공을 방해하는 것일지도 모를 일이다. 따라서 번복 요구 공소에 의해 정지 처분을 내릴 수는 없다. 하지만 보석과 책부는 처분을 정지한 뒤 회의국의 판결에 따라야 한다.】

제236조 번복 요구 공소가 제기되었을 시, 해당 재판소 회의국에서는

판사 3명 이상이 소장과 답변서, 그리고 그 밖의 소송 문서 및 검사 의견서에 의거하여 판결해야 한다.【공판이나 궐석 재판에 대해 번복 요구 공소를 제기한 경우, 비록 전임관에게 관리를 명해야 하지만 번복 요구 공소의 예심은 전임관의 간섭을 허여치 않는다. 또한 예심은 본디 원고와 피고가 대질 변론하는 법이 없으므로 회의국 판결 또한 전적으로 문서에 의거해야 함을 말한 것이다.】

회의국의 선고는 신속히 시행되어야 한다. 그러나 예심 종결 선고가 내린 뒤에야 그 선고에 대해 상고할 수 있다.【예심 종결 선고를 거치지 않은 상태에서는 최종 판결이 합리적인지 그 여부를 판단할 수 없기 때문에 중도에 상고하는 것을 허락하지 않는 것이다.】

제237조 다음 항목에 해당할 경우, 예심 종결에 대해 검사, 피고인 및 민사 원고인은 예심 판사를 기피할 수 있다.

제1항, 예심 판사 및 그의 배우자가 피고인, 피해자 및 그의 배우자와 친인척 관계인 경우

제2항, 예심 판사가 피고인 및 민사 원고인의 후견인인 경우

제3항, 예심 판사 및 그의 배우자가 민사 원고인이나 피고인, 그리고 그의 친속으로부터 증여를 받았거나 청탁을 받은 경우

제238조 기피하고자 할 경우, 예심 판사에게 기피신청을 해야 한다. 그러나 신청서는 소장 2부와 함께 서기국에 제출해야 한다.

서기는 소장을 예심 판사에게 송부해야 한다. 예심 판사는 소장을 송부 받은 후로 24시간 이내에 가부 판정을 소장 말미에 기입한 다음 1부는 서기국에 보관하고 1부는 본인에게 보내야 한다.

제239조 예심 판사가 기피 신청을 거절할 경우, 신청인은 번복 요구 공

소를 제기할 수 있다.

회의국에서는 번복 요구 공소장 및 예심 판사의 변명장에 의거하여 판결을 진행해야 한다.

제240조 예심 판사는 비록 기피신청을 받았거나 신청 거절로 인해 번복 요구 공소가 제기되었다 하더라도 예심 절차를 계속 진행해야 한다. 그러나 종결 선고는 내릴 수 없다.

사건이 다급하지 않을 시에는 예심 절차를 정지시킬 수 있다.

제241조 회의국에서 기피 신청을 수리하지 않을 시, 번복 요구 공소를 제기한 자는 상고할 수 있다. 그러나 예심 종결이 나기 전에는 상고할 수 없다.

제242조 예심 판사가 직접 제237조에서 정한 경우에 해당한다고 인식했을 시에나 응당 회피해야 하는 상황이라고 사료될 시에는 회의국에 회피 신청을 해야 한다.

회피 신청에 대한 판결은 회의국에서 해야 한다.

제243조 회의국에서 기피 및 회피 신청을 윤가했을 시, 재판소장은 다른 판사에게 예심을 진행하도록 명해야 한다. 해당 판사는 비록 전임 판사의 처분이 있다 하더라도 검사 및 기타 소송 관계인의 청구에 의해, 혹은 자신의 직권으로써 다시 심사할 수 있다.

제244조 서기는 직접 회피를 실행할 수도 있고, 검사 및 기타 소송 관계인의 신청에 의거해 회의국에게 그에게 기피를 명령할 수도 있다.

제245조 검찰관은 피고인이나 민사 원고인에 의해 기피될 수 없다. 그러나 스스로 회피하는 것이 합당하다고 사료될 시에는 회의국

에 진정할 수 있다.【검찰관은 범죄자에게 그 형벌을 적용해야 하는 이유를 증명해야 하며, 원고나 피고에게는 기피하지 않을 이유가 없으므로 회피는 허락하되 기피는 허락하지 않음을 말한 것이다. 친척이나 친구가 연루된 사건이라면 직접 회피하지 않을 수 없지만 가부 결정은 회의국에서 내린다.】

검사보가 회피해야 합당한 상황이라고 사료되어 검사에게 신청했다면 검사가 이 신청을 윤가해야 한다.

제246조 검사는 예심 종결 선고에 대해 거듭 번복 요구 공소를 제기할 수 있다.

민사 원고인는 사소에 월권 처분이 있었을 경우 예심 종결 선고에 대해 번복 요구 공소를 제기할 수 있다.

피고인은 중죄 재판소로 이송하여 선고한 내용에 대해 번복 요구 공소를 제기할 수 있다. 그러나 경죄 및 위경죄 재판소로 이송하여 선고한 내용이 예심 판사의 소관을 벗어난 월권이거나 이송한 재판소가 소관을 벗어난 판결을 한 경우가 아니라면 번복 요구 공소를 제기할 수 없다.【중죄의 경우 얽혀 있는 이해관계가 중대하기 때문에 이유를 묻지 않고 일괄 번복 요구 공소를 제기할 수 있으나 경죄 이하는 사안이 약하므로 제한을 두어 함부로 번복 요구 공소를 제기하지 못하도록 한 것이다.】

제247조 번복 요구 공소는 하루로 제한하며, 선고장이 도달한 시점으로부터 계산하다.

제248조 검사와 민사 원고인 및 피고인이 번복 요구 공소를 제기했을 경우, 소장을 서기국에 제출해야 한다. 서기는 신속히 이를 대상인에게 통보해야 한다.

번복 요구 공소를 제기한 자는 사흘 이내에 소장을 서기국에
제출해야 한다.

서기는 소장을 속히 대상인에게 발부해야 한다. 대상인은 사흘
이내에 답변서를 제출해야 한다.

제249조 번복 요구 공소를 제기했을 경우 대상인은 판결이 날 때까지
시일을 가리지 않고 부대 공소를 제기할 수 있다.【부대 공소라
함은 번복 요구 공소를 제기한 자에 대해 대상인 역시 이에 부대하여
또 다른 불복 소송을 제기하는 것을 말한다.】

부대 공소를 제기한 자가 있으면 서기는 그 소장을 대상인에게
발부해야 한다. 대상인은 사흘 이내에 답변서를 제출해야
한다.

제250조 예심 종결 선고에 대한 번복 요구 공소 기간 동안 또 다른 번복
요구 공소를 제기한 경우, 판결이 나올 때까지 시행을 정지한
다. 그러나 피고인 구류 및 보석, 책부 선고 취소 선고는 시행
을 정지할 수 없다.【선고에 대해 번복 요구 공소를 제기하는 이유는
선고에 혹시 부정확한 면이 있을 수도 있기 때문이다. 그러나 도주의
우려가 있어 구류한 자나, 경죄 재판소에서 중죄 재판소로 이송하여
보석 및 책부를 취소한 자라면 공소에 구애받지 않는다.】

제251조 서기는 번복 요구 공소의 소장, 답변서 및 기타 소송 문서를
회의국에 제출해야 한다.

제252조 회의국에서는 제236조 규칙에 의거하여 번복 요구 공소 판결
을 진행해야 한다.

회의국은 예심 판사의 선고에 대해 선고를 그대로 따르거나
전체를 취소하거나 혹은 몇 군데를 취소하여 선고를 다시 내려

야 한다.

피고인에게 보석과 책부, 그리고 구류 선고를 내릴 수 있다.

제253조 회의국에서는 번복 요구 공소를 긴요한 사항이라고 간주하여, 판사 1명에게 다시 예심을 진행하도록 명하고, 지명한 조건에 대해 재심사를 진행한 뒤 보고장을 발송하도록 명령한다.

제254조 회의국이 번복 요구 공소 도중 소관을 벗어난 월권 행위 및 불합리한 공소 수리 등의 사안을 발견했을 시, 직권으로써 예심 판사의 선고를 취소할 수 있다.【모든 재판관은 공소가 없으면 처리하지 않는다는 원칙을 견지하지만, 상황이 중대하여 공익에 관련되어 있다면 법률 중에 변칙을 특별히 둘 수 있으니, 본 조가 바로 그중 하나이다.】

제255조 회의국이 번복 요구 공소 도중 공범의 기소 혹은 부대죄 예심 등을 수리하지 않은 등의 사항을 발견했을 시, 검사의 청구 혹은 자신의 직권으로 판사 1명에게 명해 예심을 진행한 뒤 보고장을 발송하도록 명할 수 있다.【정범과 종범이 동일 범죄를 저질러 죄상이 서로 얽혀있다면 한꺼번에 심리해야 판결이 수월하므로 검사의 청구가 없어도 예심을 진행할 수 있음을 말한 것이다.】

검사는 의견서를 제출해야 한다.

회의국은 보고장 및 기타 소송 문서에 의거하여 판결해야 한다.

제256조 번복 요구 공소의 판결이 나왔다면 선고 등본을 속히 검사, 민사 원고인 및 피고인에게 발부해야 한다.

제257조 검사 및 기타 소송 관계자들은 회의국의 선고에 대해 다시 상고할 수 있다.

제258조 피고인에게 종결 선고장을 발부해야 한다. 선고장에는 상소 및 상소 기한이 기록되어 있어야 한다. 만약 기록이 없다면 규칙에 의거하여 선고장을 재발부해야 하며, 피고인은 기한을 넘겨도 상소 권한을 잃지 않는다.【선고서에 상고 및 번복 요구 공소에 관한 사항을 기록하는 것은 법률의 요지이며 피고를 보호하고자 하는 임금의 명이기도 하다. 피고인이 법률에 밝지 못하면 상소의 권한이 있음에도 불구하고 이를 행사할 줄을 몰라 헛되이 기한을 넘기게 되어 스스로 억울함을 당하게 되기 때문이다.】

제259조 제310조부터 제313조의 규칙은 예심 상소에도 적용할 수 있다.

제260조 중죄 재판소로의 이송 선고가 일단 결정되고 나면 검사는 일체의 문서를 선고장에 첨부하여 속히 공소 재판소 검사장에게 발송해야 한다.【판사의 선고에 대해 기한 내에 번복 요구 공소를 제기하지 않았다면, 비록 후에 공소하였다 하더라도 회의국의 선고가 여전히 원안이며, 상고하지 않았다가 후에 상고하였다 하더라도 대심원의 선고가 여전히 원안임을 말한 것이다. 이 원안은 건드릴 수 없다.】

검사장은 일체의 문서, 증거, 물건 및 피고인에 대한 중죄 재판소로의 이송 등의 처분을 검사에게 명해야 한다.

종죄 재판소 이외에 기타 재판소로의 이송 선고가 일단 결정되고 나면 검사는 속히 시행해야 한다.

제261조 피고인이 예심 중에 면소 선고를 받았거나 선고가 이미 정해져 죄명을 변경해야 하는 일이 생겼을지라도 사건이 동일하다면 다시 기소할 수 없다. 그러나 새로운 증빙이 발견된 경우는 이 조항의 제한을 받지 않는다.

새로운 증빙이 발견된 경우, 검사는 이를 회의국에 보내고, 회의국에서는 기소 승인 여부를 판결해야 한다.【이른바 새로운 증거가 과연 예전의 증거와 다른 것인지를 판단하는 일을 반드시 회의국에서 하게 하는 이유는 일에 신중을 기하기 위함임을 말한 것이다.】

제4편 공판

【예심 판사로부터 발부받은 범죄 안건에 대해 직접 재판소로 소환하여 심문, 변론함으로써 판결하는 것을 말한다. 공판이라 함은 많은 사람들이 에워싼 가운데 공명정대하게 판결하는 것을 말한다.】

제1장 통칙

제262조 소송 사건은 서기국 문서 장부에 등록되어 있는 절차에 따라 공판에 부친다.【전후가 뒤바뀌게 되면 소송인에게 행, 불행의 차이가 생길 우려가 있음을 말한 것이다.】

재판소장은 아직 결정 나지 않은 구류 일수를 단축시키기 위해 자신의 직권으로써 절차를 바꿀 수 있다.【구류는 보석이나 책부처럼 자유로울 수 없으므로 기일이 정해져 있지 않은 사건에 한해 재판소장이 일수를 줄이거나 절차를 바꿀 수 있음을 말한 것이다.】

사안이 중요하더라도 검찰관 및 기타 소송 관계자들의 청구가 있으면 또한 절차를 바꿀 수 있다.

제263조 중죄, 경죄, 위경죄에 대한 심문과 변론 및 재판 선고는 공중이

보는 앞에서 시행해야 한다. 그렇지 않으면 선고가 성립되지 않는다.【이것이 치죄의 요지이다. 만약 많은 사람들의 이목이 지켜보는 가운데서 공적으로 진행된 재판이 아니라면 사사로이 치우치는 폐단에 연루될 혐의가 있음을 말한 것이다.】

제264조 피고 사건이 공중 안전에 해를 끼치거나 외설 및 풍속을 망가뜨릴 우려가 있는 사안에 해당한다면 재판소에서 검찰관의 청구에 의해, 혹은 자신의 직권으로써 심문, 변론, 방청을 금지할 수 있다. 그러나 재판 선고의 경우는 방청을 허가해야 한다. 【방청을 금하기 위해서는 반드시 재판소의 명령이 있어야지, 재판장 1명이 마음대로 결정할 수 없는 일임을 말한 것이다. 그래서 '재판소에서'라고 말한 것이다. 또 민사 원고와 피고가 청구할 수 있는 일이 아니므로 검찰관의 일이라고 말한 것이다.】

제265조 피고인은 공정(公庭)에서 신체의 구속을 받지 않아야 한다. 그러나 때로는 간수를 번갈아가며 둘 수 있다.【피고인이 공정 밖에서는 포박되어 있을 때도 있지만 일단 공정에 들어오면 포박을 풀어 신체를 자유롭게 해주어야 함을 말한 것이다. 그러나 도주하거나 소요를 일으킬 우려가 있는 자에 한해서 간수를 붙일 수 있다.】

피고인이 응당 금고 이상의 형벌을 받아야 할 상황인데 질병이나 사고가 아님에도 출정하려 하지 않는다면 구치할 수 있다. 만약 출정하고도 변론하려 하지 않는다면, 대질한 것으로 간주하여 곧장 재판 선고를 시행할 수 있다.【벌금, 구류, 과태료 처분이 합당한 경우라면 구치할 필요 없이 재판 선고할 수 있음을 말한 것이다. 그래서 금고 이상의 형을 받은 자로 한정지은 것이다.】

제266조 피고인은 변론을 위해 변호인을 선임할 수 있다.【이 조가 본 법

에 있어서의 가장 요지되는 부분이다. 법정의 엄숙함으로 인해 두려운 마음이 절로 생겨나면 마음껏 변론하여 깊은 사정을 다 밝히지 못하는 경우도 생긴다. 그러므로 죄의 경중을 따지지 않고 변호인을 선임하게 해야 실상을 파악할 수 있다.】

변호인은 재판소에서 위촉한 대변인 중에서 선발해야 한다. 그러나 재판소가 윤가한 경우라면 대변인이 아니라도 변호인이 될 수 있다.【재판소에는 통상 대변인을 두고 있는데, 이들은 법전에 익숙해서 실수를 저지를 일이 없기 때문이다. 그러나 피고의 친척, 친구 중에 스스로 변호하겠노라 청하는 자가 있어 윤가를 얻었다면, 변호인이 되어도 또한 무방하다.】

제267조 피고인이 공정에서 난폭하게 굴거나 소란을 피우며 변론을 방해하였기에 재판장이 거듭 주의를 주었음에도 따르려고 하지 않는 자가 있다면 검찰관의 청구에 의해, 혹은 자신의 직권으로써 퇴정을 명하거나 구류할 수 있다.

전 항목의 경우 이미 대심과 변론을 진행한 것으로 간주하고 곧장 재판 선고를 내린다. 만약 변론에 이틀이 필요하다면 피고인의 재출정을 명해야 한다.【퇴정과 구류는 스스로 자초한 것이므로 비록 최종심은 아니지만 재판 선고에 대해 번복 요구 공소를 제기할 수 없다. 하루에 변론을 마칠 수 없어서 피고인에게 재출정을 요구하는 것은 가급적 승복을 얻어내기 위함이다.】

제268조 피고인이 정신 착란이나 질병으로 인해 출정할 수 없는 경우 완쾌될 때까지 변론을 정지한다.

변론 진행 도중에 피고인이 정신 착란을 일으켰다면, 완쾌될 때까지 기다렸다가 새롭게 변론을 시작해야 한다. 다른 질병에 걸린 경우라면 하던 변론을 이어서 계속한다. 다만 닷새 동안 변론이 중지 되었거나, 검찰관 및 기타 소송 관계자의 청구가 있을 시에는 새롭게 변론을 시작해야 한다.

피고 사건 및 법률 결정이 이미 변론을 완결 지었다면, 완쾌된 후라도 다시 심사할 필요 없이 바로 재판 선고할 수 있다.

제269조 금고 이상의 형벌을 받아 합당한 피고인이 비록 공판 당일에 출정하지 않았다 하더라도 예심 종결 선고장 및 소환장을 본인에게 발부했다는 증빙이 없을 시 궐석 재판을 시행할 수 없다.【금고 이상으로 제한한 것은 제265조 제2항의 뜻과 같다.】

예심 종결 선고장 및 소환장을 본인에게 전달하지 못했을 경우,【예심 및 공판 사이에 피고인이 도주한 경우 등】 다시 기한을 정하여 말미를 주어야 한다. 그러나 기한 내에 출정하지 않으면 궐석 재판을 시행한다. 이때 보고서를 작성하여 친속 및 호장에게 발부한다.

제270조 궐석 재판의 피고인은 변호인을 채용할 수 없다. 그러나 친속 및 친구가 나서 피고인이 출정할 수 없는 사유를 증명할 수 있다.

재판소에서 그 이유가 정당하다고 여겨질 시, 검사의 의견을 구해 재판 기일을 연기할 수 있다.

제271조 피고인 중 1 명 혹은 약간 명이 출정하지 않았으면 출정한 자들을 상대로 상규에 의거하여 대심 재판을 진행한다.

제272조 재판장은 공정의 엄숙을 기해야 한다. 이를 범하는 자에게는 응분의 조치를 취한다.【본 조 이하는 공정의 엄숙과 관련된 조치이다.】

환호, 비방 혹은 기타 변론을 방해하는 자들에게 제지 및 퇴정을 명할 수 있다.

제273조 공정에서 경죄, 위경죄를 범한 자에 대해서는【방청인이 재판 관리에게 욕을 하는 경우 등을 말한다. 만약 피고인이 이런 일을 범했다면 본 안에 포함시켜 수죄구발(數罪俱發)[9]의 예에 따라 처결한다.】신분 여하를 막론하고 재판장이 구류를 명한 다음, 검사의 의견을 구하여 직결에 부치거나 훗날 공판 선고로 넘긴다.

서기는 범죄 사건 및 재판장의 처분을 즉시 문안으로 작성한다.

제274조 앞 조의 상황이 위경죄 재판소에서 일어났다면 위경죄가 종심 재판이 되고, 경죄가 시심 재판이 된다.

경죄 재판소 및 그 밖의 상등 재판소에서는 경죄를 종심 재판으로 삼는다.【재판소에서의 현행범은 현재 관리에게 있어 가장 중요한 처리 대상이므로 곧바로 재판해야 함을 말한 것이다. 이는 재판 관할에 이와 같은 변칙 사례가 있기 때문이다.】

제275조 공정에서 중죄를 범한 자에게는 재판장이 피고인 및 증인을 심문하여 문안을 작성하고, 검사의 의견을 구하여 상규에 의거해 재판한 다음 예심 판사의 선고를 발부해야 한다.【중죄는 반드시 판사 5인이 합동 재판해야 하며, 변칙 사례를 적용하지 말고 반드시 상규를 따라야 함을 말한 것이다.】

제276조 재판소에서는 기소 받지 않은 사건을 재판할 필요 없다. 그러나 변론 중에 발견한 부대 사건 및 공정 안에서 벌어진 범죄의

---

9 한 사람이 저지른 여러 가지 범죄가 한꺼번에 드러나는 것을 말한다.

경우 이 조항의 제한을 받지 않는다. 부대 사건의 경우 예심이
필요하다면 본 안 재판을 잠시 정지할 수 있다.【두 가지 사안이
겹쳤을 시, 판사가 다 심사하기 어려우므로 일단 본 안을 접어두라는
것이다.】

제277조 검찰관, 피고인 및 민사 관련인은 시심과 종심을 막론하고 본
안의 재판 선고가 내려지면 시일에 상관없이 소관을 벗어난
재판과 수리 부적합한 공소에 대해 진정을 제기할 수 있다.【민
사 원고인은 배상 청구 권한밖에 없으므로 이 사안에 들지 않음을
말한 것이다.】 재판소는 자신의 직권으로써 소관을 벗어난 재판
과 수리 부적합한 공소에 대한 선고를 내릴 수 있다.

제278조 재판소에서 앞 조의 진정을 기각하였다면 본 안의 재판 선고가
나기 전에 곧장 공소 및 상소를 제기하고, 본 안의 변론을 잠시
정지할 수 있다.【공소와 상소가 제기되고 나면 재판이 어떻게 귀결
될지 알 수 없으므로 변론을 잠정적으로 중단함을 말한 것이다.】

제279조 검찰관 및 기타 소송 관계자가 제237조에서 정한 정황이 발생
했다고 인지했을 시, 위경죄, 경죄, 중죄 각 재판소의 재판관
및 서기국에 기피 신청을 낼 수 있다.【각 재판소를 두루 열거한
것은 대심원과 구분 짓기 위함이다. 대심원 재판관은 기피할 수
없다.】

재판관이 예심을 진행하고 공판에도 간여하였거나, 시심 재판
을 진행하고 종심 재판까지 간여하였을 경우에도 마찬가지
이다.

제280조 기피는 본 안 재판 선고가 내려오는 날까지, 시일 구분 없이
신청할 수 있다. 기피 신청이 있을 경우, 본 안의 변론은 연기

된다.

제281조 기피 및 회피 신청이 있으면【소송 본인의 입장에서 말하면 기피이고 소송 받는 자의 입장에서 말하면 회피이나, 기실 한 가지이다.】판결이 나올 때까지는 제245조에서 정한 규칙에 따라야 한다.

제282조 기피 및 회피 신청이 기각되면 전날 정지되었던 그 이후의 절차를 계속 진행해야 한다. 그러나 5일간 변론이 중지되었다면 새롭게 변론을 시작해야 한다.【새롭게 변론을 시작하는 이유는 제268조 제2항과 같은 뜻에서이다.】

변고나 재난으로 인해 소송 절차가 정지된 경우도 마찬가지이다.

제283조 공판에서 쓸 수 있는 증거는 예심에서도 마찬가지로 쓸 수 있다.

제284조 재판장은 검찰관 및 기타 소송 관계자의 청구로 인해, 혹은 자신의 직권으로써 심판 중 관할 관리가 작성한 문안을 낭독하게 할 수 있다.【예심 판사가 작성한 문서는 매우 정확하므로 공판 도중 재확인할 필요 없이 낭독하는 것으로 충분함을 말한 것이다.】

이 문서들은 원고, 피고, 증인이 진술한 내용과 마찬가지 효력을 지닌다.

제285조 문안을 작성한 사법경찰관이 검찰관 및 기타 소송 관계자의 증인이 되거나 재판소의 직권으로 소환되면 예심 판사는 그 문안에 대해 설명할 것을 명령할 수 있다. 이때 재판소의 직권으로 소환하거나 검찰관 및 기타 소송 관계인이 해당 소의 윤가를 얻은 후에 소환할 수 있다.【판사는 스스로 고소인을 부를 수 없음을 말한 것이다. 만약 문안 중에 모호한 곳이 있다면 반드시

재판소의 공권이나 공적인 윤가를 통해서만 소환이 가능하다.】

제286조 이미 예심에서 심문한 증인이라도 다시 소환할 수 있다.【공판은 대면하여 변론하는 것을 본지로 삼으므로 예심이 전적으로 문서에 의거해 판결하는 것과는 차이가 있음을 말한 것이다. 따라서 공정에서 낭독할 때에 소환하여 직접 진술하도록 명할 수 있다.】

예심 중에 기록한 증인의 진술서는, 본인을 소환하지 않았거나 소환에 응하지 않았거나 혹은 예심 공판의 진술과 비교해야 할 경우, 검찰관 및 기타 소송 관계자의 청구 및 재판장의 직권으로써 낭독하게 할 수 있다.

제287조 제178조 이하 규칙은 공판 증인에도 적용할 수 있다.

제288조 증인끼리는 서로 이야기할 수 없으며, 진술에 앞서 대동 변론할 수 없다.

제289조 증인은 다음 절차에 따라 심문해야 한다.

제1항, 검찰관의 청구에 따라 증인을 소환함

제2항, 민사 원고인의 청구에 따라 증인을 소환함

제3항, 피고인 및 민사 관련인의 청구에 따라 증인을 소환함

제290조 증인이 여러 명 있을 경우 목차에 적힌 성명 순서대로 심문한다.【원고와 피고 증인의 순서는 비록 앞 조에 적힌 것과 같지만, 원고와 피고의 증인이 여러 명일 경우 그 안에서 각기 순서를 따른다.】

제291조 증인 및 피고인은 재판장이 아니고서는 심문할 수 없다.

배석 판사 및 검찰관은 재판장에게 청하여 증인 및 피고인을 심문할 수 있다.

소송 관계인은 변론에 있어 가장 중요한 사람을 선택해 재판장에게 증인 심문을 요구할 수 있다.

제292조 증인이 고의로 거짓 진술하여 금고 이상의 형벌에 처해야 합당하다고 사료될 시에는 재판소에서 검찰관 및 기타 소송 관계자의 청구에 기인하거나 자신의 직권으로써 구류하고, 구인장을 발부한 다음 예심 판사를 통해 선고하게 할 수 있다.

증인의 진술은 서기가 기록하여 예심 판사에게 이송한다.

본 조의 상황이 발생하면, 재판소에서는 검찰관 및 기타 소송 관계자의 청구에 기인하여, 혹은 자신의 직권으로써 본 사건에 대한 선고 재판을 연기할 수 있다.

제293조 증인이 소환에 응하지 않을 시, 재판소에서는 즉시 검사의 의견을 구하여 다음 항목의 과태료나 벌금을 선고할 수 있다. 그러나 증인은 이 선고에 대해 번복 요구 공소 및 공소를 제기할 수 없다.

제1항, 위경죄 사건에 관련된 자는 50전 이상, 1원 95전 이하의 과태료에 처함

제2항, 경죄 이상 사건에 관련된 자는 2원 이상, 10원 이하의 벌금에 처함

만약 피고인의 궐석했다면, 비록 증인이 소환에 불응했다 하더라도 과태료나 벌금을 선고할 수 없다.【피고에게 해를 입히지도 않았고, 재판을 지연시키지도 않았으므로 처벌할 이유가 없음을 말한 것이다.】

제294조 앞 조의 선고장을 서기는 그 즉시 본인에게 발부해야 한다. 선고장을 접수하였으면 사흘 이내에 그 사유를 증명할 수 있다. 재판소에서는 검사의 의견을 구하여 과태료 및 벌금 선고를 취소할 수 있다. 그러나 중죄 재판소가 폐정한 뒤라면 현재 열

려 있는 재판소에 제소해야 한다.

제295조 증인이 소환에 불응했을 시 검찰관 및 기타 소송 관계자들의 청구에 의해, 혹은 재판소의 직권으로써 공판 연기 선고를 할 수 있다.【증인 심문이 가장 중요한 사안이 아니라면, 공판 기일을 연기할 수 없음을 말한 것이다.】

검찰관이 직접 청구하지 않았다면, 공판 연기에 대한 자신의 의견을 진술해야 한다.

제296조 증인이 재소환에도 여전히 출정하지 않았다면, 검찰관의 의견을 구한 다음 전 항목에서 정한 과태료 및 벌금의 2배를 선고하고, 재소환에 들어간 비용을 보상하도록 요구하여 앞 조의 규정에 따라 공판을 다시 한다. 그러나 연기한 후에는 증인에게 구인장을 발부해야 한다.

제297조 제191조 이하 규칙은 공판에서 새로이 감정인을 지명하는 데에도 적용할 수 있다. 소환에 응하지 않는다면 제293조 규칙에 따라 조치한다.

감정한 사건에 대한 감정인의 설명을 듣기 위해 재소환했을 시에도 증인에 대해 규정한 앞의 몇 조항의 조치를 따른다.

제298조 피고인이 청각장애인, 언어장애인이거나 국어를 알지 못할 경우, 제156조 및 제157조의 규칙을 따른다.

제299조 피고인이 여러 명 있을 경우 먼저 재판관의 의견에 따른다. 또 검찰관 및 기타 소송 관계자의 의견을 구하여 심문 순서를 정한다. 그러나 재판장이 검증을 위해 필요하다고 생각할 경우에는 자신의 직권으로써 그 순서를 바꿀 수 있다.

제300조 증빙 조사가 끝난 뒤에는 검찰관, 민사 원고인, 피고인 및 변호

인, 민사 관련인이 차례대로 발언한다.【검찰관은 법규를 구체적인 사건에 적용하기 위해, 민사 원고인은 보상을 받기 위해 발언하는 것을 말한 것이다.】

검찰관 및 소송 관계자의 진술은 다른 사람의 방해를 받아서는 안 된다. 검찰관 및 기타 소송 관계자들이 차례대로 변론을 마치고 나면, 변론 끝에 가서 피고 및 변호인으로 하여금 발언하게 해야 한다.

제301조 검찰관이 공소를 기각했다 하더라도 재판소에서는 본 안에 대해 응분의 판결을 내려야 한다.【공소는 공중을 위해 생겨난 것이므로 비록 검찰관이 중간에 기각했다 하더라도 재판소에서는 그 안을 심의하지 않을 수 없다. 이것이 공소가 사소와 다른 점이다.】

제302조 변론 중 공판 절차에 대해 이의가 제기되었다면 재판소에서는 검찰관의 의견을 구한 다음 곧장 판결을 내릴 수 있다. 그러나 공소 및 상소는 본 안의 재판 선고가 나기 전에 진행할 수 없다.【이의는 대부분 소송 방해나 판결 연기로 인해 제기되기 때문임을 말한 것이다.】

제303조 민사 관련인은 시심과 종심을 가리지 않고 시일의 구분 없이 소송에 간여할 수 있다.

또한 민사 원고인도 민사 관련인으로 하여금 소송에 간여하도록 할 수 있다.【민사 원고인이 자기에게 유리한 선고를 받았다 하더라도 피고인이 무능력자이면 배상을 받을 수 없으므로 관련인으로 하여금 소송에 간여하여 대상인이 되게 하지 않을 수 없음을 말한 것이다.】

만약 이의를 제기하는 자가 있다면, 즉 재판소의 판결에 대해 본 안의 재판 선고가 날 때까지 기다리지 않고도 곧바로 공소 및 상고를 제기한 자가 있다면, 본 안의 변론은 잠시 정지해야 한다.

제304조 재판소의 처벌 선고는 사실 및 법률에 의거하여 그 이유와 확실한 증빙을 명시해야 한다.【사실과 법률 조항을 명시할 뿐만 아니라 일체의 증빙을 명시하라고 한 까닭은 재판이 공정할 뿐만 아니라 사사로움에 치우치지 않았음을 드러내기 위함일 뿐이다.】

면소 선고를 내릴 때도 마찬가지이다.

제305조 무죄 선고를 내릴 때는 그 이유를 밝힌 다음 피고인에게 범죄 증빙이 없음을 명시해야 한다.【법률에 무죄에 관한 규정 조례가 없기 때문에 증빙 불분명 혹은 증거 흔적이 없음만 명시하여도 충분함을 말한 것이다.】

제306조 재판소에서는 공소 재판과 동시에 사소 재판 선고를 해야 한다.

사소 심사가 정확치 않다면, 공소 재판 후에 재판 선고를 해야 한다.【얼마를 배상해야 할지 아직 정하지 못한 경우 등을 말한 것이다.】

제307조 피고인이 처벌 선고를 받을 때는 재판소의 직권으로써 선고해야 하며, 공소 재판 비용 전체 혹은 일부를 내야 한다. 만약 무죄 선고를 받은 자라면, 공소 재판 비용은 관부에서 직접 배상하고 사소 재판 비용은 민사 규칙에 따라 패소한 자가 부담한다.

제308조 피고인이 처벌 선고를 받았건 안 받았건 압류하고 있는 재산 중에 몰수 대상이 아닌 것은 본 주인의 청구가 없더라도 환부

선고를 해야 한다.

제309조 본 안 재판 선고에 대한 상고 기한 내에 상소한 자가 있다면, 판결이 나올 때까지 재판 시행을 정지한다.【제250조와 그 뜻이 같다.】

제310조 금고 이상 형벌 선고를 받은 자가 도주하여 아직 체포되지 않았을 경우 상소할 수 없다.【아직 체포되지 않았는데 상소를 허락한다면 무죄 혹은 경죄 선고를 바라는 마음에 상소를 □□할 수 있는 폐단이 있기 때문이다.】

제311조 구류 선고를 받은 자가 상소 혹은 보석을 신청하면 소장을 감옥장에게 제출해야 한다. 감옥장은 당해 재판소의 서기에게 제출해야 한다.

제312조 소송 관계자 및 그 대리인이 변고나 재난 등 비상사태로 인해 상소 기한을 넘겼을 시 그 사유를 증명하면 상실했던 권리를 회복할 수 있다. 그러나 변고와 재난 시기를 넘긴 보통 기한 내라면 (사실을 입증할) 증거를 소장에 첨부하여 상소해야 한다.

제313조 서기는 앞 조의 소장을 속히 대상인에게 발부해야 한다. 대상인은 사흘 이내에 답변서를 제출해야 한다.

상소를 판결해야 하는 재판소의 회의국에서는 검찰관의 의견을 구해 상소를 수리해야 할지 여부를 먼저 판결해야 한다.【소송 관계인 및 대리인이 정말로 재난을 만났는지, 혹은 과오로 인해 기한을 어긴 것은 아닌지 등의 사안은 미리 살피지 않을 수 없음을 말한 것이다. 이는 통상적으로 곧장 상소를 수리하는 것과 다르다.】

상소를 수리하는 것이 합당하다고 판결했을 시, 서기로 하여금 그 사유를 소송 관계인에게 통보하게 하고, 상규에 의거해 본 안 판결을 내려야 한다.

상소를 수리하는 것이 합당하지 않다고 판결했을 시, 다른 사유가 있지 않는 한 그 즉시 재판을 시행하도록 명령해야 한다.

제314조 재판 선고는 변론 종결 후 공정에서 그 즉시 혹은 그 다음날 해야 한다.

재판 선고장은 재판관이 먼저 선고문을 작성하고 서기와 함께 서명, 날인해야 한다.

재판 선고장에는 당해 재판소와 연월일, 그리고 경유한 검찰관의 성명이 기입되어 있어야 한다.

제315조 소송 관계자는 자신의 비용으로 재판관 선고장의 등본 및 초본을 요구할 수 있다. 그러나 상소를 위해 요구하는 경우에는 서기가 24시간 이내에 교부해야 한다.

제316조 대심 재판소에서 처벌 선고를 내리면 재판장은 그 선고를 받은 자에게 반드시 고지해야 한다. (만약 불복할 시) 앞 조에 적힌 것처럼 청구하고 공소할 수 있으며, 그 기한 내에 상고할 수 있다. 만약 궐석 재판에서 처벌 선고를 내렸다면 선고장 내에 번복 요구 공소를 제기할 수 있는 기한이 기록되어 있어야 한다.

만약 상규에 의거해 고지하지 않고 또 기록도 빠져있다면, 상소 기한 경과로 간주할 수 없음을 고지해야 한다.

제317조 서기는 매 사건 별로 공판 시말 문안을 작성해야 한다. 문안에는 다음 조건 및 기타 일체의 소송 절차가 기록되어 있어야 한다.

제1항, 공개 재판 및 방청 금지, 그리고 그 사유

제2항, 피고인 심문 및 진술

제3항, 증인과 감정인의 진술, 그리고 선서 및 선서하고자 하지 않은 사유

제4항, 원고와 피고의 증거 물건

제5항, 변론 중의 이의, 후일에 고해온 사건, 그리고 검찰관 및 기타 소송 관계자들의 이전 사건에 대한 의견 및 재판소의 판결

제6항, 변론의 순서와 피고인의 최후 발언

제318조 공판 시말 문안에는 앞 조의 내용을 기재하는 것 이외에 해당 재판소, 연월일, 재판장, 배석 판사, 검찰관 및 서기의 성명도 기재해야 한다.

변론에 며칠이 소요될 시에는 그 사유 및 재판관 교체 여부를 기록해야 한다.【재판관이 교체되면 법령에 의해 반드시 처음부터 다시 변론해야 함을 말한 것이다. 따라서 재판관 교체 여부는 변론 종결 속도에 큰 영향을 미친다.】

변론 중에 예비 판사로 대체할 경우, 그 사유를 적어야 한다. 검찰관이나 서기도 마찬가지이다.【중죄 사안으로 변론에 이틀 이상이 소요될 경우, 예비 판사를 두는 것이 상법임을 말한 것이다.】

제319조 공판 시말 문안은 재판 선고 기한 사흘 이내에 수리해야 하며, 재판장 및 서기의 서명, 날인이 있어야 한다.

재판장이 먼저 서명, 날인하고, 공판 시말 문안을 검열해야 한다. 만약 의견이 있다면 끝에 부기해야 한다.

제320조 재판 선고장 및 공판 시말 문안의 정본은 당해 재판소 서기국에 보관해야 한다.

만약 상소가 있을 시에는 재판장 및 서기가 재판 선고장 및 공판 시말 문안의 등본에 첨인하고, 상소 문서를 첨부해야 한다.【상소가 있다 하더라도 등본만 발송할 뿐임을 말한 것이다. 저본이 흩어져 유실되는 것을 우려하기 때문이다.】

제2장 위경죄 공판

제321조 위경죄 재판소에서는 다음 조건을 공소로 수리해야 한다.
　　　　제1항, 서기국에서 검찰관의 청구로 인해 발부한 소환장
　　　　제2항, 예심 판사 및 상등 재판소의 판결을 이송하여 사건 선고를 할 것【당초 경죄로 인정되었으나 심판을 거쳐 위경죄로 인정되어 당해 재판소로 이송, 선고한 경우 등을 말한다.】
제322조 소환장에는 소환해야 할 사람의 성명, 직업, 주소, 출정 시일, 피고 사건 및 나오기로 한 대리인 등이 적혀 있어야 한다. 만약 피고 사건이 기재되어 있지 않거나, 피고인이 증인을 대동하여 출정하지 못했을 시, 공정에서 고지를 받을 후 그들을 소환하고 변호하기 위해 이틀간의 시간을 달라고 요구할 수 있다.【피고 사건이 위경죄에 해당하면 본인이 출정할 필요 없이 대리인을 내보내도 무방함을 말한 것이다.】
제323조 소환장을 접수한 시간으로부터 출정하는 시간까지는 적어도 이틀의 말미를 주어야 한다.
제324조 위경죄 재판관이 피고 사건이 긴급하다고 여길 경우, 검찰관 및 기타 소송 관계자의 청구에 기인하거나 자신의 직권으로써

공판 전에 검증하여 처벌할 수 있다. 이 때 대상인의 대동은 요하지 않는다.【위경죄는 예심을 하지 않으므로 사건이 긴급하다면 공판에 앞서 검증할 수 있음을 말한 것이다. 검증은 곧 예심인 셈이다.】

제325조 증인이 소환장을 접수한 시간으로부터 출정하는 시간까지는 적어도 24시간을 주어야 한다.

또 소환장을 받지 않았으나 자발적으로 출정한 경우, 먼저 심문하여 서기에게 성명을 고하고, 재판소에서 증인으로 삼아 그의 진술을 들을 수 있다.

제326조 서기는 매 사건마다 소송에 관계된 자들을 호명해야 한다. 만약 호명에 대답하지 않는 자가 있다면 기타 사건의 판결이 종결된 뒤에 다시 그 사건을 판결해야 한다.【그 사람을 호명하는 이유는 출정 여부를 확인하기 위함이다. 그러나 호명에 응하지 않은 자가 있다고 해서 번번이 궐석 재판으로 진행할 수는 없다. 반드시 그날 최종 심판이 끝난 뒤에 호명하는 이유는 혹시 지각한 사람이 있을까 염려해서이다.】

제327조 위경죄 재판소는 당초 피고인의 성명, 나이, 신분 지위, 직업, 거주지, 출신지 등을 물어야 한다.

관리가 작성한 문안 및 소장은 서기가 낭독해야 한다.

검찰관은 피고 사건 진술을 해야 한다.【검찰관은 원고인이므로 서기가 낭독 후에 다시 사건의 요점을 진술해야 함을 말한 것이다.】

제328조 위경죄 재판관은 피고인을 심문하여 피고 사건에 대한 자백을 받아야 한다.

만약 피고인이 대리인을 시켜 자수했다면, 피고가 서명, 날인한 문서 증빙을 제출해야 한다.

제329조 피고인이 자백하였다면 기타 증빙은 제출하지 않아도 된다. 다만 재판소에서는 검찰관이나 민사 원고인의 청구에 기인하여, 혹은 자신의 직권으로 증거를 제출할 수 있다.【비록 자백했다 하더라도 친속이나 친구의 죄를 비호하려거나 두려운 마음에 그리한 자도 있을 것이므로 진실을 알고자 한다면 번거롭게 증거를 제출하게 해도 또한 무방함을 말한 것이다.】

만약 자백하지 않는다면, 원고와 피고의 증인을 심문하고, 만약 증빙이 있다면 제출한다.

제330조 검찰관은 적용하고자 하는 법률에 대해 자신의 의견을 진술한다. 민사 원고는 피고 사건의 증명과 보상에 관해 자신의 의견을 진술한다. 피고인, 민사 관련인 및 대리인은 이에 대해 답변해야 한다.【민사 관련인과 대리인은 형사 사건에 대해서는 답변하지 않아도 됨을 말한 것이다.】

제331조 피고인, 민사 관련인 및 대리인이 소환되고도 출정하지 않았다면, 검찰관 및 민사 원고인의 청구에 따라 궐석 재판을 진행한다.【원고와 피고를 대질시키지 못한 채 한 쪽만 출정시킨다면 재판에 편리하지 못해 거듭 대심해야 하는 번거로움이 있을 수 있다. 그러나 그렇다고 재판을 하지 않으면 피고가 죄의 흔적을 없애버릴 수 있으므로 민사 원고는 보상 받을 길이 없어진다.】

민사 원고인이 출정하지 못해도 마찬가지이다.

제332조 궐석 재판 선고장은 검사관 및 기타 소송 관계자의 청구에 기인해 궐석자 및 그의 거주지에 전달한다. 궐석 재판을 받은 자가 번복 요구 공소를 제기하고자 한다면, 선고장을 발부한 날

로부터 사흘 이내에 서기국에 소장을 제출해야 한다.

제333조 재판소에서는 번복 요구 공소장을 수리하는 것이 합당한지 여부를 먼저 판결해야 한다. 만약 수리하는 것이 합당하다면 서기는 공소 사유 및 공판에 부칠 날짜를 해당 대상인에게 통보해야 한다. 소환장을 발부했더라도 전달받은 시간으로부터 출정 시간까지는 적여도 이틀의 말미를 주어야 한다. 공판 시행 일시도 하루 전에 공소인에게 통지해야 한다.

제334조 공소장을 수리한 뒤에는 제326조부터 제339조까지의 규칙에 의거하여 다시 재판을 진행해야 한다.

재판에 궐석한 자는 다시 번복 요구 공소를 제기할 수 없다.

제335조 범죄 증빙이 불분명한 자라면 재판소에서 무죄 선고를 해야 한다.【이 아래에서 대심과 궐석 재판을 구분하고 있지 않지만 선고 내용에는 절로 구분이 있다.】

또 제224조 제3항 이하의 상황이라면 면소 선고를 내려야 한다.

제336조 피고 사건이 위경죄에 해당하고 또 증빙이 명백하다면, 법률에 의거해 처벌 선고를 해야 한다.

제337조 피고 사건이 중죄 및 경죄에 해당한다면 위경죄 재판소의 소관이 아님을 선고하고 해당 사건을 경죄 재판소로 이송해야 한다. 검사는 피고인에게 구인장만 발부할 수 있다.【비록 관리할 권한은 없지만 경죄 이상에 해당하는 이상 검속해야 함을 말한 것이다.】

제338조 위경죄 재판소의 재판 선고에 대해 다음 항목의 구분에 따라 경죄 재판소에 공소할 수 있다.【위경죄 재판소가 종심에 해당하는

경우는 극히 드묾을 말한 것이다. 이 조항 아래에서는 시심 재판에 대해 공소할 수 있는 경우를 말하고 있다.】

제1항, 피고인이 구류형 선고를 받은 경우

제2항, 민사 원고인, 피고인 및 민사 관련인에게 선고한 보상 금액이 치안 재판소의 종심을 초과한 경우

제3항, 검찰관 및 기타 소송 관계자가 소관을 벗어나 월권으로 법을 적용한 착오를 범했거나, 재판 무효 규칙을 위반한 경우 【예컨대 사소 재판을 공소보다 우선시하였거나 재판을 공개적으로 열지 않은 경우 등을 말한다. 이 항목에 해당하는 소송 관계자들은 스스로 손해를 입은 경우가 아니라면 공소할 수 없다.】

제339조 공소를 하고자 하면 원심 재판소의 서기국에 소장을 제출해야 한다. 그러나 그 기한은 대심 재판이라면 선고 후 사흘 이내, 궐석 재판이라면 번복 요구 공소는 일단 차치하고 선고장을 본인 및 그 거주지에 전달한 시간으로부터 닷새 이내로 한정한다.

제340조 소송에 관한 일체의 문서는 검찰관이 공소 재판소 서기국에 발송해야 한다.

만약 검찰관이 공소인 혹은 대상인이라면, 공소를 수리해야 하는 재판소의 검찰관에게 자신의 의견서를 제출해야 한다.【일단 공소가 일어나면 이편저편 구분 없이 자신을 대신하게 될 검찰관에게 어찌된 사건인지 정확히 알려주어야 함을 말한 것이다.】

제341조 공소를 수리해야 하는 공소 재판소에서는 서기국에서 소송 관계자에게 소환장을 발부하기를 기다렸다가 재판을 진행해야 한다.

소환장 발부로부터 출정까지는 최소한 이틀의 말미를 주어야 한다.

증인이 소환장을 접수하여 출정하기까지는 적어도 하루의 말미를 주어야 한다.

제342조 공소 대상인은 재판 선고를 받는 날까지, 시일의 구분 없이 부대 공소를 할 수 있다. 그러나 부대 공소는 반드시 공정에서만 직접 할 수 있다.【제249조의 뜻과 동일하다.】

제343조 공소 사건은 경죄 재판에서 정한 규칙을 따라 재판해야 한다. 검찰관 및 기타 소송 관계자들은 재판장의 윤가 없이 새로운 증인 및 시심 때의 증인을 소환할 수 없다.【시심 때 이미 증거를 확보해 상황이 이미 명백해졌으므로 다시 그 증인을 불러 시일을 허비할 필요가 없음을 말한 것이지 소환을 금지한다는 뜻은 아니다.】

제344조 공소를 수리한 재판소에서는 원재판 선고를 따를 수도 있고, 원심 재판 선고를 취소하거나 바꿀 수도 있다.

피고인 홀로 공소했을 경우, 원재판에서 선고한 처벌을 가중할 수는 없다.【피고인이 공소하는 까닭은 경감을 위해서인데, 도리어 가중한다면 이는 공소를 허락한 원칙에 어긋나기 때문이다.】

사소로 인해 일어난 공소 재판은 민사 상규에 의거해 처리한다.

제345조 제331조 이하 규칙은 공소 재판 판결에도 적용할 수 있다.

제346조 검찰관 및 기타 소송 관계자들은 위경죄 사건 종심 및 대심 재판 선고에 대해 상고할 수 있다.【위경죄가 비록 가벼우나 재판이 법을 어겼다면 상고하여 바로잡지 않을 수 없음을 말한 것이다. 그러나 시심은 공소만 할 수 있고, 궐석 재판은 번복 요구 공소만 할

수 있으므로 종심 혹은 대심이 아니면 상고할 수 없다.】

제3장 경죄 공판

제347조 경죄 재판소는 다음의 사항에 대해 공소를 수리한다.

제1항, 서기국에서 검찰관의 요구에 의해 피고인에게 소환장을 발부한 경우

제2항, 예심 판사 및 경죄 재판소 회의국 혹은 상등 재판소의 판결을 통해 그 사건 선고를 이송한 경우

제348조 소환장은 제322조, 제323조 규칙에 의거한다.

제349조 피고 사건이 벌금형에 해당하는 경우, 소환장에 기록하고 대리인을 채용할 수 있다.

민사 원고인 및 관련인은 대리인을 채용할 수 있다.

제350조 증인 소환장은 접수일로부터 출정일까지 적어도 하루의 말미를 주어야 한다.【제352조의 뜻과 동일하다.】

제351조 제324조 규칙을 예심을 거치지 않은 경죄 사건에도 적용할 수 있다.【경죄 사건 중 가장 경미한 것은 예심을 거치지 않고 곧장 공판에 부치기도 하므로, 예심을 진행하는 사안을 위해 이 조항을 두었음을 말한 것이다.】

제352조 검찰관은 재판장이 피고인의 성명, 나이, 직업, 거주지, 출신지 등을 질문하고 난 뒤에 피고 사건을 진술해야 한다.

민사 원고인은 자신이 입은 피해를 증명해야 한다.

문안 및 소장이 있을 시 서기로 하여금 낭독하게 하고, 낭독을

마치고 나면 원고와 피고측 증인의 진술을 들어야 한다. 또 증거 물건을 피고인에게 보여주며 해명하도록 해야 한다. 피고인 및 민사 관련인은 이에 대해 답변해야 한다.

제353조 검찰관은 적용하고자 하는 법률에 대해 자신의 의견을 진술해야 한다. 민사 원고인은 요구하는 배상에 대해 자신의 의견을 진술해야 한다.

피고인 및 민사 관련인은 이에 대해 답변해야 한다.

제354조 피고인이 벌금형을 받아 합당하다면 제269조 규칙에 의거하여 궐석 재판을 진행한다. 소환 일자에 출정하지 않는 자 역시 궐석 재판에 부친다.

제355조 제331조부터 제334조까지의 궐석 재판 규칙을 이 장에도 적용한다.

제356조 피고인이 궐석 재판을 통해 금고형을 선고 받았다면 다음 항목을 제외하고는 기만 면제 공소를 제기할 수 있다.

제1항, 피고인이 본 안 재판에 앞서 미리 그 사건을 알린 경우

제2항, 재판 선고장을 본인에게 발부한 경우

제3항, 피고인이 처벌 선고가 있음을 알았다는 증거가 있을 경우

제1항의 경우 선고장을 접수한 날로부터, 제2항과 제3항은 선고가 있음을 인지한 날로부터 사흘 이내에 번복 요구 공소를 제기할 수 있다.【제1항 이하의 경우 대심 재판을 통해 선고를 받아 상소하는 것과 다르지 않음을 말한 것이다.】

제357조 재판소에서 검증이 중요하다고 판단할 경우, 검찰관 및 기타 소송 관계자들의 청구에 기인해, 혹은 자신의 직권으로써 새로

운 증인 및 감정인을 소환하여 임검하게 할 수 있다. 그러나 이러한 처분은 제3편 제3장에서 정한 규칙에 의거해야 한다. 【이러한 처분은 예심 때에 비록 상세히 진행된 바 있다 하더라도 공판에 임해서도 진행할 수 있음을 말한 것이다.】

또 예심을 거치지 않은 사건이라면 예심 판사에게 명해 그가 지시한 조건을 심사하고 보고장을 발부하도록 한다.

제358조 범죄 증거가 불분명하다면 재판소에서 무죄 선고를 해야 한다. 또 제224조 제3항 이하 사항에 대해서도 면소 선고를 해야 한다.

본 조의 사항에 해당하는 피고자가 구류되어 있다면 방면 선고를 해야 한다.

제359조 피고 사건이 위경죄에 해당한다면 종심 재판 선고를 해야 하고, 피고인이 구류되어 있다면 석방 선고를 해야 한다.【경죄 재판소는 위경죄 공소 재판소이므로 위경죄를 재판할 권리가 있음을 말한 것이다. 이 선고는 종심에 해당하므로 공소할 수 없으며, 또한 위경죄는 구류를 불허하므로 석방함이 마땅하다.】

제360조 피고 사건이 중죄에 해당한다면 경죄 재판소의 소관이 아님을 선고해야 한다. 예심을 거치지 않았다면, 예심 판사에게 발부하여 선고해야 한다. 피고인이 구류에 불복할 시에는 구인장을 발부해야 한다.

소송 문서 및 증거 물건은 검사관이 예심 판사에게 발부해야 한다.

제361조 피고 사건이 예심을 거쳤다면 해당 재판소 회의국에 발부하여 선고해야 한다.

회의국에서는 제243조, 제244조에 의거하여 심사하고, 피고인을 당해 재판소로 송부해 선고해야 한다.

제362조 회의국 선고로 인해 사건을 수리했지만 중죄로 인정할 만한 새로운 증빙을 발견했다면 경죄 재판소의 소관이 아님을 선고해야 한다.【회의국에서 비록 경죄라고 인정하였더라도 경죄 재판소에서 중죄로 여겼다면, 이를 회의국으로 환부할 수도 없고 그렇다고 재판을 할 수도 없으므로 소관이 아님을 선고해야 한다는 뜻이다.】 검사는 대심원을 향해 재판 관리자를 정해달라는 소를 제기할 수 있다.

제363조 앞의 두 조의 상황에 해당하는데 아직 회의국 및 대심원의 판결이 내리지 않았다면, 검찰관의 청구에 기인해, 혹은 재판소의 직권으로써 피고인을 해당 감방에 구류한다는 선고를 내릴 수 있다.

또 제240조 이하 규칙에 의거하여 보석을 허락할 수 있다.

제364조 피고 사건이 경죄에 속하고 증빙 또한 명백하다면 법률에 의거해 처벌 선고를 내릴 수 있다.

피고인이 금고형 선고를 받은 자라면 보석과 책부는 자연 소멸된다. 그러나 상소 중에 다시 보석을 신청할 수 있다.【금고 이상의 형벌에 해당하는 자라면 다시 선고할 필요도 없이 보석 및 책부를 집행할 수 없음을 말한 것이다. 그러나 상소 중이라면 재판 확정을 기다리고 있으므로 다시 청구할 수 있다.】

제365조 검찰관 및 기타 소송 관계자들은 다음 항목의 구분에 따라 경죄 재판소의 선고에 대해 공소 재판소에 공소할 수 있다.

제1항, 검찰관이 무죄 및 면소 선고를 받아야 하는 자에게 처벌

선고를 내렸으나【무죄 면소는 공익에 해당하고 처벌은 공익 및 사익에 해당한다고 여겨 공소한 것을 말한다.】그 처벌 선고가 위경죄를 경죄로 간주한 것이라고 인정되는 경우

제2항, 피고인이 위경죄 선고 이외에도 처벌 선고를 받은 경우

제3항, 민사 원고인, 피고인 및 민사 관계인의 보상 선고에 있어 시심 재판소의 종심 금액을 초과하는 금액을 선고한 경우 【이 항목과 아래 항목의 뜻은 제338조 제2항, 제3항과 동일하다.】

제4항, 검찰관 및 기타 소송 관계자가 소관을 벗어나 월권하는 등, 법 적용에 착오를 범했거나 재판 무효 규칙을 위배한 경우

제366조 공소는 재판 선고로부터 닷새 이내에 할 수 있다.

궐석 재판을 받은 자는 기만 면제에 이르기까지, 시일의 구분 없이 반복 요구 공소를 제기할 수 있다. 공소는 제356조에 의거해 닷새 안에 제기해야 한다.【궐석 재판을 인지한 때로부터 닷새 이내에 공소하지 않는 자는 권리를 상실함을 말한 것이다.】

제367조 공소 재판 선고를 향해 공소를 제기하여 구류되어 있는 피고인은 검찰관이 공소 재판소의 감방으로 이송해야 한다.【공소란 곧 재심을 요구하는 것이므로 반드시 피고인이 변론에 참가해야 한다. 따라서 공소 재판소 소재지로 이치하지 않을 수 없다.】

제368조 제339조부터 342조까지, 그리고 제344조의 규칙을 본 장에도 적용할 수 있다.

제369조 경죄 재판소 검사에 의해 공소되었거나 검사장에 의해 부대 공소를 당한 경우 피고 사건은 중죄로 간주된다. 이에 제244조 규칙에 따라 회의국에서 중죄 재판소로 이송하여 선고한다. 【피고인이 공소자라면 원 판결에서 더 가중해서는 안 되지만, 검사

및 검사장이 공소했다면 이 조항에 해당하지 않음을 말한 것이다.】

제370조 궐석 재판 혹은 번복 요구 공소에 대해 공소를 제기한 자는 시심 궐석 재판 및 번복 요구 공소에서 정한 규칙에 따른다.

제371조 검찰관 및 기타 소송 관계자들은 본 재판소의 대심으로 진행된 종심 재판 선고 및 공소 재판소의 대심 재판 선고에 대해 상고할 수 있다.

제4장 중죄 공판

제372조 중죄 재판소에서는 다음 항목에 대해 공소를 수리해야 한다. 【중죄 재판소에서는 이송 혹은 관리자 지정에 관한 재판 선고만 수리할 뿐이며, 검찰관의 청구는 필요로 하지 않음을 말한 것이다.】

제1항, 예심 판사 및 경죄 재판소 회의국의 판결에 기인하여 사건을 중죄 재판소로 이송할 것을 선고한 경우

제2항, 공소 재판소 및 대심원 판결에 기인하여 사건을 선고를 중죄 재판소로 이송할 것을 선고한 경우

제373조 중죄 재판소로 이송한다는 선고가 정해지면 다음의 구분에 따라 공소장을 작성해야 한다.

공소 재판소에 중죄 재판소가 설치된 경우 검사장이 공소장을 작성해야 한다. 시심 재판소에 중죄 재판소가 설치된 경우 검사가 공소장을 작성하거나 해당 검찰관 직무를 겸해야 하는 검사에게 명해 작성하게 한다.【공소 재판소 검사장이 중죄 재판소 검찰관 직무를 겸하는 것은 일반적인 일이므로 공소장을 작성하라고

한 것이다. 그러나 사안마다 검사에게 명해 대신 작성하게 해도 무방하다.】

제374조 공소장에는 다음 조건이 기재되어 있어야 한다.

제1항, 피고 사건의 시말 및 가중, 경감 정황

제2항, 피고인 성명, 나이, 신분 지위, 직업, 거주지, 출신지

제3항, 예심 당시 수집한 원고 및 피고의 증거

제4항, 죄명에 관한 법률 규정 조례 및 중죄 재판소로 이송하여 선고하게 된 개략적인 정황

제375조 공소장에는 중죄 재판소로 이송한 선고장 이외의 사건 및 피고인에 관해 기입해서는 안 된다.

제376조 중죄 재판소로 이송한 선고장에는 한 명의 피고인에게 부대된 별개의 중죄는 기재하지 않는다. 검찰관은 각기 공소장을 작성하여 재판장에게 청구한 뒤 개별적으로 변론할 수 있다.【각각의 중죄는 그 죄질과 범죄 정황이 모두 달라 심사의 혼란을 초래할 우려가 있기 때문이다.】

재판장은 하나의 공소장 안에 별개의 중죄를 부대하지 않지만, 자신의 직권으로써 따로 나누어 변론하도록 명령할 수 있다. 또한 몇 부의 공소장에 기록되어 있는 사건의 경우도 동시에 변론하도록 명령할 수 있다.

제377조 서기는 적어도 피고인이 출정하기 닷새 전에 공소장 등본을 발부해야 한다.【닷새의 시간을 주는 것은 피고인에게 변호할 시간을 주기 위함이다.】

만약 피고인이 여럿 있다면 등본을 각각에게 발부한다.

제378조 중죄 재판소장 및 그의 위임을 받은 배석 판사는 공소장을 발

부한 24시간 뒤에 서기를 대동하고 피고 사건의 피고인을 심문
해야 하며, 변호인 선임 여부를 물어야 한다.

만약 변호인이 없다면, 재판장의 직권으로 당해 소에 속해 있
는 대변인 중에서 선임해야 한다.

피고인 및 대변인에게 이의가 없다면, 대변인 1명에게 명해 피
고인 약간 명의 변호를 겸하여 처리하도록 한다.【동일 사건에
피고인이 여럿인 경우를 말한다.】

변호인을 선임하고서 사흘이 경과하지 않았다면 변론을 진행
할 수 없다.【피고인이 대변인과 세밀하게 상의함으로써 패소하지
않게 하도록 사흘의 시간을 준다는 뜻이다.】

제379조 변호인에게 사고가 있거나 피고인이 사유를 신고해온 경우, 다
시 선임해야 한다. 만일 피고인이 다른 변호인을 선임하지 않
을 시에는 재판장이 앞 조의 규칙에 의거해 선발, 충원해야 한
다. 변호인을 재선임했을 시에는 사흘간 변론을 정지해야 한다.

제380조 서기는 제378조에 게재된 내용에 대해 심문 문안을 작성하고,
변호인을 선정하게 된 경위와 이행한 법식을 기록해야 한다.
변론 중에 변호인을 재선임했거나 변론을 정지시켰다면, 그 사
유를 공판 시말서에 기록해야 한다.

제381조 변호인 없이 변론하는 경우, 처벌 선고가 성립되지 않는다.【무
죄 선고에 있어서는 변호인이 없어도 피고에게 손해될 것이 없기 때
문에 처벌 선고에 대해서만 말한 것이다.】 일단 변론에 임하게 되
면 비록 제377조에서 제379조에 이르는 규칙을 위반했다 하더
라도 피고인은 이의를 제기할 수 없다.【피고인이 말해야 할 때는
말하지 않다가 중도에 이견을 제기하여 재판 연기를 도모할까 우려되

므로 이와 같은 제한을 두어 폐단을 방지한 것이다.】

제382조 변호인은 제378조의 처분이 내려진 후 피고인과 접견할 수 있다.

또 서기국에서 일체의 소송 문서를 열람할 수 있으며 또한 베낄 수도 있다.【소송 문서를 국(局) 외로 가지고 나가는 것은 허락되지 않기 때문에 서기국에서 열람할 수 있다고 한 것이다.】

중죄 재판소로의 이송 선고가 내려온 날로부터 재판 선고일까지 변호인을 제외하고는 그 누구도 피고인과 접견할 수 없다. 그러나 피고인이 현재 구류되어 있는 곳의 재판소장이 윤가한다면, 이 조항의 제한을 받지 않는다.

제383조 검찰관 및 민사 원고인의 청구로 인해 소환된 증인 명단은 개정 하루 전에 피고인에게 송부되어야 한다. 피고인의 청구로 인해 소환된 증인의 명단도 동일 기한 내에 서기로부터 검찰관에게 송부되어야 한다. 민사로 인해 소환된 자는 민사 원고인에게 송부되어야 한다.【증인 중에 혹 공소에 답하지 않는 자도 있을 수 있기 때문에 원고와 피고에게 그 성명을 공유하도록 하는 것이며, 또한 개정 전 하루의 말미를 주는 것이다.】

제384조 증인의 이름을 미리 통지하지 않으면 검증 시 참조할 수 없을 뿐더러 그 진술 또한 들을 수 없다. 그러나 대상인이 이의가 없다고 고해올 경우에는 증인으로서 그 진술을 들을 수 있다. 【재판장이 사실을 참조, 검증하기 위해 그 직권으로써 진술을 들은 경우라면 이 조항의 제한을 받지 않음을 말한 것이다.】

제385조 증인이 소환장을 발부받아 출정할 때까지는 적어도 이틀의 말미를 주어야 한다.

제386조 재판장은 개정일에 공정의 배석 판사 및 검찰관 앞에서 개정
　　　　　이유를 진술해야 한다. 그러나 피고인을 소환할 필요는 없다.

제387조 재판장이 생각하기에 이틀 이상 소요될 것 같은 변론이라면
　　　　　중죄 재판소가 있는 곳의 판사 1명에게 예비 배석 판사가 되어
　　　　　줄 것을 명령할 수 있다.【미리 배석 판사를 지정하여 매번 변론에
　　　　　참석하게 하면, 재판관 중에 병에 걸린 자가 있어도 대신 인원을 충원
　　　　　해야 하는 번거로움을 면할 수 있어 반복과 연체되는 우환을 줄일
　　　　　수 있기 때문이다.】

제388조 재판관과 검찰관, 그리고 서기는 각자의 자리로 돌아간 다음
　　　　　즉시 심문과 변론을 진행해야 한다.
　　　　　재판장은 먼저 피고인의 성명, 연령, 신분 지위, 직업, 거주지,
　　　　　출신지를 물어야 한다.
　　　　　만약 답변 중에 예심의 진술과 어긋나는 부분이 있다 하더라도
　　　　　공판장에 게시된 피고인이 틀림없다고 사료될 시에는 변론을
　　　　　계속하도록 한다.

제389조 서기는 소환한 증인들의 성명을 호명한다. 호명에 응한 증인들
　　　　　을 별실로 데려간 다음 진술 차례가 되면 차례대로 불러들
　　　　　인다.

제390조 재판장은 서기가 공소장을 읽을 때 피고인이 마음을 가라앉혀
　　　　　자세히 들을 수 있도록 일깨워야 한다.【중죄 공소장은 매우 중요
　　　　　한 사항이며, 공정 소송에서의 변론은 모두 낭독과 더불어 시작되므
　　　　　로 피고인은 경청한 뒤 답변하지 않을 수 없다. 제374조에서 말한
　　　　　것이 바로 이것이다.】

제391조 재판장은 서기의 낭독이 끝나야 피고인을 심문할 수 있다.

피고인이 예심 중에 자백한 사건을 불확실하다고 여기거나 혹은 이를 취소하고자 할 때는 그 사유를 해명해야 한다.

피고인이 자백했다 하더라도 다시 심사하지 않을 수 없다.【피고인의 자백이 친속이나 친구를 보호하기 위한 것이었거나 스스로 무고한 행위였을 경우가 적지 않으므로 그 실상을 끝까지 궁구한 다음에야 종결 공판을 할 수 있음을 말한 것이다.】

제392조 재판장은 심문을 마친 후에 피고인에게 증빙을 고지하여 그로 하여금 해명을 할 수 있게 해줌과 동시에 본인에게 유리한 반증을 제시할 수 있도록 해야 한다.【비록 변호인이 있다고는 하나 재판장이 피고인을 향해 본인에게 유리한 것이 무엇인가를 제시하는 일은 그의 직무 중의 하나임을 말한 것이다.】

제393조 재판장은 모든 원고 증인의 진술이 끝난 후에 피고인을 향해 의견이 있는지 여부를 물어야 한다.

제394조 증인은 진술을 마친 후에 다른 방에서 기다려야 한다. 그러나 재판장이 퇴정을 윤가한 자의 경우 이 조항의 제한을 받지 않는다.

배석 판사, 검찰관, 피고인 및 민사 원고인은 증인 재심문을 청구할 수 있으며 다른 증인과 대질하게 할 수도 있다.

재판장은 자신의 직권으로 전 항의 처분을 집행할 수 있다.【증인의 진술에 어긋나는 부분이 있을 시, 판사 등 여러 명의 청구에 기인해, 혹은 재판소장의 직권으로써 대질을 명령하거나 새롭게 진술하도록 명령하지 아니할 수 없음을 말한 것이다. 따라서 진술이 끝났다 하더라도 마음대로 퇴정할 수 없는 것이다.】

제395조 재판장이 보기에 증인이 피고인 앞이라 애증 혹은 두려움을

느끼고 있다고 사료된다면, 확실한 진술을 요구하는 대신, 진술 도중에 검사관, 민사 원고인의 청구에 기인해, 혹은 본인의 직권으로써 피고인을 임시로 퇴정시킬 수 있다.【공판은 대면 판결을 법으로 삼지만 본 조와 같은 경우는 일시적인 임기응변으로 부득이한 상황임을 말한 것이다.】

재판장은 증인 진술이 끝난 뒤에 피고인을 공정으로 재소환하여 해당 조항의 조건을 고지하고 본인의 의견을 진술하게 해야 한다.

제396조 재판장은 제300조에서 정한 절차를 마친 후에 종결 공소를 변론 선고로 올려야 한다.【이것이 검찰관의 구형과 원고인의 보상에 관련되어 있으므로 다시 변론을 시작해야 함을 말한 것이다.】

제397조 검찰관과 피고인은 변론 도중에 발견한 사항이 있으면 예심을 청구할 수 있다. 재판소에서 그 청구를 윤가하려면 재판소 안에 중죄 재판소를 열고, 판사 1명으로 하여금 예심을 진행한 후 보고서를 발송하도록 해야 한다.

제357조 제1항의 규칙을 본 조에도 적용할 수 있다.

제398조 종결 선고에서 변론할 때, 검찰관은 장차 적용하려는 법률에 대해 자신의 의견을 진술해야 한다.

피고인 및 변호인은 검찰관의 의견에 온당치 않은 부분이 있으면 이어서 변론할 수 있다.

제399조 앞 조의 변론이 끝났으면 민사 원고인은 사소와 관련해 자신이 청구한 내용을 진술해야 한다. 피고인과 변호인 그리고 민사 관련인은 이에 대해 답변할 수 있다.

검찰관은 사소와 관련하여 의견을 진술해야 한다.【검찰은 배상

문제에 있어서 원고도 피고도 아니며, 의견 진술을 하는 것은 그저 직무이기 때문임을 말한 것이다. 그래서 마지막이 되어서야 진술하는 것이다.】

재판소에서 사소 변론 시기를 늦출 수 있지만【제306조 제2항에 게시된 경우 등은 같이 재판할 수 없음을 말한 것이다.】 폐청 이전에 판결해야 한다.【중죄 재판소는 항시 설치되어 있지 않으므로 폐청에 앞서 판결하지 않을 수 없음을 말한 것이다.】

제400조 피고 사건이 중죄에 해당하며 증빙 또한 명백하다면 법률에 의거하여 처벌 선고를 내려야 한다.

또한 제224조 제3항 이하의 경우에 해당한다면 방면을 선고하고 당사자를 방면해야 한다.

제401조 범죄 증빙이 불분명한 자라면 무죄 선고를 한 뒤 당사자를 방면해야 한다.

또한 원고와 피고의 보상 문제는 제399조의 규칙에 의거하여 재판 선고를 실시한다.【원고와 피고의 보상이라 함은 제8조 및 제16조에 언급된 내용을 말한다.】

제402조 변론 중에 부대 공소장에 게재되어 있는 사건이 아닌, 여타 중죄 혹은 경죄를 발견했다면 검사의 청구가 있을 시 해당 재판소에서 중죄 재판소를 열고, 판사 1명으로 하여금 예심을 진행하게 한 다음, 본 회차 혹은 차기 회차에 본 안과 합쳐서 재판해야 한다.【본 안에 부대되지 않은 사건은 재판소 관리권 밖에 있으므로 반드시 검사의 청구가 있어야만 다시 예심을 진행할 수 있으며, 수죄구발(數罪俱發) 시 중죄를 따른다는 조례를 따라야 함을 말한 것이다.】

제403조 검찰관 및 기타 소송 관계자들은 중죄 재판소의 대심 판결 선고에 대해 상고할 수 있다.【중죄 재판소에서 내린 종심에 대해서는 공소할 수 없으며, 오직 대심 판결에 대해서만 상고를 허락함을 말한 것이다.】

제404조 궐석 재판의 경우 재판장은 서기에게 명하여 공소장 및 예심 문서를 낭독하게 하고, 중요한 부분에 있어서는 원고와 피고, 그리고 증인의 진술을 듣는다. 검찰관은 적용하고자 하는 법률에 대한 의견을 진술해야 하고, 민사 원고인은 보상에 관한 의견을 진술해야 한다.

민사 관련인은 이에 대해 답변할 수 있다.【관련인은 본범이 있건 없건 보상의 책임을 면할 수 없으므로 변론할 수 있다고 한 것이다.】

제405조 궐석 재판 선고장은 검찰관 및 기타 소송 관계자의 청구에 기인해 본인 및 그 거주지에 발부해야 한다.

제406조 궐석 재판의 처벌 선고에 대해서는 검찰관이 아니면 상고할 수 없다.【궐석한 자가 만약 출정했다면 번복 요구 공소를 할 수도 있었겠지만, (스스로 궐석한 것이므로) 상고를 불허한다는 뜻이다.】

제407조 궐석 재판에서 처벌 선고를 받은 자는 기만 면제되면 시일의 구분 없이 번복 요구 공소를 제기할 수 있다. 그러나 이미 체포된 자는 열흘 이내에 한하여 공소할 수 있다.【궐석 재판은 본인의 변론을 거치지 않았을 뿐더러 변호인의 도움도 받지 못하여서 절대 변동될 수 없는 사안이 아니므로 번복 요구 공소를 제기할 권리가 있음을 말한 것이다.】

제408조 번복 요구 공소 신청은 궐석 재판을 진행한 중죄재판소에 한다.

중죄 재판소에서는 공소 수리가 합당한지 여부를 판결해야
한다.

공소 수리가 합당하다고 판결하였다면 본 회차 혹은 차기 회차
에 다시 재판해야 한다.

제409조 궐석 재판을 행한 중죄 재판소가 폐청한 후에는 소속 공소 재
판소에 번복 요구 공소를 제기해야 한다.

공소 재판소에서 공소 수리가 합당하다고 판결하였을 경우, 상
규에 의거해 중죄 재판소의 판결을 수리해야 함을 선고해야
한다.

제5편　대심원 직무

제1장 상고.【상고는 가장 종극의 상소이다. 예심 및 공판 선고에 규칙에 어긋
나는 것이 있었다면 이를 파기하고 바로잡을 것을 요구해야 한다. 만
약 달리 바로잡을 방도가 있다면 바로 상고해서는 안 된다. 대개 정심
재판에 대해 제기하는 경우가 많으며, 시심에 대해서는 거의 하지 않
는다. 종심 궐석 재판에 대해 번복 요구 공소를 제기하지 않은 자라면
상고의 권한까지 함께 잃는다.】

제410조 감찰관 및 피고인은 예심 및 공판 선고에 대해 다음 항목과
같은 조건일 때 상고할 수 있다.

제1항, 법률을 위배하고 기피신청을 받아들이지 않았을 경우

제2항, 재판소의 구조 규칙을 위배한 경우

제3항, 소관을 비소관으로 간주했거나 비소관을 소관으로 간주하여 선고한 경우, 혹은 비소관 재판소로 이송하여 선고한 경우

제4항, 법률 중 무효 규칙을 위배한 경우【제263조, 제381조 규칙이 이에 해당한다.】또 법률을 위배하고 이의가 있음에도 인정하고자 하지 않은 경우【예컨대 피고인에게 최종 발언을 명해야 하는데 발언을 명하지 않고 곧장 재판하였다면, 제300조의 내용을 위배한 것이다.】

제5항, 법률을 위배하고 공소를 수리했거나 수리하지 않은 경우

제6항, 법률에서 규정한 조건 중 하나인 검찰관의 의견을 구하지 않은 경우【제128조, 제176조, 제183조, 제194조, 제220조, 제273조, 제293조, 제302조의 규정 등을 말한다. 그러나 '직권으로써'라고 말한 것은 이 조항의 제한을 받지 않는다.】

제7항, 재판소에서 청구 사건을 수리하고도 판결하지 않은 경우【처리할 수 있으면 처리하고 처리할 수 없으면 기각해야 함을 말한 것이다. 무릇 청구가 있으면 이를 수리하지 않을 수는 없다.】또 직권으로써 판결할 수 있는 것을 제외하고, 청구되지 않은 사건을 판결한 경우【불고불리(不告不理)[10]의 본지를 위배했음을 말한 것이다.】

---

10 형사 소송법에서 법원은 검사의 공소 제기가 있는 사건에 한에서만 심리하고 판결할 수 있다는 원칙.

제8항, 재판 선고를 공개적으로 하지 않았거나 방청 금지 조항이 없음에도 공개적으로 심문 및 변론을 진행하지 않은 경우【방청을 금지해야 하나 방청을 금지하지 않은 경우, 공개적으로 심문, 변론을 진행하지 않은 경우, 방청 금지라고 하여 공개 재판을 하지 않은 경우도 마찬가지이다. 제264조에서 말한 것이 바로 이에 해당한다.】

제9항, 사실로써 선고하지 않았거나 법률에 어긋나는 점이 있는 경우【제228조 및 제304조의 내용 등을 말한 것이다.】

제10항, 법률 적용에 착오가 있는 경우【경죄에 중벌을 부과하거나 마음대로 경중 가감을 한 경우 등을 말한다.】

제11항, 월권 처분의 경우【협박이나 거짓말로 자복을 유도했거나 피고인의 신체를 압박한 것 등을 말한 것이다.】

제411조 면소 및 무죄 선고를 내린 뒤에 피고인 보호 규칙을 위배하였다면, 범죄 장소를 잘못 관리한 경우와 마찬가지로 상고할 수 없다.【면소나 무죄 선고가 내려오면 피고인에게 유리하다. 따라서 변호인을 선임하지 않은 등 규칙을 위배하는 행위가 있더라도 피고에게 해가 되지 않는다. 더구나 범죄 장소에서 범죄 상황을 수사하면 예심을 쉽게 진행할 수 있어서 분규를 줄일 수 있다. 이는 범죄자의 신분 지위를 잘못 관리한 것과는 매우 다르므로 이와 같은 특별 조례를 둔 것이다.】

제412조 민사 원고인, 피고인, 그리고 관련인은 사소(私訴) 예심 및 공판 선고가 제410조에서 정한 항목에 해당하면 상고할 수 있다.

제413조 상고 대상인은 대심원 판결이 내릴 때까지 시일의 구분 없이 부대 상고를 제기할 수 있다.

대심원 검사장 또한 부대 상고를 제기할 수 있다.

제414조 상고 기한은 사흘이다. 예심은 선고장이 발부된 날로부터 계산하고 공판은 선고가 내려온 날로부터 계산한다.【예심은 대면하여 선고하지 않으므로 공판과는 계산법이 다를 수밖에 없음을 말한 것이다.】

제415조 예심 및 공판 선고에 대해 상고한 자에게는 구류, 보석, 책부, 석방이나 방면 등의 상황을 제외하고 모든 시행을 정지시킨다. 【죽은 자는 다시 살아날 수 없고, 손해 본 것은 다시 보상할 길이 없으므로 예심에서 어떤 형벌 선고를 받았건 시행할 수 없음을 말한 것이다.】

제416조 상고를 하려면 신청서를 원심 재판소 서기국에 제출해야 한다. 【상고는 기한이 매우 짧기 때문에 대심원에 신청하도록 하면 매번 고소인이 기한을 어겨 권한을 잃는 일이 발생한다. 따라서 직접 원심 재판소에 신청하게 한 것이다.】

상고 신청서는 신청한 시간으로부터 24시간 내에 서기가 대상인에게 송달해야 한다.

제417조 상고 신청인은 신청한 시간으로부터 닷새 이내에 상고장을 원심 재판소 서기국에 제출해야 한다.

서기는 소장을 영수한 시간으로부터 24시간 이내에 대상인에게 송달해야 한다.

제418조 대상인은 상고장을 영수한 시간으로부터 닷새 이내에 답변서를 원심 재판소 서기국에 제출해야 한다.

서기는 답변서를 영수한 시간으로부터 24시간 이내에 상고 신청인에게 송달해야 한다.

제419조 검찰관이 제출한 상고 소장 및 답변서는 각각 2부를 작성하여 1부는 대심원에 제출하고 1부는 대상인에게 송달한다. 소송 관계자가 사소 재판 선고에 대해 상고 소장 및 답변서를 제출하는 것도 이와 마찬가지이다.【본인 및 대변인이 대심원에 나와 변론할 때 반드시 대상인의 소장 및 답변서를 지니고 있어야 함을 말한 것이다.】

제420조 서기는 앞의 조항에서 정한 기한이 지난 후에 소장 및 상고 문서를 당해 재판소 검찰관에게 속히 제출해야 한다.

검찰관은 해당 문서를 닷새 이내에 대심원 검사장에게 제출해야 하며, 의견이 있을 시 부기해야 한다.

검사장은 원장에게 상고 사건을 형사국 문서 장부에 등재할 것을 청구해야 한다.

제421조 상고 신청인 및 대상인은 대변인을 선임할 수 있다.【본 조에서 말한 상고 및 대상인이란 전적으로 피고인, 민사 원고인 및 관련인을 가리킨다. 검찰관은 여기에 속하지 않는다. 검찰관에게는 상고인과 대상인이라는 구분이 없다. 또한 일단 상고가 발생했다 하면 검사장이 그 취지를 기술하여 답변서를 작성해야 하므로 대변인을 선임할 이유가 없다. 소장에 익숙하지 않아 변론하는데 많은 시간을 허비할 우려가 있으므로 대변인을 선임해 출원하게 하는 것이 대심원의 원칙이다.】

중죄형을 선고받은 자가 상고를 하거나 검찰관이 그를 위해 상고를 했을 경우, 선고를 받은 자는 직접 대변인을 선임할 수 없으며, 원장의 직권으로써 대심원에 속한 대변인 중에서 선임해야 한다.

제422조 원장은 형사국 판사 중에서 전임 판사 1명을 임명해야 한다. 전임 판사는 일체의 문서를 검열하고서 보고장을 작성해야 한다.【대심원에서는 사정을 심사하거나 증인을 심문할 필요가 없으며 또한 원고와 피고의 대질 변론도 필요치 않다. 다만 상고 및 답변서의 취지에 의거해 적용 법률이 합당한지 여부만 판결하면 된다. 그래서 전임 판사에게 정밀히 심사하게 한 것이다.】그러나 자신의 의견을 부기해서는 안 된다.

제423조 상고인 및 대상인은 전임 판사를 찾아가 보고장을 제출해야 한다. 또한 대심원 서기국을 경유해 변명장을 제출하고, 본인의 취지를 더욱 드러낼 수 있다.【상고는 종극의 상소이므로 자신의 주장을 십분 발휘할 권리가 있음을 말한 것이다.】

만약 전임 판사가 이미 보고장을 제출한 후라면 제출한 변명장은 보고장에 첨부해야 한다.【제출이 조금 늦어졌을 경우, 판사의 관람을 거치지 않고 곧장 대심원에 제출해야 함을 말한 것이다.】

제424조 서기는 개정 사흘 전에 시일을 상고 및 대상인과 대변인에게 고지해야 한다.

제425조 개정일에 전임 판사가 공정에서 보고장을 낭독해야 한다. 검사장과 대변인은 각각의 취지를 변명해야 한다.【검사관이 상고인이라면 검사장이 대신하고, 처벌 선고를 받은 자가 상고인이라면 대변인이 변명해야 함을 말한 것이다.】

사소의 상고라면 검사장이 최후 의견 진술을 해야 한다.

제426조 상고인 및 대상인이 대변인을 내보내지 않았다면 곧바로 판결해야 한다.【대변인을 내보낼지 여부는 본인이 결정한다. 그러나 내보내야 하는데 내보내지 않았다면 자신의 권리를 스스로 포기하게

되므로 대심하여 판결해야 한다.】

제427조 대심원에서 상고에 대해 이유가 없다고 판단하였다면 즉시 기
각 선고를 해야 한다.

제428조 대심원에서 예심 및 공판의 상고에 대해 파기할 만한 이유가
있다고 판단하였다면 선고를 파기하고 당해 사건을 기타 재판
소로 이송해야 한다. 그러나 이하 몇 조항에 기재된 것들은 이
조항의 제한을 받지 않는다.

제429조 법률의 착오 적용 혹은 법률 위배로 공소를 수리했거나 공소를
수리하지 않았다는 이유로 원심 재판의 선고를 파기했다면, 사
건을 이송할 필요 없이 대심원에서 곧바로 재판 선고한다.【예
컨대 죄인이 면죄를 도모하여 고의로 살인했다면 사형에 처해야 합당
하지만 형법 제294조에 잘못 의거하여 그를 무기 징역에 처한 경우,
공소 소멸된 것을 잘못 수리한 경우, 대사면이 아닌데 사면되었다 오
인하여 수리하지 않은 경우 등을 말한 것이다.】

제430조 예심 및 공판의 절차에 규칙에 어긋나는 것이 있었더라도 결과
에 해를 끼치지 않았다면, 사건을 이송할 필요 없이 그 절차만
을 파기하는데 그친다.【예심 처분에 서기의 대동이 빠졌으나 피고
에게 해를 끼치지 않은 경우나, 피고인이 공판에 임함에 기피 사항이
있을 터이나 신청하지 않아 재판관이 직접 회피한 경우 등을 말한다.】

제431조 예심 및 공판 선고 내 부분 내용에 대해서만 상고하고 기타
부분과는 관계가 없을 경우, 대심원에서는 상고 부분만 파기하
고 법률에 의거해 응분의 재판 선고를 한 다음 해당 사건을
기타 재판소로 이송한다.

제432조 대심원에서 원심 재판 선고를 파기하고 곧장 재판 선고를 하였

다면 원심 재판소 및 기타 재판소에 명해 시행하도록 해야 한
다.【피고인이 비록 상고까지 왔으나 여전히 원심 재판소에 억류되어
있다면 해당 재판소에 선고 시행을 명령해야 함을 말한 것이다. 그러
나 원심 재판을 내린 곳이 만약 중죄 재판소라면 상고 판결 전에 폐청
하였을 가능성도 있으므로 기타 재판소에 시행을 명령하는 것도 무방
하다.】

제433조 대심원에서 사건을 파기하고 기타 재판소로 이송하였다면, 원
심 재판소에서 가까운 동급의 재판소로 이송해야 한다. 그러나
해당 사건이 사소에만 관련된 것이라면 민사재판소로 이송해
야 한다.【공소 재판이 이미 정해지면 보상 사건과 형사 사이에 아무
런 관련도 없어지기 때문이다.】

제434조 대심원에서 판결한 내용이 법률에 관계될 경우, 확정된 것으로
인정해야 한다.【해당 사건을 송부 받은 재판소에서는 다시 법률상
의 판결을 내릴 수 없음을 말한 것이다.】

대심원으로부터 사건 송부를 받은 재판소에서는 재판 선고에
대해 상규에 의거하여 다시 상고할 수 있다.

제435조 법률상 처벌해서는 안 되는데 처벌받았거나 과도한 중형 선고
를 받은 자가 기한 내에 상소하지 않아 재판 확정으로 간주된
경우라면, 대심원 검사장이 사법경의 명령을 받거나 혹은 자신
의 직권으로써 시일의 구분 없이 비상 상고를 제기할 수 있다.
【기한을 어기거나 상소하지 않아 재판이 제대로 진행되지 못하면 후
대에 (안 좋은) 전례를 남기게 되므로 이와 같은 특전을 마련한 것이
다. 비상이라고 한 것은 상소(常訴)와 구분하기 위해서이다.】

비상 상고가 있어 원심 재판 선고를 파기한 경우, 대심원에서

곧장 판결 선고를 할 수 있다.【법률의 처벌 대상이 아니라고 인정
될 시 무죄 선고를 내리고, 과도한 중형이라고 인정될 시 형을 줄여야
함을 말한 것이다.】

제436조 다음 항목에 대해 검사장 및 기타 소송 관계자들은 대심원의
재판 선고에 대해 대심원에 애소할 수 있다.

제1항, 대심원에서 앞 조에서 정한 규칙을 이행하지 않은 경우

제2항, 소송 관계인이 신청한 조건을 판결하지 않은 경우

제3항, 동일한 재판 선고임에도 두 조건이 서로 어긋나는 경우

제437조 애소를 하려는 사람은 재판 선고일로부터 사흘 이내에 서기국
에 신청해야 한다.

서기는 신청서를 수령한 시간으로부터 사흘 이내에 대상인에
게 송부해야 하고, 대상인은 동일 기한 내에 답변서를 제출해
야 한다.

대심원은 상고 상규에 의거해 애소 판결을 내려야 한다.

제438조 대심원의 재판 선고에 대해 선고한 시간으로 사흘 이내에 애소
를 제기하는 자가 있으면 판결의 시행을 정지해야 한다.

제2장 재심소.【공소와 상고를 거쳤거나 상소를 거치지 않은 상태에서 재판
선고가 피고에게 해가 된다는 이유로 형 확정 이후에 재심을 청구하는
것을 말한다. 이 기소는 정해진 기한도 없고 시일을 구분하지도 않
는다.】

제439조 재심소는 다음 항목에 대해 중죄 및 경죄 처벌 선고로부터 피

고를 보호하기 위해 실시한다. 그러나 재판 확정을 거치지 않은 상태에서는 제기할 수 없다.

제1항, 살인으로 인해 형을 선고받았으나 후에 그 사람이 현재 생존해 있다는 것을 알았거나, 그 사람이 범죄 전에 이미 사망했다는 명백한 증거가 있을 경우

제2항, 동일한 사건이고 같이 저지른 범죄도 아닌데 각각 다른 처벌 선고를 받은 경우【재판 선고가 서로 저촉된다면 둘 중 하나는 분명 무죄에 해당함을 말한 것이다.】

제3항, 범죄 전에 만든 공정증서로는 피고가 범행 장소에 있었다는 것을 증명하기가 부족할 경우【공정증서라 함은 관리가 관서에서 작성한 문안 등을 가리킨다.】

제4항, 피고인이 모해 당했음에도 처벌 선고를 받은 경우【모해를 당했다면 처형 선고가 윤당치 않음을 족히 증명할 수 있음을 말한 것이다. 예컨대 재판관, 검찰, 경찰관 등이 뇌물을 받고 원수의 편을 들었거나, 증인이나 감정인이 거짓 진술을 하여 피고를 모해한 경우 등이다.】

제5항, 공정증서로써 소송 문서에 위조 혹은 착오가 있음을 증명한 경우

제440조 다음의 사항에 해당하면 재심소를 제기할 수 있다.

제1항, 처벌 선고를 한 재판소의 검찰관

제2항, 해당 재판소에 속한 공소 재판소의 검사장

제3항, 대심원 검사장. 단 사법경의 명령 혹은 그 직권으로써 제소할 수 있다.

제4항, 처벌 선고를 받은 자

제5항, 처벌 선고를 받은 자가 이미 사망했다면 그의 친속

제441조 재심소는 범죄와 형벌이 소멸되었더라도 시일의 구분 없이 제기할 수 있다.【재심을 청구하는 이유는 본디 오류를 바로잡고 억울함을 씻기 위함이므로 형기나 시일에 구애받을 필요가 없음을 말한 것이다.】

제442조 재심소를 청구하고자 한다면 원심 재판 선고의 등본 및 증빙 문서를 소장에 첨부하여 원심 재판소 서기국에 제출해야 한다. 【이 조항과 제2항은 모두 앞 조의 제4항, 제5항의 사람이 재심을 청구할 때 밟아야 하는 절차에 해당한다. 경죄 재판소의 검찰관 또한 제3항에 의거해 이 법식을 적용할 수 있다.】

원심 재판소 검찰관은 의견을 문서에 첨부한 뒤 대심원 검사장에게 제출해야 한다.

원심 재판소의 검찰관 및 공소 재판소의 검사장이 직접 재심소를 제기하고자 한다면 앞 조항의 절차에 따라 문서를 제출해야 한다.

제443조 대심원에서는 검사장의 청구에 따라 속히 전임 판사 1명으로 하여금 심사를 진행하게 하고 보고장을 송부하도록 해야 한다.

제444조 대심원은 다른 사건을 일단 차치하고 형사국 판사 전원을 회의국으로 소집한 다음 전임 판사의 보고장 및 검사장의 의견서에 의거해 판결해야 한다.【재심은 매우 정중한 사안이므로 반드시 판사 전원이 모여야 함을 말한 것이다. 또한 형벌 시행을 정지해야 하므로 다른 일체의 사건을 차치하고 먼저 판결하라고 한 것이다.】

제445조 대심원에서 재심에 이유가 있다고 인정할 경우, 원심 재판 선고를 파기하고 공소 및 사소를 재심한 뒤 해당 사건을 동급의

재판소로 이송해야 한다.

사건을 송부 받은 재판소에서는 상규에 의거하여 재판해야 한다.【사건을 송부 받은 재판소는 소관, 비소관에 구애받지 말고 상규에 따라야 함을 말한 것이다.】

제446조 사망한 자는 친속이 재심소를 청구할 수 있다. 대심원에서 재심에 이유가 있다고 인정했다면, 그 사건을 기타 재판소로 이송할 필요 없이 원심 재판을 파기해야 한다.【사망한 자가 다시 상고할 수는 없으므로 원심 판결을 파기하는데 그친다는 뜻이다. 사소에 해당하는 경우라면 민사재판소에서 처리한다.】

제447조 재심 재판 선고에서 무죄가 선고되었거나 앞 조에서처럼 파기가 선고되었다면 그 명예를 회복해주기 위해 선고장을 대중에게 게시하고 공고에 부친다.【신명정(申明亭)에 게시하고 신문에 공고하며, 거두어들인 벌금 및 재판 비용 모두를 환부해야 함을 말한 것이다.】

제3장 판정 소관 결정에 관한 소.【재판 소관에는 법률에 정해진 규칙이 있다. 따라서 비록 저촉되는 바가 있어서는 안 되지만 때로는 재판관의 기피 혹은 변경, 질병 등의 이상 사태로 인해 친관 재판소에서 관리할 수 없는 경우가 생기므로 이 장을 마련해 심판 청구의 길을 열어놓은 것이다.】

제448조 재판소는 통상과 특별을 구분하지 않고 정기적으로 비소관 선고를 내린다. 그러나 만약 기피 혹은 이상 사태로 인해 소송

사건을 관리할 수 없을 경우, 검찰관 및 기타 소송 관계자가 판정 소관 결정에 관한 소를 제기할 수 있다. 대심원 검사장은 사법경의 명령에 기인해, 혹은 자신의 직권으로 그 소를 수리할 수 있다.

제449조 판정 소관 결정에 관한 소를 제기하고자 하는 자는 소송 문서를 소장에 첨부하여 대심원 서기국에 제출해야 한다.

제450조 대심원에서는 형사국 판사 5명 이상을 회의국에 소집하여 전임 판사의 보고장 및 검사장의 의견서에 의거하여 판정 소관 결정에 관한 소를 판결하고, 추후 사건을 관리하게 될 재판소를 결정하여 고시한다.

제4장 공공 안전 및 혐의로 위해 재판 소관 이송을 청구하는 소

제451조 죄질, 신분, 인원 및 지방의 민심 등 기타 중대한 사안으로 인해 재판상에 소요와 위험이 생길 우려가 있을 경우, 공공 안전을 위해 해당 사건을 타처의 공급 재판소로 이송할 수 있다.【국사에 관련된 죄나 신도가 매우 많은 사건, 그리고 흉당과 결탁된 사건 등 인심을 선동할 우려가 있는 사안 등을 말한다.】

제452조 공공 안전을 위해 재판 소관 이송을 청구하는 소는 대심원 검사장인 사법경의 명령에 기인해 해당 원에서 실시한다.

제453조 대심원 회의국에서는 소송 관계자의 신청을 들을 필요도 없이 속히 앞 조의 기소를 판결해야 한다.

제454조 피고인의 신분 지위, 지방의 민심 및 소송 정황 등으로 인해

재판상 공평을 유지하지 못할 우려가 있는 경우, 그러한 혐의를 피하기 위해 해당 사건을 타처의 동급 재판소로 이송할 수 있다.【귀족이나 부호에 관한 사건, 혹은 범죄로 인해 입은 손해가 방대한 경우 등을 말한다.】

제455조 혐의로 인해 재판 소관 이송을 청구하는 소는 친관 재판소의 검찰관 및 기타 소송 관계자 모두 제기할 수 있다.【재판관이 공정을 기하지 못한다는 의심은 직접 접해본 자라면 능히 알 수 있으나 사법경이 직접 볼 수 있는 것은 아님을 말한 것이다.】

민사 원고인 중 재판소에 혐의를 갖고 자가 사소를 제기했을 경우, 만약 피고인이 해당 재판소에 이의를 제기하지 않은 채 본 안에 나아가 변론을 진행했다면 앞 조항의 소를 제기할 수 없다.

제456조 혐의로 인해 재판 소관 이송에 관한 청구 소송을 낸 자는 소장 2부를 원재판소 서기국에 제출해야 한다.

서기는 속히 그중 1부를 대상인에게 송부해야 한다. 대상인은 송부 받은 날로부터 사흘 이내에 답변서를 제출해야 한다.

제457조 대심원에서는 제450조 규칙에 의거하여 앞 조항의 소를 판결해야 한다.

제458조 혐의가 있어 재판 소관 이송을 청구하였다면 재판소에서는 그 소송 절차를 정지시켜야 한다.

제6편 재판 시행, 복권 및 특사

제1장 재판 시행

제459조 중죄, 경죄, 위경죄는 재판 결정이 나기 전에 형을 시행할 수 없다.【사형에서 구류까지, 일단 형이 시행되고 나면 새사람이 될 수 없다. 따라서 반드시 모든 상소를 다 거치고 종결 기한이 다한 뒤라야 비로소 더 이상 건드릴 수 없이 확정지을 수 있음을 말한 것이다.】

제460조 사형 선고가 내려지면 검찰관은 속히 소송 문서를 사법경에게 제출해야 한다.【사형은 사법경의 명령을 받들지 않고서는 시행할 수 없기 때문에 선고가 이미 결정되었다 하더라도 다시 그 문서를 제출한 뒤 명령을 기다려야 함을 말한 것이다.】

사법경이 사형 시행 명령을 내리면 사흘 이내에 시행해야 한다.

제461조 사형 이외의 형벌 선고가 결정되고 나면 그 날로 시행해야 한다.

제462조 형 집행은 원심 재판소의 검찰관 및 대심원에서 지명한 재판소의 검찰관의 지휘에 따라야 한다.

벌금이나 과태료, 재판 비용 및 몰수한 물건 등은 검찰관의 명령장에 의거해 징수해야 한다.

파기 혹은 폐기해야 할 몰수 물건 역시 검찰관의 처분에 따라야 한다.

제463조 사형 시행 시 서기는 시말서를 작성해야 한다. 또한 형 집행 규칙에 의거해 관리를 대동하여 서명, 날인해야 한다.

기타 형 집행 방법에 관한 상세 조목은 달리 규정을 세워 정해 놓아야 한다.

제464조 판정 선고가 내리고 나면, 궐석 판결의 경우 해당 재판소의 서기가 이미 결정된 죄목의 표를 작성해야 하되 다음 항목의 조건을 기록해야 한다. 대심원에서 형 집행 선고를 내렸을 시에는 재판소의 서기가 작성해야 한다.

제1항, 범인의 성명, 나이, 직업, 거주지 및 출신지

제2항, 죄명, 형벌명

제3항, 재범(再犯)

제4항, 재판선고 연월일

제5항, 대심 재판인지 궐석 재판인지

제465조 이미 결정된 죄목의 표는 2부를 작성해야 한다. 1부는 사법성에 발송하고 1부는 재판소 서기국에 보관한다.

위경죄의 죄목 표는 1부만 작성하여 재판소 서기국에 보관한다.【동일 재판소 소관 내의 재범이 아닐 경우 재범이라고 논할 수 없으므로 죄목 표를 사법성에 송부하지 않는다는 뜻이다.】

제466조 처벌 선고를 받은 자가 선고에 대해 의의(疑義)를 진정하거나 시행에 대해 이의가 생겼을 시에는 해당 재판소에서 재결해야 한다.【선고 중 형량의 경중과 장단을 명시하지 않은 경우, 당해 재판소가 아니면 알려줄 수 없기 때문이다.】

제467조 처벌을 선고받은 자가 도주했다가 잡혔으나 사람을 오인했다고 하소연할 경우, 단죄한 재판소로 이송하여 확인하게 한다. 재판소에서 본범을 확인할 수 없을 경우, 검증하고 참조한 다음 본 사건에 관여했던 재판관, 검찰관, 서기 및 원고와 피고의

증인을 소환할 수 있다.

제468조 앞 두 조에 대해서는 공정에서 선고를 받은 자의 진술, 검찰관의 의견을 들은 다음에 재판 선고를 해야 한다. 그러나 선고한 내용에 대해서 상소할 수 없다.

제469조 소송 관계자의 재판비 배상 및 상환에 대한 선고는 통상 민사 규칙에 의거하여 시행한다.

제2장 복권

제470조 복권 청구는 처벌 선고를 받은 자가 형법 제63조에서 정한 기한이 경과한 후에 사법경에게 품고할 수 있다. 복권 청원서에 본인이 서명, 날인한 후 현 거주지의 시심재판소 검사에게 제출해야 한다.

제471조 복권 청원서에 다음 항목의 문서를 첨부해야 한다.

제1항, 재판 선고장 등본

제2항, 본 형의 만기 특사 및 그것이 기만 면제임을 증명해줄 문서

제3항, 가출소 및 감시 해제 증명서

제4항, 배상금 및 재판 비용을 다 갚아 채무가 면제되었음을 증명하는 증서

제5항, 이전 및 현재 거주지, 그리고 생계가 기재되어 있는 문서

제472조 검사는 범인의 품행 및 기타 요건을 심사한 뒤 의견서를 앞

조의 문서에 첨부하여 공소 재판소 검사장에게 제출해야 한다.

제473조 검사장도 이를 다시금 심사한 다음 의견서를 복권 청원서에 첨부하여 사법경에게 제출한다.

제474조 사법경은 복권 청원서를 검열한 뒤 윤가가 합당하다고 여겨질 경우 신속히 상주한다.

제475조 칙재(勅裁) 및 사법경이 복권 청원을 기각해야 한다고 판단할 경우, 사법경이 공소 재판소 검사장에게 통지하고, 검사장은 시심 재판소 검사에게 통지한다.

전 항에 해당하더라도 형법 제63조에서 정한 기한의 반이 경과하지 않았을 시에는 청원할 수 없다.

다시 복권 청원을 하려해도 앞 조의 규칙들에 의거해야 한다.

제476조 복권이 재가된 자가 있으면 사법경이 재가장을 공소 재판소 검사장에게 발송하고, 검사장은 시심 재판소 검사에게 발송해야 한다.

검사는 재가장의 등본을 청원인에게 하부해야 한다.

또한 재가장 등본을 처벌을 선고했던 원 재판소로 송부해야 한다. 해당 재판소에서는 재판 선고장에 이 사실을 기입해야 한다.

제3장 특사

제477조 특사는 처벌 선고가 내린 후로부터 시일의 구분 없이 검찰관 및 감옥장이 범인의 상황을 기술하여 사법경에게 신청할 수

있다.

감옥장의 특사 신청은 검찰관을 경유해야 한다. 단 검찰관은 의견서를 첨부해야 한다.

특사 신청이 있으면 사법경은 자신의 의견을 문서에 첨부하여 상주해야 한다.【특사 신청은 사법경이 가부를 결정할 수 없으므로 모두 임금의 재결에 맡겨야 함을 말한 것이다. 이러한 면에서 특사는 복권과 다르다.】

제478조 사법경은 처벌 선고가 내려진 뒤 시일의 구분 없이 특사 신청을 할 수 있다.

사형 이외에는 특사 신청이 있다고 해도 형벌 시행을 정지할 수 없다.

제479조 특사 신청이 기각되었을 시, 사법경은 처벌 선고를 내린 재판소 검찰관에게 통지해야 한다.

제480조 특사가 재가되었을 시, 사법경은 특사장을 처벌 선고를 내린 재판소의 검찰관에게 송부하고 제476조의 규칙에 따라야 한다.

행부호군 신 엄

日本司法省視察記 三

治罪法

第一編 總則

第一條 公訴須要證明罪犯的用其刑, 檢察官按律分別行之。【謂凡犯罪者虧損公衆, 擾亂治道, 則檢察官自爲原告人, 護公衆, 保治道, 故曰公訴。訴云者, 自告發裁判所而言。】

第二條 私訴, 須要賠償若還復由犯罪所生損害若贓物, 而屬被害者, 須從民法。【謂罪質有止害公益, 擾治道, 不係私益者, 若謀反謀叛, 僞造寶貨是已。有公益私益治道俱害者, 若鬪殺傷强竊盜是已。但私訴原係民事, 要償與不要償, 任從被告者何如, 故曰屬被害者。】

第三條 公訴非須被害者告訴而起者, 又非因棄告訴私訴之權而消者。【謂檢察官但有認犯罪, 乃不得阻止。】但法律有所別定者, 不在此限。【謂如犯姦誹謗, 須親告乃坐之類。】

第四條 私訴不分金額多寡, 得附帶公訴, 起之刑事裁判所。【得附帶公訴起私訴, 謂刑事裁判所因私訴幷得罪證, 又緣要償, 兼證公訴, 又有令被告人幷辨民刑二事等便宜。】但法律所不許者, 不在此限。
又私訴得別起之民事裁判所。

第五條 公訴私訴裁判, 要依親管裁判所現行法律所定訴訟次序爲之。

【謂如違警罪, 輕罪, 重罪, 各於該管裁判所。又如一人犯重罪及輕罪, 若犯輕罪及違輕罪, 雖非附帶罪, 各於其上等裁判所。又如犯質重大, 事係皇室國家外患, 若犯者貴顯, 竝於高等法院裁判之類。】

第六條　公訴私訴幷發於刑事裁判所。若並發於刑事民事兩裁判所, 不得將私訴先公訴裁判。違者不成爲宣告。【本條爲回護被告者而發。謂先宣告賠償還贓, 勢有不免連及公訴裁判之弊。】

第七條　於民事裁判所, 一爲私訴, 非檢察官有所起訴, 不得請降其訴, 更起之刑事裁判所。【謂檢察官有起訴, 得請降其訴, 轉移刑事裁判所, 令原告人旣得公訴附帶之便, 又被告人得兼民刑兩事辯護】

於刑事裁判所爲私訴者, 得通同被告人請降其訴, 更起之民事裁判所。【要通同者, 所以防原告人擅圖自便, 亦爲回護被告者而發。】

第八條　被告人雖得免訴或無罪宣告, 【免訴謂初開豫審, 雖事涉疑似, 犯證不白, 或被告事件不成罪, 如親屬相盜或公訴期滿。若經確定裁判, 或大赦, 或法律例合原免者之類。】依從民法, 不得令被害者所要賠償還贓有所妨礙。【謂如被告竊盜證明係誤認其人, 雖無罪, 其財不得不還本主。其典賣若消費者, 必合賠償之類。】

第九條　公訴之權消滅者如左。

第一項, 被告人身死。

第二項, 須告訴乃坐者, 被害人棄權, 若私和。

第三項, 確定裁判。【謂經過上訴日期, 若閱上訴裁判, 不可復動者。】

第四項, 旣犯罪後, 頒行法律, 廢停其刑者。

第五項, 大赦。

第六項, 期滿免除。【本項由時日彌久, 證佐不白, 或公衆遺忘其罪, 不復介意者, 無再犯之患而起。犯有輕重, 期有長短, 若下條所云。】

第十條　私訴之權消滅者如左。【廢刑大赦, 雖殺公訴權, 不得消私訴之權。賠償之責係財産者居多, 本犯雖身死, 受遺産者不得不任其責, 是私訴所以

異公訴者也。】

第一項, 被害者棄權或私和。

第二項, 確定裁判。

第三項, 期滿免除。

第十一條 公訴期滿免除之期限, 如左。

第一項, 違警罪, 六個月

第二項, 輕罪, 三年

第三項, 重罪, 十年。

第十二條 私訴期滿免除期限, 設令被害者無能力,【謂幼稚癲癇若受理產之禁者之類。】或於民事裁判所起訴, 亦與公訴期限同。【謂民事期滿免除期限, 雖稍加延長, 由犯罪而起者, 公私一源。公訴證佐不白, 私訴證佐亦不白。】

若從公訴, 旣經處刑宣告者, 乃依民法所定期滿免除之例。【謂未過期限旣經宣刑者, 以犯證明確, 從民事之通例。】

第十三條 公訴私訴期滿免除日期, 從犯日起算, 其繼續犯罪者, 從終犯日起算。

第十四條 檢察官若民事原告人, 於刑事裁判所旣就起訴次序, 若就豫審或經公判次序, 得將期滿免除期限中斷。其正犯從犯及民事干連人未發覺者亦同。【本項所以回護公衆之權利, 謂犯情之難可寬恕者恐因期滿免除, 或至貽害公衆。】

其中斷期滿免除期限者, 從停就起訴豫審若公判之日再起算期限, 但不得通算前後超過第十一條所定期限加倍之數。【此條乃所以防閑被告人之損害, 謂隨起訴隨停訴, 永保公訴之權, 害被告人者亦不少。】

第十五條 起訴若豫審公判次序違其規則者, 不成爲中斷期滿免除期限。

【謂如檢事求豫審頒交付證憑參照物件, 若指示犯處犯名等, 如第百九條所云, 否則爲背規則。】

但裁判官誤所管者, 不在此限.【謂被告人所管方起訴初頭有難遽辨知者, 故雖誤所管而不得謂被告人爲無罪.】

第十六條 被告人得免訴若無罪宣告, 其當初爲告訴告發者若民事原告人出凶意, 若重過者, 得要求其虧損之償.

被告人雖受處刑宣告, 其當初爲告訴告發者, 若民事原告人出凶意, 若重過告過實之罪者, 亦如之.【過實, 謂如告誤殺傷故殺傷之類.】

若民事原告人向豫審若公判宣告爲上訴, 自取敗屈者, 被告者得要求其由上訴而所得虧損之償. 要償之訴, 在本案未經決告以前, 得於當該裁判所爲之.【謂本案旣經宣告, 卽失附帶之質, 不得附之刑事裁判所, 由要償刑事所不管理也.】

第十七條 被告人雖受無罪宣告, 不得向裁判官, 檢察官, 若書記, 司法警察官爲要償. 但各該官故意損害,【謂如擅監禁人, 刁難勾留或賣囑受賂之類.】或犯刑法所定之罪者, 不在此限.

第十八條 本律計期限以時者, 從登時起算, 以日者不算初日, 期盡日, 若當休假, 不算入限內.【謂非休假則算入限內.】但期滿免除期限, 不在此限.【謂期滿免除, 以專爲被告人發者, 計期限亦屬另例.】

稱一日者, 以二十四時, 稱一月者, 以三十日, 稱一年者, 依曆.【謂不日以三百六十五日者, 不分歲月大小閏差, 槪以一週年.】

第十九條 本律所定期限, 每陸路八里, 假與一日. 雖未滿八里者, 三里以上, 亦同.

島地若外國路程之假與, 於別律定之.【島地專指北海道流配地.】

第二十條 凡經過本律所定訴訟期限者, 除特異事故外, 爲失訴訟之權.【特異事故, 謂如交付宣告書不載上訴期限, 或訴訟關係人遭水火厄災, 愆上訴期限之類.】

第二十一條 訴訟關係人不於裁判所所在地居住, 應當權設僑居, 申報書記局. 違者, 雖不得文書遞交, 不得容異議.【訴訟關係人, 謂檢察

官, 民事原告人及被告人, 民事干連人之類。】

第二十二條　將文書遞交於訴訟關係人, 本律別無定規者, 書記應合造
　　冊, 令該局使丁遞交。

　　其應受領文書者, 在裁判所管外, 得將其事件囑託該管外裁判所書
　　記。【謂官吏之權不越所管。】

第二十三條　遞交文書, 要開造二通, 將一通交付本人。若不能交付本
　　人, 應於其家交付同居親屬若雇人。

　　其遞交人, 要令受領者於二通文書上署名捺印。不能署名捺印者, 須
　　附記事由。

　　其不得交付同居親屬及雇人, 若不肯受領者, 得交付該處戶長, 戶
　　長要簽印文書, 速付之本人。

　　遞交人要於二通文書上記載受領者名氏, 處所及日時。

　　其違本條規則者, 不成爲文書遞交。

　　遞交人應繳納該書一通於書記局, 該局要爲憑信以保存之。

第二十四條　休假日及日出日沒前後, 不得行文書遞交, 違者不成爲遞
　　交。但本人承允受之者, 不在此限。【謂假寧日, 人多不在家, 或致交書
　　遲延, 而日出入前後, 屬人家靜息時間, 故憚擾之。】

第二十五條　官吏文書, 要使用本屬官印, 記載年月日及處所, 署名,
　　捺印。又每葉鈐印。其不得用官印者, 須附記事由。違者, 不成爲
　　文書。

　　其非官吏者文書, 要本人親自署名捺印, 不能署名捺印者, 除官吏
　　對面所造外, 要令對同人代署, 附記事由。

第二十六條　凡造作訴訟文書, 正本若謄本, 不分官私, 不得輕改竄文
　　字, 甚有將文字插入若刪除, 或記註欄外者, 要簽印之, 刪除者, 須
　　存其字樣, 記載原數, 以便觀覽。違者, 不成爲增減更字。【本條爲關
　　防僞造文書而設。】

第二十七條　本律所定係豫審若公判規則, 通犯罪在須降以前者, 亦得
　　用之。

　　訴訟次序, 在本律頒布以前者, 不違規律, 仍存其效驗。

第二十八條　本律通將來應頒行別法定豫審若公判次序罪犯亦得用
　　之。但有所抵觸者, 不在此限。其於旣經若須降別法定豫審若公判
　　罪犯, 不在前項之例。

第二十九條　本律於應以江陸海軍律處斷者, 不得用之。

第三十條　本律稱親屬者, 依刑法第百十四條, 第百十五條之例。

第二編　刑事裁判所區別及權限

第一章　通則

第三十一條　通常刑事裁判, 得與民事裁判於同一裁判所, 合其權。【謂
　　通常, 所以別特異, 如軍事裁判所之類。】

第三十二條　定裁判所位置及所管區域, 司法卿奏聞, 取自上裁。【謂位
　　置區域隨時變換, 有難豫定者, 其裁的地勢便否, 事務繁閒而定之。司法卿仰
　　之上裁。】

第三十三條　裁判所置檢察官一名若數名。【檢察官所以代公衆爲原告者,
　　不置該官, 不成結構。】

第三十四條　檢察官刑事職務如左項。

　　第一項, 搜查罪犯。【謂止搜查有無犯罪, 不及檢覈鉤發犯情。】

　　第二項, 向裁判官請求審查罪犯的用法律。【謂豫審判事, 須檢察官請
　　求方始爲豫審。】

　　第三項, 指揮裁判所命令及其宣告施行。

第四項, 於裁判所保護公益。【謂於訴訟上苟關公益者, 輒得陳言, 其爲被告人有所請求亦是。】

第三十五條　檢察官要一名對同於公廷。【謂檢察官於關緊事件不容不陳白意見, 若不對同, 爲不成裁判。】

第三十六條　裁判所置書記一名若數名。

第三十七條　書記要對同豫審若公判, 開造文案及公判始末, 其餘一切訴訟文書。【謂書記之於裁判所緊要亦同檢察官, 若不對同, 亦不成裁判。】又如保存裁判宣告其餘一切文書。

第三十八條　從罪名, 分定裁判所, 如左項。

第一項, 違警罪於違警罪裁判所。

第二項, 輕罪於輕罪裁判所。

第三項, 重罪於重罪裁判所。

其一人犯重罪及輕罪, 若犯輕罪及違警罪, 二罪俱發者, 雖非附帶之罪, 從其重者, 倂管上等裁判所。【謂倂輕於重, 非特愼重裁判, 兼有簡捷之利。】

第三十九條　在左項者爲附帶罪。

第一項, 一人若數人, 同處同時犯數罪。

第二項, 二人以上通謀, 異處異時犯數罪。

第三項, 爲令便易自己, 若他人犯罪, 或爲免本罪, 更犯別罪。【謂附帶罪質雖互有異同, 而犯情株連, 罪脈相纏, 故得附著本罪, 一倂裁判。】

第四十條　於裁判所齊等者, 將犯處之裁判所爲豫審及公判所管。

其犯處不明白, 以逮捕地裁判所爲所管。【謂以犯處定裁判所管, 旣無朦朧抵觸之弊, 又於搜索證憑, 推問證人最爲便宜。】

第四十一條　於各該裁判所管內, 同時犯一罪, 若繼續犯罪, 以逮捕地裁判所爲其所管。【各管內犯罪, 謂如於各管交界中線犯罪之類。繼續犯罪, 謂如於各管內使用贋造度量射利之類。】

其數罪俱發者, 亦如之。

第四十二條 於犯罪處外裁判所管內逮捕者, 要押送附近該管裁判所。

【謂如於西京及大坂犯數罪者, 捕之滋賀管內, 押送西京。捕之神戶管內, 押送大坂之類。】

其以令狀逮捕者, 押送發令之裁判所。

第四十三條 若於該裁判所所管內不能逮捕, 若法律所不許逮捕者,【如違警罪, 止該罰金之類。】將當初就豫審若公判裁判所爲其所管。

第四十四條 從犯, 從正犯所管之裁判所。

若正犯涉各該裁判所所管者, 有數名, 將當初就豫審若公判裁判所爲其所管。

其屬高等法院若陸海軍裁判所所管, 有法律所特定者, 不在本條之例。【謂如正犯軍人, 軍屬, 而從犯乃平人或貴人之類。】

第四十五條 在外國犯罪, 合依本國法律處斷者, 逮捕之內地, 將逮捕地之裁判所爲其所管。自外國解到者, 將解到地之裁判所爲其所管。

其應行闕席裁判者, 將被告人最終所居裁判所爲其所管, 若所居不明白者, 須起定裁判所管之訴。【闕席裁判謂, 如由被告人未就緝捕, 空闕對問坐席之類也。】

第四十六條 商船內犯罪者, 所管及訴訟次序, 以別律定之。

第四十七條 裁判官行豫審者, 不得復干預公判。又嚮行豫審若行公判者, 除哀訴及有向闕席裁判起障礙者外, 不得干預其上訴裁判, 違者不成爲裁判。【謂裁判官當初一立成見, 不免執拘。但哀訴及向闕席裁判起障礙者, 不令前官干豫, 則有難審明者。】

第四十八條 裁判所於受訴事件, 有自判決應否管理之權於其判決。雖本案旣屬終審, 檢察官及仍自餘訴訟關係人, 得依常規上訴。

第二章　違警罪裁判所

第四十九條　治安裁判所爲違警罪裁判所，裁判其管內所犯違警罪。

第五十條　違警罪裁判所判事職務，乃治安裁判所判事行之。

判事有故，判事補行之。

第五十一條　違警罪裁判所檢察官職務，乃該處警部行之。【不置檢察官而令警部攝行者，由事犯輕小故也。】

第五十二條　違警罪裁判所檢察官要每月造已未決事件表，起發輕罪裁判所檢事。【謂裁判之弊莫大於耽延，故每月必納表上官，供其檢閱。】

其事件表要違警罪裁判所判事簽印，若有意見附記。【要判事簽印者，所以標其的確，附記意見者，所以辨明延滯。】

第五十三條　違警罪裁判所書記職務，乃治安裁判所之書記行之。

第三章　輕罪裁判所

第五十四條　始審裁判所爲輕罪裁判所，裁判其管內所犯輕罪。

又行輕罪及重罪豫審。【謂裁判管內罪犯，雖爲裁判所正規，而係本案附帶之罪者，雖在管外，亦得裁判之。】

又裁判其向管內違警罪裁判所之始審裁判爲控訴者。【謂輕罪控訴之所，卽違警罪控訴裁判所。閱其裁判則不得再爲控訴。】

第五十五條　輕罪裁判所判事職務，該所長向初審裁判所判事，挨次命之，一名若數名，以一個年。【謂更替職務，且限以期年者，所以令熟習職務，且防作奸。】

又得再加一年繼續其職。

第五十六條　豫審判事職務，司法卿向始審裁判所判事命一名若數名，以

一個年。【謂拔擢命之, 不拘次序。】

又得再加一個年以上, 繼續其職。【謂豫審判事欲極習熟, 故得加一年以上繼續其職。】

第五十七條 判事有障礙, 自餘判事若判事補行其職務。

判事補得對同豫審若公判陳白意見。【不得干豫議決。】

第五十八條 輕罪裁判所檢察官職務, 乃始審裁判所檢事若其所指命檢事補行之。

第五十九條 輕罪裁判所書記職務, 乃始審裁判所書記行之

第六十條 東京警視本署長及府縣長官, 各於其管內爲司法警察官, 有搜查罪犯之權, 並與檢事同。但東京府長官, 不在此限。【謂由東京戶口稠密, 事務繁劇, 特置警視局爲其專任。】

左方所開載各官吏輔佐檢事, 受其指揮, 要從第三編所定規則, 爲司法警察官搜查罪犯。【謂各該官雖各有所屬, 而行警察職務不得不聽從主管檢事之命。】

第一, 警視, 警部。

第二, 區長, 郡長。

第三, 治安判事。

第四, 闕警部地方戶長。

第六十一條 司法警察官, 檢察官若裁判官, 有受他同職官所囑託, 須搜集其管內應合爲證憑若參照事物, 供其審查。【謂官吏之權不越所管, 不得不互相囑托。】

第六十二條 檢事要每二個月造豫審及公判已未決事件表, 發呈控訴裁判所檢事長。【謂每二個月造表, 由事情差涉重大。】

又要倂違警罪裁判所檢察官所移事件表一齊發呈, 若有意見附記。

事件表要裁判長簽印, 有意見亦附記。

第四章　控訴裁判所

第六十三條　控訴裁判所置刑事局，裁判向輕罪裁判所始審裁判爲控訴者。但要判事三名以上判決。【謂控訴裁判頗涉鉤棘，尤難明辨，故必要判事三名以上。】

第六十四條　刑事局判事職務，裁判所長挨次命該所判事，以一個年。又得再加一年繼續其職。

第六十五條　刑事局判事有障礙，裁判所長令民事局判事行其職務。裁判所長聽從隨便，爲各該裁判長。【謂所長以職在統轄，不分民刑，隨便執權。】

第六十六條　刑事局檢察官職務，乃該裁判所檢事長若其所指命檢事行之。【控訴裁判所不置檢事補者，以其尤要憑信也。】

第六十七條　檢事長於該裁判所管內，得躬行應屬輕罪裁判所檢事，司法警察及起訴職務，或令其所部檢事行之。又須因起訴若他項職務，行移該管內檢察官。凡檢事長監督該管內檢察官及司法警察官。

第六十八條　檢事長要每三個月造豫審若公判已未決事件表，發呈司法卿。又要倂輕罪裁判所檢事所移事件表，一齊發呈司法卿。若有意見附記。事件表，要裁判長簽印，若有意見附記。

第六十九條　刑事局書記職務，乃該裁判所書記行之。【不置書記補，義與第六十六條不置檢事補同。】

第五章 重罪裁判所

第七十條 重罪裁判所, 裁判其管內所犯重罪。

第七十一條 重罪裁判所, 每三個月, 一爲開設。【謂不常置。】若事件浩繁, 日不暇給, 得由控訴裁判所長及檢事長申禀司法卿, 須其允可, 臨時開廳。【謂前期旣閉廳, 後再有重犯, 事件繁多, 且裁判要急速, 不容待後期之類。】

第七十二條 重罪裁判所於控訴裁判所若始審裁判所開設。

第七十三條 重罪裁判所要須左方職員裁判。

第一, 裁判長, 一名。

控訴裁判所長, 就該所判事中命之。

第二, 陪席判事, 四名。

於控訴裁判所開廳, 乃該所長就該所判事中命之。於始審裁判所開廳, 乃以該所長及前任判事選充。

第七十四條 重罪裁判所檢察官職務, 乃控訴裁判所檢事長, 若其所指命檢事行之。

若於始審裁判所開廳, 檢事長得令該所檢事行其職務。【謂重罪裁判所檢察官職務, 乃控訴裁判所檢事長, 必應行之。又得令自餘檢事行之。】

第七十五條 重罪裁判所書記職務, 乃該裁判所書記行之。【書記較裁判官, 檢察官責任稍輕, 故從便宜。】

第七十六條 控訴裁判所檢事長, 要於閉廳後, 造已決事件表, 發呈司法卿。【謂控訴裁判所檢事長有監察其管內重罪裁判所之責, 造事件表, 固係其職。不言未決者, 重罪裁判所不容未決也。】

事件表, 要控訴裁判所長簽印, 若有意見附記。

第六章 大審院

第七十七條 大審院置刑事局, 裁判左項條件。

　第一項, 上告

　第二項, 覆審之訴

　第三項, 定裁判所管之訴

　第四項, 移裁判所管之訴

第七十八條 刑事局非具判事五名以上, 不得爲裁判。

第七十九條 刑事局判事職務, 司法卿奏聞取旨, 命該院判事。

　判事有障礙, 民事局判事循舊次行其職務。

第八十條 刑事局檢察官職務, 該院檢事長若其所指命檢事行之。

第八十一條 刑事局書記職務, 該院書記行之。

第八十二條 檢事長要每三個月造豫審公判已未決事件表, 發呈司法卿。

　事件表要院長簽印, 有意見附記之。

第七章 高等法院

第八十三條 高等法院, 裁判刑法第二編第一, 第二章所揭重罪。【謂係皇室, 國事, 外患罪犯。】

　又裁判皇族所犯重罪及合該禁錮輕罪, 【謂罰金之刑, 皇族不親坐於通常裁判所裁判之。】若敕任官所犯重罪。

　前二項正所載正犯若從犯, 不問身位何如, 於該院一體裁判。【謂共犯雖身位相殊, 不得析爲二件。】

第八十四條 開高等法院, 司法卿奏請, 取自上裁, 其應裁判事件及開院處所, 亦如之。

第八十五條 高等法院, 以左方開職員爲裁判。

　第一, 裁判長, 一名, 陪席裁判官, 六名。

　每歲豫就元老院議官, 大審院判事中奏聞, 得旨定之。

　第二, 豫備裁判官, 二名。【置豫備官者, 由論辯彌久, 未及判決而該官病故, 事乃闕曠, 故豫備代員, 參坐論辨。】

　亦依前項式則命之。

第八十六條 豫審判事職務, 奏聞取旨, 命大審院刑事局判事一名若數名。【不豫命者, 謂豫審判事, 職止判斷有無罪證, 不預本案, 故臨時選充亦無妨。】

第八十七條 高等法院檢察官職務, 乃大審院檢事長若司法卿所指命檢事行之。

第八十八條 高等法院書記職務, 乃大審院書記行之。

第八十九條 不得向高等法院裁判爲上訴, 但於左項條件得上訴該院。

　第一項, 向闕席裁判起障礙者。

　第二項, 哀訴。【謂法非應刑而受處刑宣告, 若受重刑過當宣告, 若過期限內上告, 裁判已定者, 該院檢事得上告。】

　第三項, 再審之訴。【謂乞整判決, 紕繆矯正。】

第九十條 被告事件浩繁, 若裁判再審之訴, 得新置職員。【謂如謀反犯罪, 夥黨固衆, 非常員所得審理之類。再審裁判不得用前員, 另置委員。】

第九十一條 高等法院訴訟次序, 一依通常規則。【謂雖高等法院, 訊證辨論對質等順序, 毫無與常則殊。】

第三編　罪犯搜査起訴及豫審

第一章　搜査 【謂搜索有無犯罪, 但有認識犯罪, 乃收拾現證旁證, 或收犯身

所在, 爲起訴次序耳。非謂探偵隱情, 推問證人, 勒住物件之謂。】

九十二條 檢察官緣告訴告發現犯, 其餘原由認識若推測有犯罪, 要搜
　　查其證憑及犯人, 照依第百七條以下規則, 行起訴次序。【謂檢察官
　　除現犯准現犯情狀緊急之外, 驗檢證憑, 推問蒐索等諸般非其主職。】

第一節　告訴及告發【告訴謂被害者訴其罪, 告發謂非被害者發其罪。】

第九十三條 有犯重罪若輕罪, 受其虧損者, 不分何人, 得告訴犯處若
　　之被告人居處, 豫審判事, 檢事或司法警察官。【謂受告訴者不止犯處
　　官司, 而被告人居處官司亦受之。不止判事, 檢事, 而警察官亦受之。所以廣
　　言路, 密方法。然其告訴與否, 任從被害者。初不爲拘束, 故曰得, 不曰要。】
　　豫審判事受告訴, 要照依第百十四條以下規則區處。
　　司法警察官受告訴, 要將其文書速起送檢事。【謂警察官旣無取舍之權,
　　又無審查之權, 要特起送主管。】
　　其係違警罪者, 得告訴犯處當該裁判所檢察官。若司法警察官, 警
　　察官受告訴, 要移之該檢察官。【謂違警罪犯情輕瑣, 少逃亡之虞, 故以
　　犯處爲其主管。】
第九十四條 告訴人要務倂其合爲證憑若參照者申告。【謂犯名, 犯處, 時
　　日, 事實, 並檢察官所必須。倘不識之, 不得搜查, 故要倂告訴申告。】
　　又告訴人得照依第百十條以下規則, 爲民事原告人。【謂告訴止申告罪
　　犯爲搜查根柢, 一爲民事原告人, 方得起公訴私訴。】
第九十五條 告訴要以當該人所署名捺印文書, 行之。
　　又告訴得用口陳, 但官吏受其告訴者, 面造文案, 朗讀訖, 所錄是
　　實。要偕署名捺印。若告訴人不能署名捺印, 要附記其由。

官吏要將受理證單, 交付告訴人。【謂不止與信於訴人, 又所以令官吏不忽怠。】

第九十六條 官吏臨職務, 認識若推測有犯重罪若輕罪, 要速告發於該處檢事。【本條謂官吏告發, 盖官吏當職, 有所告發, 固屬分內, 與常人殊, 故曰要, 不曰得。其在職外所發見者, 亦與常人無殊。】

其爲告發, 要用所署名捺印之文書, 務附其合爲證憑若參照者申告。【謂官吏告發, 必須文書, 不許口陳, 不欲其離職役也。】

其係違警罪, 要告發違警罪裁判所檢察官。

第九十七條 不分何人, 認識若推測有犯重罪若輕罪者, 得照依第九十四條, 第九十五條規則, 告發該處若犯處豫審判事檢事若司法警察官。【本條義與告訴同。謂不分何人, 則官吏在職務外者, 亦在其中, 大抵常人不得責以告發, 故曰得, 不曰要。】

官吏受告發者, 要依第九十三條規則區處。

第九十八條 告訴告發, 得令人代替, 但若九十六條所云者, 不在此限。【謂官吏告發, 係其分內, 不得委之他人。】

無能力者, 令法律所定代替人爲之,【謂幼稚之父母, 若後見人, 白癡瘋癲之保管人之類。】亦成爲告訴。

第九十九條 告訴告發, 得降其請, 若更其詞, 然照依第十六條規則, 不得辭受被告人要償之訴。

第二節 現行犯罪

第百條 現行犯罪, 謂現方犯罪若現旣犯訖發覺者。【謂犯罪有現行非現行之差, 現行犯顯證明白, 無有冤枉之恐, 若緩之則事情稍晦, 又有逃亡之虞。故不分何人, 得直逮捕。非若夫非現行之犯, 必須檢事若民事原告人之

請求, 始爲審查。】

第百一條 有犯重罪輕罪, 在左項准現行犯。

第一項, 被一人若數人以罪名追呼者。

第二項, 携帶凶器臟物, 其餘應疑犯罪物件者。

第三項, 家長向官吏請求, 驗檢其家宅內犯罪者, 逮捕疑似該犯者。

第百二條 司法警察官及巡查, 任職務, 認識有重罪若輕罪現犯, 要不待令狀若命令, 逮捕犯人。

若現犯係違警罪, 要問名氏居處, 告發當該裁判所檢察官。其名氏居處不明白, 若有逃亡之懼者, 得勾引該裁判所。【謂由違警罪, 不許逮捕之故。】

第百三條 巡查逮捕被告人, 要速交付司法警察官。【謂巡查除家宅搜索外無造作文案之權, 故所逮捕者要直交付上司。】

其司法警察官受交付者, 要造作係逮捕及告發文案。

第百四條 司法警察官逮捕被告人, 若受其交付, 得姑爲推問及檢證。

【謂現犯以事要急速, 姑許推問檢證, 然以非其固有之權, 不得令證人宣誓或起發令狀。】

第百五條 有現犯重罪若輕罪, 不分何人, 得直逮捕。【謂常人雖有應捕之權, 不得責以逮捕, 故曰得, 不曰要。】

第百六條 於前項逮捕犯人者, 要勾致司法警察官。若不能勾致, 得陳述自家名氏, 職業, 居處及逮捕事由, 姑交付巡查。

其交付犯人於巡查者, 要速爲告訴若告發。

但犯人若巡查得向逮捕人要求偕詣官署, 逮捕人非有切要事故, 不得拒絶其要求。【謂若强拒其求, 不得不勾引。】

第二章 起訴 【起訴有二, 有檢察官爲公衆者, 有被害人自爲者。裁判官非有

其一, 不得爲審理。】

第一節 檢察官起訴

第百七條 檢事旣終搜, 要爲左項處分。

第一項, 推測事係重罪, 要求豫審於豫審判事。

第二項, 推測事係輕罪, 要隨其輕重難易, 求豫審, 或直向輕罪裁判所起其訴。【謂重且難者求豫審, 輕且易者直求公判。】

第三項, 推測事係違警罪, 要於證憑文案附記意見, 起發違警罪裁判所檢察官。

第四項, 推測被告人身位罪質, 若犯處不係所管者, 要發付該管裁判所檢察官。

若推測被告事件不成罪, 或非應該受理者, 不須爲起訴。【非應該受理者, 謂如因期滿免除, 確定裁判, 大赦等, 而公訴之權消, 或須告訴乃受理者, 無告訴人之類。】

第百八條 於前項, 檢事旣起告訴, 要將其處分通報被害者。【謂被害者, 卽他日原告人, 翹望檢事處分何如, 固情所不免, 故要通報。】

第百九條 檢事求豫審, 要發付應將合爲證憑若參照事物, 且指示應臨驗逮捕處所人犯, 若原被告證佐人。

第二節 民事原告人起訴

第百十條 被害者就重罪若輕罪, 將附帶公訴爲私訴, 要倂告訴陳告。

若旣爲告訴, 要就豫審判事陳告。【謂倂私訴告訴申陳者, 司法警察官亦得受之。旣爲告訴, 後爲私訴者, 非判事若檢察官, 不得受。】

豫審判事自被害者直受民事原告申訴, 雖不得檢察官起訟, 爲倂公訴私訴旣受理。【謂止爲告訴者, 與告發無殊, 一起私訴, 則公訴亦隨之。故不拘檢察官所見何如, 不得不爲應分審判。】

豫審判事但有自被害者直受民事原告申訴, 必要通報檢事。

第百十一條 被害者至受係公訴本案始審終審裁判宣告, 不分時可, 得爲私訴, 若變更其所要求。【謂民事原告之權, 除期滿免除制限外, 不得抑遏。】

又得於請降私訴之後, 再爲申訴, 若變更其所要求。【謂私訴素屬被害者, 則請降固任其便宜。又雖請降其訴, 非抛棄其權, 則再訴亦任其所爲。】

第百十二條 被害者得委他人代爲私訴, 若爲請降, 或自棄其權。【謂法廷之受詞訟, 不過以伸民權, 不必本主自出官。】

第三章 豫審

第百十三條 豫審判事, 除現犯重罪若輕罪外, 遵前章定規。非有檢事若民事原告人請求, 不得爲豫審。違者, 係請求以前, 不成爲審查。

【謂裁判官以不告不理爲定則, 故不須起訴而爲豫審者一切屬徒勞。然有一請求之後, 非必每事要請求。】

第百十四條 豫審判事, 因重罪若輕罪直受告訴若告發, 得發勾喚狀, 提向被告人。若推測頻仍, 應勘查者, 要將其事件起送檢事。【謂豫審判事直受告訴告發, 勾問犯人本係另例, 但其爲勾喚, 不用勒限, 聽便宜出官。其將事件起送檢事者, 照依常規告發檢察官之義也。】

第百十五條 豫審判事, 受告訴若告發事件, 不容稽緩, 得直將勾引狀, 發付被告人。若推問之後, 發付勾留狀。【謂犯情緊急, 或有逃亡之懼者, 直行勾引勾留。固係常規外處分。】

但於斯際, 要速報檢事, 起送應合爲證憑參照物件. 若檢事雖得通報, 不於一日內起訴, 豫審判事要隨卽放免被告人. 但後日起訴, 亦不妨.【謂檢事與判事, 殊其所見, 雖得通報, 爲非應起訴者, 則判事以不告, 不告不理法, 不得不解放被告人. 違者, 爲擅自監禁人.】

第百十六條 被告人居住去處, 豫審判事, 直受告訴告發, 或自檢事受其起送事件, 不容稽緩, 先照常規勾問被告人. 若爲驗證之後, 要將應合爲證憑若參照物件, 起發犯處豫審判事.

若推測應該禁錮以上刑者, 得將勾留狀起發被告人.【謂該罰金之刑者, 不須起發】.

第百十七條 檢事於豫審中不分時日, 得請乞該判事驗視詞訟文書, 但要限二十四時間還付.

又於緊要處分, 得臨時爲其請求.

第一節 令狀

第百十八條 豫審判事, 因檢事若民事原告人起訴, 受理重罪若輕罪, 要先將勾喚狀發付被告人. 但自狀單解到, 至出廷間, 少尙要假與二十四時.【謂事係嫌疑, 未至判定罪犯, 故不得勒限命出官. 但令狀記載出官處所, 日時, 與公判勾喚無殊.】

其被告人出廷者, 要隨卽推問, 遲尙不過本日內.

第百十九條 豫審判事, 於應受勾喚被告人, 不管內居住者, 得向居住去處豫審判事, 明示推問條件囑託處分.【謂事涉嫌疑者, 不濫爲勾喚, 令勞於奔命.】

第百二十條 豫審判事, 於勾喚被告人日期不出廷者, 得發付勾引狀.

第百二十一條 於左項, 豫審判事得直發勾引狀.

第一項, 被告人居住無定所者.【謂無緣爲勾喚, 故直爲勾引.】

第二項, 被告人有堙滅罪證, 若逃亡之懼者.

第三項, 被告人犯未遂罪若脅迫罪, 仍有將遂重其罪之懼者.【謂不止害公衆, 又且滋其罪, 勾引之, 乃所以保護之.】

第百二十二條 執行勾引狀者, 要將被告人押致拘該豫審判事.【勾引狀執行者, 謂如巡查之類.】

其被告人被拘引者, 要限四十八時內推問, 若有經過時限, 非更發付勾留狀, 須釋放之.【謂不日隨卽推問者, 押致時晷有難豫期者, 勾引狀無二日以往勾留之權, 故非再行勾留, 不得不釋放.】

第百二十三條 被告人先發勾引狀, 旣出在管外, 得躬就其現處豫審判事, 求其審查. 該豫審判事要權宜勾留被告人, 速通報之親管豫審判事.【謂管外判事未受親管判事請托, 則無由詳事情, 固不得推問. 然鈴束乃不得不爲, 故勾留之候親管處分. 但非有被告人請求, 不得行之.】

第百二十四條 於前項, 親管豫審判事, 要向他豫審判事【卽權勾留被告人者】明示所推問條件, 囑託其處分, 若請求將被告人照勾引狀押送.

其豫審判事. 受囑託者, 要先爲推問, 報之親管豫審判事, 叩其意見放免, 若照勾引狀宣告押送.

第百二十五條 被告人受勾喚若受勾引者, 病患或有他由, 不能應奉, 證明是實, 豫審判事得就其所在推問.【他由謂如祖父母, 父母疾病, 侍藥餌之類.】

但其被告人在所管外, 要就該處豫審判事囑託推問.

第百二十六條 勾留狀除被告人逃亡若第百二十三條所揭外, 非旣爲推問, 推測應該禁錮以上刑者, 不許發付.

第百二十七條 豫審判事, 自發勾引狀, 經過旬日, 要交換收監狀, 若照依第二百十九條規則, 責付被告人.【謂勾留期限以十日, 收監則無定期, 令狀中尤重者.】

於左項, 檢事得向豫審判事求停止責付, 更加十日間勾留.【謂檢事
雖有請求, 取舍惟判事所擇.】

第百二十八條 收監狀非旣經, 將豫審着手次序, 通報檢事, 且叩其意
見之後, 不得發付.

第百二十九條 收監狀要開載左項條件.

第一項, 被告事件及加重, 減輕槪略.

第二項, 法律正條.

第三項, 檢察官意見照會.

第百三十條 令條要開載被告事件及其名氏, 職業, 居處. 但除勾喚狀
外, 名氏不明白者, 要明示容貌體幹.【謂勾喚狀以發付本主若親屬, 必
要名氏, 居處. 若勾引, 勾留, 收監狀, 名氏不白者止記註物色.】

又要將發付年月時日註記, 豫審判事及書記幷署名捺印.

勾引, 勾留及收監狀, 竝令巡查執行.

第百三十一條 勾喚狀, 照依第二十三條規則, 令書記局使丁發付被告
人若其所居.

第百三十二條 勾引, 勾留, 收監狀施行本邦版圖內. 但有時造正本數
通, 撥付巡查數員.

執行前項令狀者, 要向被告人先示正本後, 下付謄本. 從第二十三條
第二項, 第四項規則.【謂勾引狀以往所及極廣, 但甲管涉乙管, 執行者不
得不互相囑託.】

第百三十三條 巡查執行令狀者, 推測被告人潛匿其家若他家, 要請戶
長若隣佑二名以上, 對同搜索.【謂家房人之所棲息, 闖入侵擾事係非常,
故不得眼同, 不許搜索.】

巡查不論發見否被告人, 要造搜索文憑, 偕對同者署名捺印.

家宅搜索, 日出日入前後, 不得行.

第百三十四條 豫審判事覺察被告人潛匿他管內, 若推測其所潛匿, 於

事件不容稽緩, 得將令將付巡查帶行。【謂潛逃固犯人常情, 雖逃於他管, 不容舍而不問, 況事情緊急者, 苟識其所在, 要派遣應捕人。】

其巡查要就被告人居處豫審判事, 檢事若司法警察官, 示令狀, 隨卽執行。

第百三十五條 豫審判事不能覺察被告人所在, 得將物色狀轉達各控訴裁判所檢事長, 請求搜查若逮捕。

其檢事長受請求者, 要令其管內檢事爲搜查若逮捕處分。

第百三十六條 向陸海軍在營軍人軍屬發付令狀者, 要示之該長官。該長官除有他故外, 要速發解該犯令應令狀。其於行軍之際, 亦如之。

第百三十七條 被告人受勾留狀若收監狀者, 要速勾致令狀所載監倉, 不能者, 得姑勾致附近監倉。其監倉長不論何等事情, 要檢閱令狀頒受被告人, 交付證票。

第百三十八條 巡查執行令狀者, 要將其得執行與否, 並註明正本。

但巡查要將係令狀執行文書, 納之書記局書記, 要交付受領證票。

第百三十九條 被告人該受勾留狀若收監狀者, 旣入監倉若獄舍。書記要發付之該犯, 將其事由註明正本及謄本。【謂已在監獄, 不復煩巡查。】

第百四十條 被告人除密室監禁外, 照依監獄則, 得須官吏對同接見親故若代言人。

其尺牘書籍文書, 非經豫審判事照檢, 不許被告人與外人私自授受。

但豫審判事得領留其文書。【謂檢視其有無弊害, 可否授受。】

第百四十一條 豫審判事推測犯情, 非應該禁錮以上刑者, 豫審間不分時日, 要求減令狀。

但係收監狀者, 要豫諮檢察官意見。【謂收監狀當初發之, 故叩檢察官所見, 故收之亦然。】

第百四十二條 凡監倉內要貯刑法, 治罪法二書, 隨被告拗請乞借與。

【謂被告人熟讀法典, 講明律意, 則自曉其權利所在, 能爲辯護, 自少頑梗執

拗, 非理上訴之弊。】

第二節 密室監禁

第百四十三條 豫審判事, 豫審中將密室監禁爲驗實, 必須得因檢事求
請, 或以其職權, 向被告人受收監狀者行其宣告。【謂本犯與共犯及他
罪犯雜居, 若接見親故代言人, 不免有通同掩蔽之患, 故權宜設此法。然非預
通報檢事, 得其意見, 不得行之。】

第百四十四條 被告人受密室監禁宣告者, 每一名置之別室, 非得豫審
判事允可, 不許接見他人若授受文書貨幣, 自餘物件。
但雖食物飮料藥餌自餘應關給物件, 令監倉長特所指名者給與。

第百四十五條 密室監禁不得超過十日, 但每十日得更命監禁。【謂密室
監禁柑制人體, 抑勒自由, 故不得不制限其時日。若過其日期尙要監禁, 須更
爲宣告, 不然, 不免爲擅自監禁人。】
若更命留禁, 要將其事由, 報告裁判所長。【謂防措置或涉恣橫, 審理有
陷延滯。】
豫審判事於十日間, 少尙要二回推問, 照依常規, 造審查文案。【謂
少尙要二回推問, 則其數回推問固法律所望, 違此規則, 被告人得
求其放釋, 或向其判事, 爲要償之訴。

第三節 證據

第百四十六條 凡於法律不得以被告事件形況, 推測而有罪。
其被告人供招, 官吏驗證文憑, 若證據物件或證佐人陳告, 鑑定人

申稟, 自餘諸色徵憑, 竝任從裁判官所判定。【謂斷罪雖須徵憑, 而不必執本條所揭爲斷定, 必對問辨論之際以裁判官有所明確覺察者爲要訣。】

第百四十七條　豫審判事要因檢察官民事原告人, 或被告人請求, 若以其職權, 蒐集證據, 徵憑所驗實必須者。【證據謂證罪有確據者, 徵憑謂證跡差有憑者。】

第百四十八條　豫審判事臨驗若搜索家宅[1], 勒住物件, 或推問被告人, 證佐人, 必要書記對同[2], 書記要造審査文案, 偕判事署名捺印。

若於裁判所外急遽之際, 不能得書記對同, 要別員二名對同。但就監倉推問者, 令該官吏一名對同。

在前項豫審判事辦理, 要自造審査文案, 朗讀訖, 偕對同人署名捺印。

其非得書記若別員對同者, 不成爲處分。

第四節　被告人之推問及對質

第百四十九條　豫審判事要先推問被告人, 但爲驗證若推問證佐人不容稽緩者, 不在此限。

第百五十條　豫審判事令被告人供推其罪, 不許用恐嚇若詐騙。

第百五十一條　書記要登錄推問及陳述, 向被告人宣讀。

豫審判事要先將其書詞向被告人問無錯誤否訖, 令署名捺印。不能署名捺印者, 須附記其事由。【謂豫審甘結於與他日公判陳述相爲照, 或向豫審終結宣告上訴者, 最爲吃緊。】

書記要記載照本條式履行, 偕豫審判事署名捺印。

1 　원문에는 '扥'이라고 되어 있으나 문맥으로 보아 '宅'의 오기로 보인다.

2 　'對'자 다음에 '同'자가 빠져있는 듯하다.

第百五十二條 被告人欲於所陳述[3]有所變更增減者, 要改爲推問, 照依前規登錄其推問及答述, 再朗讀訖, 署名捺印。

第百五十三條 被告人得求見其陳述狀謄本。【謂被告人辨護之權, 不得阻遏, 故欲驗其供狀齟齬, 則不得不下付。】

第百五十四條 豫審判事將對質於證明被告人爲共犯, 非誤認等一切情況, 爲緊要, 得令被告人與他被告人, 證佐人及自餘者對質。【謂豫審本係密勿, 對質非其本旨, 然若本條所云, 亦不得不用。】

第百五十五條 書記要登錄對質人所供述及由對質所生一切事件, 將其部分向對質人宣讀。【謂非對質部分則不宣讀者, 乃豫審所以係密勿也。】
第百五十一條及第百五十二條規則, 於對質亦用之。

第百五十六條 被告人若對質人聾者, 問用紙筆, 啞者答用紙筆。聾者啞者竝不識文字, 要用通事。其不通國語者, 亦如之。

第百五十七條 通事要傳驛以實宣誓。
書記要將審查文憑向通事宣讀, 令署名捺印。第百九十二條, 第百九十三條及第二百條規則, 於本條亦用之。

第五節 驗證及物件勒住

第百五十八條 豫審判事有於驗實爲必要, 要臨檢重輕罪犯所。
其有檢事請求者, 不論何等事情, 必須臨檢。

第百五十九條 豫審判事要將合證明罪質, 犯狀, 日時, 處所及被告人非誤認等情況, 開造文案, 又將應便益被告人情況, 登錄。【謂豫審判事非特證明被告人罪犯, 其應回護者亦要證明之。】

---

3 원문에는 '迹'이라고 되어 있으나 문맥으로 보아 '述'의 오기로 보인다.

第百六十條　豫審判事於臨檢去處所發見物件，思料其出處形狀，足識
認被告人非誤認，若其犯情者，要勒住簽印，造其目錄。但監護遞送
其物件爲書記責任。【物件謂如凶器，衣片及名氏勒記器具之類。】

第百六十一條　豫審判事臨檢，若家宅搜索，物件勒住等項，不及卽日
終結者，得閉鎖其周圍，若置看守人。

第百六十二條　豫審判事得臨檢被告人所居，若他人所居應疑藏匿驗實
物件去處。

其被告人若藏匿物件者不在其家，要同居親屬對同，親屬不在，要
戶長對同。【謂搜索人家，事係非常，故家主不在，則須戶長親屬眼同。】

第百三十三條第三項規則，於本條亦用之。

第百六十三條　被告人於臨檢及家宅搜索，得自對同，若令人代替。【謂
家宅搜索關被告人身家者非輕，故不得拒其眼同。】若被告人受勾留，不得
躬自對同，但豫審判事要其對同者，不在此限。

在前項民事原告人及代替人，亦得眼同。但豫審判事不得爲稽留豫審。

第百六十四條　豫審判事於家宅搜索，要依第百六十條規則勒住物件。

若勒住物件，要將其目錄謄本交付對同人。【謂示不奪物件所有之權，故
判事若不付謄本，則對同人得自求之。】

第百六十五條　豫審判事不分被告人對同否，物件勒住，要將物件示被
告人，令爲辨解。

其所推問及陳辨，要登載文案。

第百六十六條　豫審判事將在臨檢去處將開證佐人陳辨爲緊要，要令書
記對同，各別推問。

第百六十七條　豫審判事任前數條處分中，不論何等人，得禁。不須允
許出入其處所。

若有犯其禁者，得斥逐，若及終結其事抑留之。

第百六十八條　豫審判事雖係其所管內者，得因便宜將臨檢若家宅搜索

囑託該地治安判事。

第百六十九條 豫審判事將檢閱被告人若豫審干連人，或自他人所起發之文書電報，若物件爲檢實者，必須得向驛遞，電信，鐵道諸官署其餘會社【謂如海漕，陸運等之類】通知其事由，接受開拆之。但要交領收票回。

若前項文件現屬不用者，並要還付原處。

第六節　證人訊問

第百七十條 豫審判事要勾喚檢事民事原告人，若被告人所爲證佐人指名者。

其原被告證佐人員夥多者，要循其所指次序，若就爲最足驗實者。輕罪事件各限五名，重罪事件各限十名，先勾喚之。其爲驗實要多衆者，不在此限。

又豫審判事，雖原被告所不指名者，得以其職權，爲證佐之勾喚。

第百七十一條 證佐人，要用豫審判事名稱勾喚，但其令狀要遵第二十三條規則起發。

若證佐人在管外，要將令狀起發囑託該地輕罪裁判所書記。

第百七十二條 證佐人不於裁判所所在地方居住者，豫審判事得將其推問囑託其居住去處治安判事。【謂事體輕小者，雖在管內而居處稍遠，則不必自遠勾喚而轉其附近。】

若證佐人在管外者，得將其推問囑託該處豫審判事或治安判事。

第百七十三條 勾喚狀要登記證佐人名氏，居處及職業。又要登記出廷時日，處所及不應勾喚者科罰金，且有時勾引。【本項爲恐或有不曉律法，輒陷於刑者，故預以戒喩，非爲恐嚇也。】

勾喚狀, 其解到與出廷之間, 少尙要假與二十四時.【路程稍遠者, 除

其距離須又假與應分時日.】

第百七十四條　證佐人證明因疾病公務其餘事故不能服勾喚, 豫審判事

要就其所在推問.

第百七十五條　應爲證佐人者, 係陸海軍營內軍人, 軍屬【謂營內者, 分

非役者】, 將勾喚狀經由其所部長官起送之. 該長官要隨卽令其出廷.

若遭職務有礙障, 要向豫審判事陳其事由, 請求延期.

第百七十六條　證佐人除前二條礙障之外, 有不服勾喚者, 豫審判事要

叩檢事意見, 宣告罰金二圓以上, 十圓以下. 但不許向其宣告容異

議, 若爲控訴.【謂爲證佐人者, 辨白事情, 令犯人不漏法網, 又無罪者不陷

冤枉, 不翅爲民生公權, 而爲義務, 故不服勾喚者得罰之.】

豫審判事得向其證佐人再將勾喚狀幷罰金宣告狀起發, 若直發勾引

狀, 但其盤費, 令本人負擔.

若證佐人再不服勾喚, 應加倍罰金, 且有時發勾引狀.

第百七十七條　豫審判事於證佐人不服勾喚至一再次, 證明該狀式違規

則, 若有預難辨知的事實, 故不能出廷者, 要叩檢事意見, 消除罰金

宣告.

第百七十八條　證佐人因勾喚出廷者, 要將其勾喚狀解付書記. 若有遺

失, 要證明其非別人.

第百七十九條　豫審判事要向其所勾喚證佐人問訊名氏, 年甲, 職業,

所住及係第百八十一條所開載者否.

第百八十條　豫審判事要令證佐人將無愛憎, 無畏懼, 申陳以實宣誓.

豫審判事向證佐人, 將其宣誓文朗讀訖, 令署名捺印. 若不能署名

捺印, 要附記其事由.

其宣誓文, 要附訴訟文書貯藏.

第百八十一條　左項所開載者, 不許爲證佐人, 但得參照聽其申陳.

第一項, 民事原告人。

第二項, 民事原被告之親屬。

第三項, 民事原被告人後見者若受其後見者。【後見猶曰攝也, 謂在人背後教令補助者, 家主係幼癡廢疾則例置之。】

第四項, 民事原被告人雇者。

第百八十二條 左項所開載者, 亦與前條同。

第一項, 十六歲以下幼者。

第二項, 知覺精神不足者。

第三項, 瘖瘂者。

第四項, 被剝奪公權, 若停止公權。【謂剝奪無限而停止有限。然停止中, 亦與剝奪同。】

第五項, 事係重大, 受轉移重罪裁判所宣告, 若事雖係輕罪, 合該重禁錮, 既付公判者。

第六項, 就現應申陳事情, 曾受訴訟, 以證憑不白, 得免訴宣告者。

【謂其受訴, 犯罪去處時日, 情況罪名刑名殺害者, 并與現應申陳事件無毫相殊, 故雖得免訴宣告, 事涉嫌疑, 不得爲證佐人。】

第百八十三條 爲證佐人不肯宣誓, 若雖宣誓而不肯申陳者, 豫審判事要叩可檢事意見, 照依刑法第百八十條, 宣告罰金。但不許向其宣告容異議, 若爲控訴。

醫師, 藥商, 穩婆, 若代言辨護, 代書公證諸人, 或神官, 僧侶, 受係職業密囑者, 不在前項之例。【謂本項諸人, 於職業上所知得隱情, 雖掩蔽之, 非法律所罪, 而因勾喚漏, 判事亦不爲漏洩。刑法第三百六十條可參見。】

第百八十四條 凡證佐人要與他證人及被告人各別推問, 其爲驗實必要者, 乃得令對質。【謂證佐人混同則有扶同作弊之患, 然其所陳述各有齟齬者, 須對質方得白。】

第百八十五條　豫審判事令證佐人, 申陳確實, 以犯處同臨, 爲必要者, 得同臨重輕犯罪處及其餘去處。若證佐人不肯同臨者, 要照第百七十六條規則, 宣告罰金。

第百八十六條　第百五十六條, 第百五十七條規則, 亦適用之證佐人。

【謂證佐人係外國人, 則判事, 書記解得外語, 必不得不用通事, 聾啞亦如之。】

第百八十七條　證佐人係皇族若敕任官, 豫審判事要與書記俱就其所在, 聽其陳述。

第百八十八條　書記要將證佐人所申陳, 各別造文案, 該文案要登載證佐人行否宣誓事由。

第百八十九條　豫審判事要令證佐人知其所申陳有無錯繆, 命書記朗讀文案。

證人於其所申陳, 得請求變更增減。

書記要於文案上登載其請求及變更增減條件, 與豫審判事及證佐人偕署名捺印, 若證人不能署名捺印, 當附記其事由。

第百九十條　證佐人於得隨卽要求出廷盤纏日給費。【謂爲人證佐, 雖屬民生義務, 若其費用, 非可自負, 故得要求。】

若證佐以日所得爲生理者, 得除盤纏外, 更要求其日所得齊等償金。

【本條二項費用, 始自裁判所給付, 待裁判甘結之後, 令理屈者辦償】。

在本條, 豫審判事要算定其金額以宣告。

第七節　鑒定

第百九十一條　豫審判事爲驗明罪質犯狀及甘結, 將鑒定人爲必須者, 要令其係學術職業者一名若數名鑒定。【謂如係毒殺者, 解剖尸體, 分析毒質, 毆傷者, 視察輕重, 驗覈器物, 僞造寶貨者, 溶解分析, 驗混和物, 皆非

判事所能, 必不得不要醫師, 化學, 礦學者。】

第百九十二條 鑒定人要用書記局以令狀勾喚, 其式須登錄‘命鑒定’及
‘不服勾喚, 應合宣告罰金’。

鑒定人不服勾喚, 要照依第百七十六條規則處斷, 但不得起發勾引
狀。【謂鑒定人設不服勾喚, 得復命餘人。與證佐人必要其人者殊, 止命罰
金, 不許勾引。】

第百七十七條規則亦適用之本條。

第百九十三條 鑒定人要將‘鑒定以正實’宣誓, 該式從第百八十條之例。

書記要於鑒定令狀, 紙尾登記鑒定人行宣誓, 而將宣誓文附搭之。

第百九十四條 鑒定人不肯宣誓, 若雖宣誓而不肯鑒定者, 豫審判事要
叩檢事意見, 照依刑法第百七十九條, 宣告罰金。但不得向其宣告
容異議, 若爲控訴。

第百九十五條 第百八十一, 第百八十二條所開載者, 不得命以鑒定,
但急遽之際闕其人, 得惟爲參驗命鑒定。

第百九十六條 豫審判事要務對同鑒定。

第百九十七條 豫審判事得因鑒定人乞望若以其職權, 增加其員或命之
別人。

第百九十八條 鑒定人要自造鑒定帖, 詳錄其次序及所檢覈核, 要將其
所推測登錄。

若鑒定人各殊意見, 要各自造鑒定帖, 若於一鑒定帖上登錄各個意見。

第百九十九條 鑒定人要於鑒定帖上開載年月日, 署名捺印及契印。

又豫審判事要於鑒定帖上登記受領年月日, 與書記偕簽印。

鑒定帖要附搭其令狀。

若外國人爲鑒定, 要將裁判所所命通事譯文, 併附人鑒定帖。

第二百條 鑒定人及通事要給與盤纏, 雇工錢其餘費用。

第八節 現行犯豫審 【現犯治罪, 本貴急速, 以防犯人在逃, 證憑湮滅, 故設此一節以示變則。】

第二百一條 豫審判事先檢事認識有現行輕重罪, 而該事件要急速, 不須檢事求請, 得徑報事由, 先開豫審。

豫審判事得臨檢犯所, 起發令狀, 及照依此章所定規則, 爲豫審處分。【謂推問被告, 證佐, 鑒定諸人, 搜索家宅, 勒住物件等, 并得行之。】

第二百二條 在前條, 豫審判事雖無檢事起訴, 旣造檢證文案, 爲受理公訴該案。要記載現犯係[4]重罪若輕罪。

豫審判事要速將文書送致檢事。但檢事所見雖將爲該豫審非合繼續者, 要遵通常規則結結之。

第二百三條 檢事先豫審判事認識有輕重罪, 不須豫審判事, 得通報事由, 臨檢犯所, 行判事處分。但不得行發罰金宣告。【謂檢事無判決罪犯之權, 故雖臨時爲判事處分, 不得向證佐, 鑒定人宣告罰金。】

聽證佐人及鑒定人陳告, 不要用宣誓。

第二百四條 檢事在前條, 要將意見書附證憑文書, 速起發之豫審判事。

【謂檢事本代判事權, 攝其職, 則不得擅也。】

第二百五條 第二百三條所假檢事職務, 司法警察官亦得權攝之, 但不得起發令狀。

司法警察官要將意見書附證憑文書, 倂被告人起發之檢事。【謂自被告人, 若從巡查接受, 要倂被告人起送。】

第二百六條 檢事攝受被告人, 要限二十四時內推問, 造作文案。不分起發勾留狀, 將請求書附一切文書, 起發之豫審判事。

若認爲不合起訴者, 要徑放免被告人。

4　원문에는 '條'라고 되어 있으나 '係'의 오자로 보인다.

第二百七條 豫審判事要二十四時間推問被告人, 其檢事所發勾留狀解
　　否, 任其事宜。

第二百八條 豫審判事得就檢事若司法警察官措置次序, 更爲審查。但
　　檢事若司法警察官文案, 要附訴訟文書。【謂檢事, 警察官雖嚮就現犯
　　爲豫審措置, 或不密, 或違式, 亦不可知, 故判事得更爲審查。但其文案儲以
　　供條攷。】

第二百九條 檢事於輕罪係現犯者, 不分起發勾留狀否發, 推問被告人,
　　思料不須求豫審, 得徑勾喚之輕罪裁判所。

第九節 保釋
【保釋者, 得保證而解釋也。凡被告人不至審讞宣刑之間, 待其
人以無罪, 是爲治罪要義, 一曰保釋, 二曰責付保釋, 以金圓保其出廷。責付惟
責之其人, 二者惟在判事所命耳。但時不免有在逃若堙證之懼, 於是不得已而
勾留耳。】

第二百十條 豫審判事於豫審中得因被告人受勾留若收監狀者請求,
　　叩檢事意見, 令該人以文書保證不分時日必就勾喚, 而後允可保釋。
　　若被告人無能力, 得令親屬若代替人請求保釋。【謂幼癡瘋癲不得自理
　　財産者, 不能出保證金, 故令別人代請。】

第二十一條 前條文書要納之書記局。
　　若於保釋中勾喚被告人, 要先出廷二十四時, 豫爲通報。

第二百十二條 允可保釋, 要令被告人以金圓保證出廷, 但豫審判事須
　　定其金額, 記注於保釋宣告狀。【謂保釋不止納證單, 必令以金圓者, 以
　　防在逃之患耳。若其金額, 則事有輕重, 人有貧富, 不可槪定, 故臨時定之。】

第二百十三條 其爲保證, 要被告人若別人將保證金若貯金預所【受人
　　財貨稱貸收息者】, 或銀行受寄證書, 納之書記局。【謂預所及銀行證單,

雖許之, 其見貨而私相借貸文契, 不許用。】

又饒有財力而住裁判所管內者, 得納應合充金額保證書。

第二百十四條　被告人保釋中應就勾喚, 而無故不就勾喚者, 要沒入保證金全額若幾分許。【謂沒入不同, 由情不由一。】

第二百十五條　沒人保證金, 豫審判事要叩檢事意見爲其宣告。【本條謂所沒收, 非金額, 則還付剩餘, 若係證單, 則兌換見貨, 有餘亦應付之, 不足更要徵收。】

若係別人保證, 要照依事規則徵收。【謂照證書徵收金圓。不肯, 則訴民事裁判所亦不妨。】

第二百十六條　豫審判事旣沒入保證金, 要勾消保釋宣告。【謂旣消保釋, 則不得復不勾留, 盖由乖前約, 不免有他日不出廷之虞。】

又豫審中勾消保釋宣告, 爲緊要, 要叩檢事意見勾消其宣告。【謂設允保釋, 認有在逃, 若堙誕之虞, 要消其宣告。盖保釋原在判事權內, 故勾消之, 亦屬其便宜。】

第二百十七條　豫審判事於保證金沒入後爲免訴, 若移違警罪裁判所, 或以合該罰金, 移之輕罪裁判所宣告, 要叩檢事意見, 還付旣沒金圓。【謂在法律罰金以下輕犯, 不許勾留, 況於免訴乎? 此條係判事當初誤認爲措置後覺察平反者。】

第二百十八條　豫審判事爲前條宣告若勾消保釋宣告, 要還付保證金。

第二百十九條　豫審判事不分有無請求保釋, 叩檢事意見, 得將被告人責付其親屬或故舊。【謂保釋殊於責付者, 保釋必要請求保證, 責付不趐不要請求, 亦不要保證, 特其所任責在親故耳。盖被告事件雖罪該禁錮以上, 係顯貴或財產有力者自無逃亡之虞, 故特責付之其人耳。】

第十節 豫審終結

第二百二十條 豫審判事將被告事件爲非其所管【謂係罪質, 犯所若被告
人身位者】, 若思料不有別所審查, 爲因豫審終結處分, 求檢事意見,
要起送一切訴訟文書.

檢事要將意見附訴訟文書, 限三日內還付.

第二百二十一條 檢事思料將豫審有所不滿意, 得就該條件請求更爲審
查. 若豫審判事不肯從其請求, 檢事要將意見附訴訟文書, 限二十
四時內還付.

第二百二十二條 豫審判事不問檢事意見何如, 要以後條所記載宣告終
結豫審.【謂假如檢事認爲重罪, 判事以爲法律所不問, 則宣告免訴亦惟其
所爲. 然檢事以爲不當, 固有上訴之權.】

第二百二十三條 豫審判事將被告事件認爲非其所管, 要宣告其事由.
若爲要勾當[5], 須保存前發令狀若新發令狀, 將該事件交付檢事.【謂
判事雖勾留被告人而, 認爲非管, 關係旣絶, 故要送付該件.】

第二百二十四條 於左項, 豫審判事要行免訴宣告, 而被告人受勾留者
行放免.

第一項, 犯罪證憑不明白者

第二項, 被告事件不成罪者【告親屬相盜類】

第三項, 公訴屬期滿免除者

第四項, 經確定裁判者

第五項, 有大赦者

第六項, 在法律全免其罪者【若證佐人首告其訴之類】

於本條, 被害者不經由民事裁判所, 不得爲要償之訴.【謂豫審止判斷

---

5 '當'자는 '留'자의 오기로 보인다.

有無罪犯, 不及於讞決曲直, 是豫審之所以殊公判也, 故不得行私訴裁判。】

第二百二十五條 將被告事件思料係違警罪, 要行轉移違警罪裁判所宣告, 而被告人受勾留者要行釋放宣告。

第二百二十六條 將被告事件思料輕罪, 要行轉移輕罪裁判所宣告。

被告人受勾留, 思料合謂該罰金者, 要行釋放宣告。【謂罪金之刑, 不許勾留。】

思料合該禁錮者, 得允保釋及責付。

若被告人未受勾留, 得起發令狀。【謂合該禁錮以上之刑者。】

第二百二十七條 將被告事件思料重罪, 要行轉移重罪裁判所宣告。若旣允保釋若爲責保, 要勾消其宣告。

轉移重罪裁判所, 宣告狀要將"及得控訴裁判所檢事長指揮, 姑合於本所監倉禁被告人"記註。

第二百二十八條 豫審終結宣告, 要照依事實及法律, 附白其理由。

其行非管宣告, 若合勾留被告人者, 要明示其原由。

其行免訴宣告, 要明示被告事件不成罪, 若公訴不應受理及其原由。

其犯罪證憑不明白者外, 同。

其行轉移違警罪, 輕罪若重罪裁判所宣告, 要明示罪質, 犯狀, 證憑明白者及該其罪律法正條。

第二百二十九條 前條宣告狀, 要照依第百三十條規則, 明揭被告人名氏。

第二百三十條 書記要將豫審終結宣告狀謄本, 速起送檢事, 民事原告人及被告人。但此等諸人, 得照依第二百四十六條以下規則, 向其宣告起障礙。【起障礙謂, 求覆審於會議局, 猶公判有控訴。】

第二百三十一條 被告人不就逮捕, 行轉移重罪裁判所宣告。若依合該禁錮輕罪, 行轉移輕罪裁判所宣告。要於該狀上記注其由。但被告人非現受勾留, 不得向其宣告爲上訴。【謂豫審事件認爲非其所管,不分被告人就捕與否, 要爲轉移宣告所, 不得起障礙若爲上告。

第二百三十二條 於前條, 檢事若民事原告人, 得向民事裁判所請求勒住被告人財産。【謂被告人典賣財産, 則一恐資其潛匿, 一恐喪其賠償之資。】

第二百三十三條 行豫審終結宣告, 豫審判事要向裁判所長速報告其由。又每十五日, 要將豫審未決事件摘錄申告。

第四章 豫審上訴

第二百三十四條 於左項, 豫審未及終結之間, 檢事若被告人不分時日, 得起障礙。

第一項, 抛棄非管申陳者

第二項, 違法律發令狀若不發令狀

第三項, 違法律行保釋責付若不行者

第四項, 有越權處分者

民事原告人, 於第四項得就私訴起障礙。【謂民事原告人止要賠償, 無關公訴之權, 故非係私訴處分, 不許起障礙。】

第二三十五條 欲起障礙者, 要向當該裁判所書記局納詞狀。

有起障礙者, 書記將其詞狀謄本起發對手人, 得限三日內, 納答辯書。

豫審處分不因起障礙停止施行, 但由保釋責付, 檢事起障礙, 停止其施行。【謂起障礙者, 不必出公正, 或妨公, 是亦不可測, 故不拘障礙, 無停處分。但保釋責付則停止處分, 待會議局判決。】

第二百三十六條 其係障礙者, 要於當該裁判所會議局須判事三名以上, 依詞狀答辯其餘訴訟文書及檢事意見書判決。【謂向公判、闕席裁判起障礙者, 雖令前官管理, 而豫審障礙不許前官干預。而豫審固無原被告對辯

之法, 故會議局判決亦專據文書。】

會議局宣告, 須速施行, 但待經豫審終結宣告之後, 方始得向其宣告爲上告。【謂非經豫審終結宣告, 不得辨終判之理非, 故不許半途而上告。】

第二百三十七條 於左項, 乃及豫審終結, 檢事、被告人若民事原告人, 得忌避豫審判事。

第一項, 豫審判事若其优儷, 與被告人、被害者若其优儷係親姻者

第二項, 豫審判事爲被告人若民事原告人之後見人者

第三項, 豫審判事若其优儷自民事原告人、被告人若其親屬收受贈遺若聽許者

第二百三十八條 忌避, 要陳請豫審判事, 但其陳請須將詞狀二通納書記局。

書記要將詞狀起發豫審判事, 豫審判事要自受起發, 限二十四時內, 將其可否附起詞狀紙尾, 一通貯藏書記局, 一通起送本人。

第二百三十九條 豫審判事抛棄忌避陳請, 陳請人得起障礙。

會議局要依障礙詞狀及豫審判事辯明狀行判決。

第二百四十條 豫審判事雖有陳請忌避者, 若緣抛棄陳請有起障礙者, 豫審次序尚要繼續循辦, 但不得行終結宣告。

事件不要急速者, 得停止豫審次序。

第二百四十一條 會議局抛棄忌避, 障礙者得爲上告, 但非經豫審終結之後, 不得上告。

第二百四十二條 豫審判事躬自認識有第二百三十七條所定原由, 若思料應合回避者, 要向會議局陳請回避。

回避陳請, 要於會議局判決。

第二百四十三條 在會議局允可避忌若回避陳請, 裁判所長要更令他判事爲豫審。該判事雖有前判事處分, 得因檢事其餘訴訟關係人之請求, 若以職權更爲審查。

第二百四十四條　書記得躬自回避, 若自檢事其餘訴訟關係人陳請, 會
議局令其忌避。

第二百四十五條　檢察官不得自被告人若民事原告人忌避, 但思料應合
躬自回避者, 得向會議局陳請。【謂檢察官須要證明罪犯適用其刑, 原被
告原無無忌避之理, 故許回避, 不許忌避。但事係親故, 不得不躬自回避, 然
其可否尚仰之會議局。】

檢事補思料應合躬自回避者, 要陳請檢事, 要允可陳請。

第二百四十六條　檢事得向豫審終結宣告槪起障礙。

民事原告人就私訴上有越權處分, 得向豫審終結宣告起障礙。

被告人得向移重罪裁判所宣告起障礙, 而向移輕罪若違警罪裁判所
宣告, 自非豫審判事非管越權若轉移裁判所非管, 不得起障礙。【謂
重罪利害所關甚鉅, 故不問原由得槪以起障礙。輕罪以下差薄, 故立之限制,
不許猥起障礙。】

第二百四十七條　起障礙者限一日間, 自宣告狀到達起算。

第二百四十八條　檢事, 民事原告人及被告人起障礙者, 要將詞狀納書
記局, 書記須速通報對手人。

起障礙者要限三日間將詞狀納書記局。

書記將詞狀速起發對手人, 對手人得限三日內納答辯書。

第二百四十九條　有起障礙者, 對手人及其判決, 不分時日, 得起附帶
障礙。【附帶障礙, 謂賴他有起障礙者, 對手亦附帶而起他件不服之訴。】

有起附帶障礙者, 書記要將其詞狀起發對手人, 對手人得限三日內
納答辯書。

第二百五十條　豫審終結宣告障礙期限內又有起障礙者, 及其判決, 停
止施行。但於勾留被告人若勾消保釋責付宣告, 不停止其施行。【謂
向宣告起障礙者, 由宣告或有不確當者耳。但因恐在逃而爲勾留, 由輕罪移
重罪勾消保釋責付者, 不拘障礙也。】

第二百五十一條　書記要將障礙詞狀答辯書其餘訴訟文書納會議局。

第二百五十二條　會議局要照依第二百三十六條規則，行障礙判決。

可豫審判事宣告，須依其宣告若全然勾消，或將其幾部分勾消，要更行宣告。

又得行將被告人保釋責付若勾留宣告。

第二百五十三條　會議局將障礙爲緊要，要令判事一名更爲豫審，若就其所指條件，更行審查，發其報告狀。

第二百五十四條　會議局於障礙審查之際，發見非管越權若公訴不合受理等項，得以職權勾消豫審判事宣告。【謂凡裁判官者，不訴不理爲原則，然事情重大，有係公益者，法律中特立變則，此條卽其一也。】

第二百五十五條　會議局於障礙審查之際，發見有不受共犯起訴若附帶罪豫審者等項，要因檢事請求若以其職權，令判事一名爲豫審，發其報告狀。【謂正、從犯符同犯罪，若彼此罪情相纏結者，合倂審理，則易於判決，故雖無[6]檢事請求要爲豫審。】

檢事要納意見書。

會議局要憑依報告狀其餘訴訟文書倂障礙判決。

第二百五十六條　有障礙判決，要速將其宣告謄本起發檢事、民事原告人及被告人。

第二百五十七條　檢事其餘訴訟關係人，得向會議局宣告爲上告。

第二百五十八條　應合向被告人起發宣告狀，記其得上訴及其期限，無其登記者，照規則，至再得宣告狀。被告人不得失上訴之權。【謂宣告書中載得上告及其障礙，是法律要旨，所以保護被告人君令。被告人不曉律義，則雖有上訴之權，不知行之，徒經期限，自取敗屈。】

第二百五十九條　第三百十一條迄第三百十三條規則，亦適用之豫審

6　원문에는 '無'자가 빠져있으나 문맥에 의거해, 또 『일본국지』에 의거해 보충하였다.

上訴。

第二百六十條 重罪裁判所轉移宣告一定, 檢事要將一切文書附其宣告狀, 速起發控訴裁判所檢事長。【謂向判事宣告, 於期限內無起障碍者, 雖其障礙, 會議局仍是原案, 而無上告者, 亦雖爲上告, 而大審院亦仍是原案宣告, 不可復動者。】

檢事長要將一切文書證據物件及轉移被告人重罪裁判所等處分, 命之檢事。

重罪裁判所以外, 裁判所轉移宣告一定, 檢事要速施行。

二百六十一條 被告人於豫審得免訴宣告, 而宣告一定, 雖有變更罪名者, 事件同一, 則不要更受訴。但有新證憑者, 不在此限。

其有新證憑者, 檢事發之會議局, 會議局要判決應合允否其起訴。

【謂斷所謂新證果殊否舊證, 必定之會議局, 所以愼重其事也。】

第四編 公判 【謂受諸豫審判事起送罪案, 若直勾喚裁判所推問辯論以爲判決, 曰公判云者, 稱人環聽中, 公明判決之謂。】

第一章 通則

第二百六十二條 訴訟事件要循書記局檔簿所登錄次序, 付之公判。【謂若錯亂前後, 恐訴訟人有幸不幸之差。】

裁判所長得爲短縮未決勾留日數, 以其職權變更次序。【謂勾留非若保釋責付之得自由, 故期日未決定者, 裁判所長得爲短其日數, 換變次序。】

又事由要重, 而檢察官其餘訴訟關係人有所請求, 亦得變更次序。

第二百六十三條 重罪, 輕罪, 違警罪推問辯論及裁判宣告, 須要公行之, 否則爲不成宣告。【是治罪要義。謂非稱人耳目所屬而公行裁判者, 則

嫌或有涉於偏私。】

第二百六十四條　被告事件有害公安若涉猥褻、虧風俗之恐, 於裁判所得因檢察官請求, 若以其職權, 禁推問及辯論傍聽。至於行裁判宣告, 要許傍聽。【謂其禁傍聽, 必以裁判所命, 而非裁判長一己所得擅斷, 故曰於裁判所。又非民事原被告所得請求, 故特係之檢察官。】

第二百六十五條　被告人在公庭不受身體拘束, 但有時易置守卒。【謂被告人於公庭外雖或有受鈕索, 一入公庭則解釋之, 縱其身體。但有逃亡躁擾之恐者, 而始附看守。】

被告人合該禁錮以上刑者, 非有病故而不肯出庭, 得勾致之。若雖出庭, 不肯辯論, 要看做對質, 行裁判宣告。【謂合該罰金勾留科料者, 不必勾致, 而得裁判宣告。故特係之禁錮以上刑。】

第二百六十六條　被告人得爲辯論, 用辯護人。【此條最爲本法中要旨, 盖法庭之嚴肅自生畏懼之心, 有不能肆辯論盡蘊奧者, 故不分罪之輕重, 聽用辯護人, 方始得情實矣。】

辯護人要就裁判所所屬代言人中選用, 但得裁判所允可, 雖非代言人, 亦得爲辯護人。【謂諸裁判所例置代言人, 熟練律典, 不致疏繆。然被告親故有或請自辯護, 得其允可者, 爲辯護人亦不妨。】

第二六十七條　被告人在公庭暴亂若喧嘩, 妨礙辯論, 裁判長再加戒諭, 仍不肯從者, 得因檢察官之請求, 若以其職權退廷, 或勾留之。

在前項, 得看做大[7]審, 仍爲辯論, 及行裁判宣告。若辯論涉二日, 要令被告人出庭。【謂退庭勾留其所自招, 雖非審審不得向裁判宣告起障礙。然一日間仍不終辯論, 則再令被告人出庭者, 要務得其心服。】

第二百六十八條　被告人因精神錯亂若疾病不能出庭者, 及其痊可, 停止論辯。

7　'大'자는 '對'자의 오기로 보인다.

若方在辯論之際, 精神錯亂, 要待其痊可, 新起辯論。罹他病者, 要續其餘論, 但五日間停止辯論, 若檢察官其餘訴訟關係人有所請求, 要新起辯論。

若被告事件及法律定擬旣結辯論, 要痊可之後, 不須更爲審查, 可行裁判宣告。

第二百六十九條 被告人合該禁錮以上刑者, 雖公判之日不出庭, 非有將豫審終結宣告狀若勾喚狀解付本人證憑, 不要爲闕席裁判。【謂限禁錮以上者, 義與第二百六十五條第二項同。】

其不能將豫審終結宣告狀若勾喚狀解付本人者,【謂如豫審若公判之際, 被告人逃亡之類】要定假與期限, 而將其期限內不出廷, 應爲闕席裁判, 造報單, 起發親屬若戶長。

第二百七十條 闕席被告人不許用辯護人, 但其親屬故舊得證明被告人不能出庭事由。

若於裁判所認其事由爲正當, 得叩檢事意見, 延裁判期。

第二百七十一條 被告人內一名若數名雖不出庭, 要就其出庭者, 照依常規爲對審裁判。

第二百七十二條 裁判長在公庭要爲諸般齊肅, 爲應分處置。【本條以下係公庭齊肅處分。】

有喝采、誹謗, 其餘妨礙辯論者, 得制止若退廷。

第二百七十三條 有於公庭犯輕罪、違警罪者,【謂如傍聽人詬罵裁判官吏之類。若被告人犯之, 須幷之本案, 照數罪俱發之例處斷。】不分身位何如, 要以裁判長命勾住, 叩檢事意見, 直爲裁判, 若行付他日公判宣告。

書記要就犯罪事件及裁判長處分, 隨卽造文案。

第二百七十四條 於前條在違警罪裁判所, 要違警罪爲終審裁判, 輕罪爲始審裁判。

其於輕罪裁判所其餘上等裁判所者, 要輕罪爲終審裁判。【謂係裁判

所現犯者, 莫切實於現官, 直爲裁判, 此所以裁判所管有變例。】

第二百七十五條 有於公廷犯重罪者, 裁判長要推問被告人及證佐人, 造作文案, 叩檢察意見, 照依常規爲裁判, 行解付豫審判事宣告。

【謂重罪須裁判官五人而合裁判者, 則不合用變例, 必依常規。】

第二百七十六條 於裁判所不要裁判不受訴事件, 但辯論中所發見附帶事件, 及公庭內犯罪, 不在此限。若附帶事件, 將豫審爲必要, 得停止本案裁判。【謂兩案重疊, 則判事難爲審查, 故姑閣本案。】

第二百七十七條 檢察官、被告人及民事干連人, 無論始審、終審, 至得本案裁判宣告, 不分時日, 爲非管若公訴非合受理陳書。【謂民事原告人不過有賠償請求之權, 故不與此件。】裁判所得以其職權, 爲非管若公訴非合受理宣告。

第二百七十八條 於裁判所抛棄前條陳訴, 得不待本案裁判宣告, 直爲控訴若上告, 乃停止本案辯論。【謂一及控訴上告, 則裁判是非未有所歸宿, 故姑停辯論。】

第二七十九條 檢察官其餘訴訟關係人, 認有第二百三十七條所定原由, 得向違警罪、輕罪控訴, 若重罪各裁判所裁判官及書記陳請忌避。

【謂歷擧各裁判所者, 所以別大審院。盖大審院裁判官不得忌避。】

裁判官爲豫審, 又干預公判, 若爲始審裁判, 又干預其終審裁判者, 亦同。

第二百八十條 忌避至得本案裁判宣告, 不分時日陳請, 有陳請忌避者, 延捱本案辯論。

第二百八十一條 陳請忌避若回避, 【自訴人而曰忌避, 自受訴者而曰回避, 其實一也。】及爲判決, 照依第二百四十五條所定規則。

第二百八十二條 抛棄忌避若回避陳請, 要繼續前日停止以後次序。但五日間停止辯論者, 要新起辯論。【新起辯論者, 義與二百六十八條第二項同。】

其因災變厄難停止訴訟次序者, 亦同。

第二百八十三條 證據合用之公判者, 與合用豫審者同。

第二百八十四條 裁判長得因檢察官其餘訴訟關係人請求, 若以其職權, 將豫審中管轄官吏所作之文案, 令朗讀。【謂豫審判事所造文書, 極爲 完全精確, 故公判之際, 不復須審覈, 朗讀而足。】

這般文書與原被告證佐人所陳述, 同其效驗。

第二百八十五條 造文案司法警察官, 得自檢察官其餘訴訟關係人爲證 佐人, 若以裁判所職權勾喚, 豫審判事得爲令辯明文案。因裁判所 職權若自檢察官其餘訴訟關係人得該所允可勾喚。【謂判事不得自訴 人勾喚, 若文案中有朦朧, 則必須裁判所公權, 或公允方許勾喚。】

第二百八十六條 旣於豫審所推問證佐人, 得復勾喚之。【謂公判以對面 辯論爲本旨, 與豫審專據文書爲判決者殊, 故公庭朗讀之際, 或令勾喚口陳。】

其豫審中所登錄之證佐人陳述書, 於不勾喚該人, 若不服勾喚, 或 比較豫審公判陳述, 得因檢察官其餘訴訟關係人之請求, 或以裁判 長職權令朗讀之。

第二百八十七條 第百七十八條以下規則, 亦適用之公判證佐人。

第二百八十八條 證佐人不許互相言語, 又不許先於陳述而對同辯論。

第二百八十九條 證佐人要循左方次序推問。

第一項, 因檢察官所請求所勾喚證佐人

第二項, 因民事原告人請求所勾喚證佐人

第三項, 因被告人及民事干連人請求所勾喚證佐人。

第二百九十條 證佐人有數名, 要逐名氏目次推問。【謂原被告證人次序, 雖若前條所云, 而原被證人各有數名, 則就中亦逐其次序。】

第二百九十一條 證佐人及被告人, 自非裁判長, 不得推問。

陪席判事及檢察官, 得請裁判長推問證佐人及被告人。

訴訟關係人得爲令條件緊要辯論者明瞭, 向裁判長求證佐人推問。

第二百九十二條 證佐人陳述故意不以實, 思料罪合該條[8]錮以上刑者, 於裁判所要因檢察官其餘訴訟關係人請求, 若以職權勾住, 行以勾引狀, 解付豫審判事宣告。

其證佐人陳述, 要書記登錄, 起發豫審判事。

於本條, 在裁判所得因檢察官其餘訴訟關係人請求, 若以職權, 就本案事件宣告裁判延期。

第二百九十三條 證佐人不服勾喚者, 於裁判所要隨卽叩檢事意見, 宣告左項科料罰金。但不許向其宣告起障礙及爲控訴。

第一項, 係違警罪事件者, 科料五十錢以上, 一圓九十五錢以下。

第二項, 係輕罪以上事件者, 罰金二圓以上, 十圓以下。

若被告人闕席, 雖證佐人不服勾喚, 不得宣告科料罰金。【謂旣無害被告, 又不遲延裁判, 無應罰理由。】

第二百九十四條 前條宣告狀, 要書記隨卽其發本人。其受宣告者, 限三日內證明其事由。於裁判所, 要叩檢事官意見, 勾消科料若罰金宣告。但於重罪裁判所閉廳之後者, 要向現開裁判所申訴。

第二百九十五條 證佐人不服勾喚, 得因檢察官其餘訴訟關係人請求, 若以裁判所職權, 行公判延期宣告。【謂非將證佐人推問爲緊要, 輒不得延捱公判期日。】

檢察官不自爲請求者, 要就公判延期陳白意見。

第二百九十六條 證佐人再受勾喚, 仍不出庭, 要叩檢察官意見, 宣告加倍前項額科料罰金, 及償再次勾喚費用, 亦得照前條再延捱公判。

但延期之後要向其證佐人發勾引狀。

第二百九十七條 第百九十一條以下規則, 亦適用之公判新命鑑定人。

其不服勾喚者, 要照第二百九十三條規則處分。

8　'條'자는 '禁'자의 오기로 보인다.

爲令鑑定人辯明所鑑定事件, 更爲勾喚, 要照依就證佐人所定前數
條規則處分.

第二百九十八條 被告人係聾啞若不通國語者, 依第百五十六條, 第百
五十七條規則.

第二百九十九條 被告人有數名, 裁判長先陳其意見, 又叩檢察官其餘
訴訟關係人意見, 以定推問次序. 但裁判長爲驗實必要, 得以職權
變更其次序.

第三百條 證憑終查之後, 要檢察官、民事原告人、被告人并辯護人及
民事干連人挨次發言.【謂檢察官爲擬律, 民事原告人爲要償, 發言.】
檢察官其餘訴訟關係人其陳述, 不得自他妨碍. 檢察官其餘訴訟關
係人得迭爲辯論, 但於辯論終末, 要令被告若辯護人發言.

第三百一條 檢察官雖拋棄公訴, 而於裁判所要就本案爲應分裁判.【謂
公訴所爲公衆而起者, 故雖檢察官中間拋棄, 而裁判所則不得不讞其案, 是
公訴之所以殊於私訴也.】

第三百二條 辯論中就公判次序有容異議, 於裁判所要叩檢察官意見, 徑
直判決. 但其控訴若上告, 非經本案裁判宣告之後, 不得爲.【謂異
議多由於妨碍訴訟延捱裁判故也.】

第三百三條 民事干連人得不分始審終審及何等時日, 干預其訴訟.
又民事原告人得令民事干連人干預其訴訟.【謂民事原告人, 雖得便己
宣告, 令被告人無能力則不得要賠償, 故不得不豫令干連人, 關其訴訟, 以爲
對手.】
若有起異議者, 要於裁判所裁判而向其判決, 得不待本案裁判宣告
直爲控訴若上告, 於此際停止本案辯論.

第三百四條 於裁判所行處刑宣告, 要照依事實及法律, 明示其理由與
應有證憑.【謂不特示事實律條, 又示一切證憑者, 亦明裁判公正, 不涉偏私
耳.】

行免訴宣告，亦同。

第三百五條　行無罪宣告，要爲諭其理由，向被告人明示無犯罪證憑。

【謂律文無無罪正條，故以示證憑不白，若無證迹爲足。】

第三百六條　於裁判所要與公訴裁判同時行私訴裁判宣告。

私訴審査未精確者，得於公訴裁判之後，行其裁判宣告。【謂如未能
定賠償之多寡之類。】

第三百七條　被告人受處刑宣告，要以裁判所職宣告，合全員公訴裁判
費若合員其一部。若無罪宣告者，公訴裁判費要官員償，私訴裁判
費從民事規則，要敗屈者負償。

第三百八條　不分被告人受否處刑宣告，其勒住財産不係沒收者，雖無
本主請求，要行還付宣告。

第三百九條　向本案裁判宣告上訴期限內，又有上訴者，終其判決，停
止裁判施行。【義與第二百五十條同。】

第三百十條　受禁錮以上處刑宣告者，若有逃亡，非現就捕，不得爲上
訴。【謂非現就捕而許爲上訴，則僥倖得無罪若輕罪宣告，必有□□[9]
上訴之弊。】

第三百十一條　受勾留者爲上訴若於保釋，要將其詞狀納監獄長。監獄
長納之當該裁判所書記。

第三百十二條　訴訟關係人若其代替人，因非常災變厄難經過上訴期限，
於證明其由，得回復旣失權利。但自逅災變厄難日通常期限內，要
將其證據附詞狀爲上訴。

第三百十三條　書記要將前條詞狀速起發對手人。對手人得限三日內納
答辯書。

於應合判決上訴裁判所，在會議局要叩檢察官意見，先判決合受理

9　글자를 판독할 수 없음。

否其上訴。【謂訴訟關係人及代替人果罹否災厄, 或其愆期限係由否過誤, 此皆不得不豫查, 故與通常上訴直爲受理者殊。】

判決合受理上訴者, 要令書記將其由通報訴訟關係人, 照依常規, 行本案裁判。

判決不合受理上訴者, 非有他由, 要隨卽令施行裁判。

第三百十四條　裁判宣告要辯論終結之後, 於庭隨卽若次日行之。

其裁判宣告狀, 要裁判官先宣告造作, 與書記署偕名捺印。

裁判宣告狀, 要登載當該裁判所與年月日及經該檢察官名氏。

第三百十五條　訴訟關係人得以其費求裁判官宣告狀謄本若其抄本, 但爲上訴而求者, 書記要二十四時內下付。

第三百十六條　於對審裁判所處刑宣告, 裁判長向其受宣告者應告知, 應得爲前條請求與控訴若與上告及其期限。若於闕席裁判, 行處刑宣告, 要宣告狀登錄應得起障礙及其期限。

若闕其告知若登錄照依上規, 反其爲告知停斷上訴期限經過。

第三百十七條　書記要每各事件各別造公判始末文案, 登載左項條件其餘一切訴訟次序。

第一項, 公行裁判若行傍聽禁止及其事由。

第二項, 被告人推問及其陳述。

第三項, 證佐人, 鑑定人陳述及其宣誓若不肯宣誓事由。

第四項, 原被告證據物件。

第五項, 辯論中異議, 日後陳告事件, 及檢察官與其餘訴訟關係人前件意見與裁判所判決。

第六項, 辯論次序及令被告人最後發言。

第三百十八條　公判始末案要前條記載之外, 幷開載該裁判所, 年月日, 裁判長, 陪席判事, 檢察官及書記名氏。

辯論涉數日, 要登載其緣由及裁判官不曾換其人。【謂裁判官換其人,

法令從頭更爲辯論, 故裁判官換否, 大係辯論終結之遲速。】

辯論中令豫備判事代替, 要記其緣由, 檢察官及書記亦同。【謂事係重罪, 辯論涉二日以上, 置豫備判事爲法。】

第三百十九條 公判始末案, 自裁判宣告限三日內修理, 要裁判長及書記署名捺印。

裁判長要先署名捺印, 檢閱公判始末案, 若有意見, 附記紙尾。

第三百二十條 裁判宣告狀及公判始末案正本, 要保存當該裁判所書記局。

若有上訴, 裁判長及書記要簽印裁判宣告狀及公判始末案謄本, 附之上訴文書。【謂雖有上訴, 止以謄本爲解送, 由恐底本散佚也。】

第二章 違警罪公判

第三百二十一條 於違警罪裁判所, 須左方條件受理公訴。

第一項, 書記局因檢察官請求所起發被告人勾喚狀。

第二項, 因豫審判事若上等裁判所判決, 轉移其事件宣告。【謂當初認爲輕罪者, 卽經審判, 更認爲違警罪, 行移之當該裁判所宣告之類。】

第三百二十二條 勾喚狀要具載應合勾喚者名氏, 職業, 居所, 出庭時日, 被告事件及得出代替人。若不登載被告事件, 而被告人不及其證佐人, 乃在公庭受告知後, 得爲其呼喚及辯護, 求二日假與。【謂被告事件係違警罪, 不必要本人出廷, 出代替人亦不妨。】

第三百二十三條 勾喚狀, 其解到與出庭之間, 少尙要假與二日。

第三百二十四條 違警罪裁判官, 將被告事件爲要急速, 得因檢察官其餘訴訟關係人請求, 若以職權, 先公判爲驗證處分, 不要對手人對同。【謂違警罪不要豫審, 故事件要急速, 則先公判得爲驗證。盖驗證亦一豫

審也。】

第三百二十五條 證佐人勾喚狀解到與出廷之間, 少尙要假與二十四時。
又雖不受勾喚而出廷, 先推問向書記通名刺者, 於裁判所得爲證佐
人, 聽其陳述。

第三二十六條 書記每各事件要唱呼訴訟關係人名氏, 若有不應唱呼者,
待終他件裁判之後方要裁判其事件。【謂唱呼其人者, 所以檢出庭也。
但雖有不應唱呼者, 不輒問闕席裁判, 必待本日最終而後爲之者, 慮或有遲
緩者也。】

第三百二十七條 違警罪裁判官要當初問被告人, 名氏, 年甲, 身位,
職業, 居處, 貫址。
官吏所造案若詞狀, 要書記[10]朗讀。
檢察官要將被告事件陳述。【謂檢察官以爲原告人, 於朗讀之仍陳其要領。】

第三百二十八條 違警罪裁判官要向被告人推問招承否被告事件。
若被告人令代替人首服, 要進其所署名捺印文憑。

第三百二十九條 被告人招服者, 不須舉他證憑, 但於裁判所得因檢察
官, 民事原告人請求若以職權令舉證。【謂雖自招服, 而或庇親故之罪,
若惟畏之念者, 亦或有之, 故欲得眞情, 雖煩舉證, 亦爲不妨。】
若不招服, 要推問原被告證佐人, 若有證憑提舉。

第三百三十條 檢察官要就定擬法律陳述意見, 民事原告要就證明被告
事件及要贖陳述意見, 被告人, 民事干連人若其代替人, 要爲答辯。
【謂民事干連及其代替人, 於刑事不得爲答辯也。】

第三百三十一條 被告人, 民事干連人若其代替人受勾喚而不出庭者,
要聽檢察官及民事原告人請求, 爲闕席裁判。【謂非兩造對質, 則一者
必多不利, 或至再煩對審, 然舍而不爲裁判, 被告人竟晦其跡, 民事原告人乞

---

10 원문에 '記'자가 빠져있어 보충하였다.

無由得贖。】

民事原告人不出庭者, 亦同。

第三百三十二條 闕席裁判宣告狀, 要因檢察官其餘訴訟關係人請求, 向闕席者若其居所解付。受闕席裁判者欲起障礙, 自宣告狀解到限三日內, 要向書記局納詞狀。

第三百三十三條 於裁判所要先判決合受理否障礙詞狀, 若爲合受理者, 書記要將其起障礙及合付公判時日, 通報該對手人。起發勾喚狀, 但其解到與出庭之間, 少尙要假與二日。又要將合付公判時日前一日, 報知障礙人。

第三百三十四條 受理障礙詞狀, 要照依第三百二十六條迄第三百三十九條規則, 更爲裁判。

其裁判闕席者, 不得再起障礙。

第三百三十五條 犯罪證憑不明白者, 於裁判所要行無罪宣告。【此以下謂不分對審闕席裁判, 宣告自有分別。】

又於第二百二十四條第三項以下事情, 要行免訴宣告。

第三百三十六條 被告事件係違警罪且證憑明白者, 要從法律行處刑宣告。

第三百三十七條 被告事件係重罪若輕罪, 要行非管宣告, 將其事件解送輕罪裁判所, 檢事但得向被告人發勾引狀。【謂雖無管理之權, 而旣係輕罪以上, 尙得檢束之。】

第三百三十八條 向違警罪裁判所宣告, 得循左項區分, 控訴輕罪裁判所。【謂違警罪裁判所, 其係終審極罕。此條以下, 謂向始審裁判得爲控訴者。】

第一項, 被告人於受勾留刑宣告者

第二項, 民事原告人, 被告人及民事干連人於要償宣告金額超過治安裁判所終審者。

第三項, 檢察官其餘訴訟關係人, 非管越權擬律錯誤, 若怪裁判無
效規則。【謂如以私訴裁判先公訴, 或不公行裁判類。凡此數項訴訟關係人,
自非係自家損害, 不得爲控訴也。】

第三百三十九條 將爲控訴者, 要向原裁判所書記局納詞狀, 但其期限
於對審裁判, 自宣告限三日內。闕席裁判姑置障礙, 自宣告狀解到
本人若其居所, 限五日內。

第三百四十條 訴訟一切文書, 檢察官要向合受控訴裁判所書記局起發。
若檢察官係控訴, 若對手人, 要向合受控訴裁判所檢察官納其意見
書。【謂一起控訴, 不分自家與他人, 要令他檢察官代己者明曉事件何如。】

第三百四十一條 合受控訴裁判所, 要待書記局向訴訟關係人起發勾喚
狀後, 方行裁判。
勾喚狀解到與出庭之間, 少尙要假與二日。
證佐人勾喚狀解到與出廷之間, 少尙要假與一日。

第三百四十二條 控訴對手人至受其裁判宣告, 不分時日, 得爲附帶控
訴。但附帶控訴得於公庭經直爲之。【義與第二百四十九條同。】

第三百四十三條 控訴事件要照依輕罪裁判而所定規則裁判。
檢察官其訴訟關係人, 非得裁判長允可, 不得勾喚新證佐人若始審
證佐。【謂始審之際旣得證佐, 事情旣白者, 輒不得喚證人, 所以省冗費也,
非謂必禁勾喚矣。】

第三百四十四條 受控訴裁判所, 要行原裁判宣告, 若勾銷更行裁判
宣告。
被告人獨爲控訴, 不得行加重原裁判處刑宣告。【謂被告人控訴, 原由
求輕減, 反加重之, 則乖所以許控訴之原旨。】
由私訴而所以起控訴裁判, 依民事常規。

第三百四十五條 第三百三十一條以下規則, 亦適用之控訴闕席裁判。

第三百四十六條 檢察官其餘訴訟關係人, 得向違警罪事件終審, 且係

對審裁判宣告, 爲上告。【謂違警罪雖輕小, 裁判乖法, 不得不須上告而釐
正之。但始審猶得控訴闕席仍得障礙, 故非終審且對審, 不得爲上告。】

第三章 輕罪公判

第三百四十七條 輕罪裁判所須左項受理公訴。

　第一項, 書記局因檢察官請求, 向被告人所起發勾喚狀

　第二項, 因豫審判事若輕罪裁判所會議局或上等裁判所判決, 轉移
其事件宣告

第三百四十八條 勾喚狀照依第三百二十二條, 第三百二十三條規則。

第三百四十九條 被告事件合該罰金者, 要於勾喚狀登記而得用代替人。

　民事原告人及干連人, 得用代替人。

第三百五十條 證佐人勾喚狀, 其解到與出庭之間, 少尙要假與一日。

　【義與第三百二十五條同。】

第三百五十一條 第三百二十四條規則, 亦適用之輕罪事件未經豫審
者。【謂輕罪事件最輕者, 有時不經豫審, 直付公判, 故爲要豫審者設此條。】

第三百五十二條 檢察官要於裁判長質問被告人名氏, 年甲, 職業, 居
所, 貫址之後, 陳述被告事件。

　民事原告人要證明被害事件。

　其有文案若詞狀者, 要先令書記朗讀, 訖, 聽原被告證佐人陳述, 將
證據物件示被告人, 令爲辯解。被告人及民事干連人要爲答辯。

第三百五十三條 檢察官要就定擬法律, 陳述意見, 民事原告人要就要
求賠償, 陳述意見。

　被告人及民事干連人得更爲答辯。

第三百五十四條 被告人合該罰金者, 若照依第二百六十九條規則, 應

爲闕席裁判, 而其勾喚日期不出廷者, 要爲闕席裁判。

第三百五十五條 第三百三十一條迄第三百三十四條係闕席裁判規則, 亦適用之此章。

第三百五十六條 被告人因闕席裁判受禁錮刑宣告者, 除左項之外, 得迄期滿免除起障礙。

第一項, 被告人先本案裁判豫辯告其事件者

第二項, 將裁判宣告狀發付本人者

第三項, 被告人知有處刑宣告有其證迹者。

第一項自宣告狀解到, 第二、第三項自知有宣告, 限三日間得起障礙。【謂第一項以下, 與對審裁判受宣告爲上訴者, 無殊。】

第三五十七條 於裁判所有驗實爲緊要, 要因檢察官其餘訴訟關係人請求, 若以職權勾喚新證佐人若鑑定人, 或爲臨驗, 但爲這般處分, 照依第三編第三章所定規則。【謂這般處分, 旣雖於豫審詳覈, 尙臨公判得或爲之。】

又事件未經豫審者, 得令豫審判事就所指示條件審查, 且發其報告狀。

第三百五十八條 犯罪證據不明白者, 要於裁判所行無罪宣告。

又於第二百二十四條第三項以下事情, 要行免訴宣告。

於本條事情, 被告人受勾留者, 要行放免宣告。

第三百五十九條 被告事件係違警罪, 要行終審裁判宣告, 被告人若受勾留, 行釋放宣告。【謂輕罪裁判所卽違警罪控訴裁判所, 固有裁判違警罪之權, 而其宣告係終審, 不得爲控訴, 且違警罪不許勾留, 則固宜釋放。】

第三百六十條 被告事件係重罪, 要行非管宣告。若未經豫審, 行解付豫審判事宣告。被告人不服勾留者, 要發勾引狀。

訴訟文書及證據物件, 要自檢察官發付豫審判事。

第三百六十一條 被告事件旣經豫審, 要行解付該裁判所會議局宣告。

於會議局要照依第二百五十三條、第二百五十五條爲審查, 行將被告人解付當該裁判所宣告。

第三百六十二條 因有會議局宣告而受理事件, 無[11]新發見證憑認爲重罪, 要行非管宣告。【謂會議局雖認爲輕罪, 輕罪裁判所則爲重罪者, 不得復還付會議局, 亦不得裁判, 故要行非管宣告。】

檢事要向大審院爲定裁判管理之訴。

第三百六十三條 於前二條, 迄受會議局若大審院判決, 得因檢察官請求若以裁判所職權, 行將被告人勒住該所監倉宣告。

又得照依第二百十條以下規則, 聽許保釋。

第三百六十四條 被告事件係輕罪且證憑明白者, 要照依法律行處刑宣告。

被告人受禁錮刑宣告者, 保釋責付自屬消滅, 但上訴中得更求保釋。

【謂係禁錮以上刑者, 不待更行宣告, 自爲不得保釋責付, 但在上訴中則裁判等定, 故得更求之。】

第三百六十五條 檢察官其餘訴訟關係人得依左項區分, 向輕罪裁判所宣告控訴控訴裁判所。

第一項, 檢察官於有無罪免訴若處刑宣告者【謂於無罪免訴爲公益, 於處刑爲公益若私益而公訴】但於其處刑宣告, 將違警罪爲輕罪者。

第二項, 被告人除違警罪宣告外, 於受處刑宣告者。

第三項, 民事原告人、被告人及民事干連人, 於要償宣告, 超過始審裁判所終審金額者。【此及下項, 義與第三百三十八條第二、第三項同。】

第四項, 檢察官、其餘訴訟關係人, 於非管越權擬律錯誤, 若乖裁判無效規則者。

第三百六十六條 控訴得自裁判宣告, 限五日內爲之。

---

11 『일본국지』에는 '無'자가 없으며, 문맥으로 보아도 없는 것이 옳은 듯하다.

受闕席裁判者, 至期滿免除, 得不分時日, 得闕起障礙。其爲控訴, 但於第三百五十六條, 限五日內。【謂從知有闕席裁判五日內, 不爲控訴者, 失其權。】

第三百六十七條 於向公訴裁判宣告爲控訴而被告人受勾留者, 檢察官要移之控訴裁判所監倉。【謂控訴係求復審, 必須要被告人參辯論, 故不得不徙置之控訴裁判所所在地方。】

第三百六十八條 第三百三十九條迄第三百四十二條, 及三百四十四條規則, 亦適用之此章。

第三百六十九條 於輕罪裁判所檢事爲控訴, 若檢事長爲附帶控訴, 將被告事件爲重罪, 要照依第二百五十五條規則, 於會議局行移重罪裁判所宣告。【謂被告人爲控訴者, 獨雖不得加重原案, 而檢事若檢事長有控訴者, 不在此例。】

第三百七十條 控訴闕席裁判及其起障礙者, 照依就始審闕席裁判及起其障礙所定規則。

第三百七十一條 檢察官、其餘訴訟關係人, 得向本裁判所終審裁判宣告於對審者, 及控訴裁判所對審裁判宣告爲上告。

第四章 重罪公判

第三百七十二條 於重罪裁判所須左項受理公訴。【謂重罪裁判所, 但有送移及定管裁判宣告, 乃受而理之, 不須檢察官請求。】

第一項, 因豫審判事若輕罪裁判所會議局判決, 轉移其事件宣告。

第二項, 因控訴裁判所若大審院判決, 轉移其事件宣告。

第三百七十三條 轉移重罪裁判所宣告一定, 要照依左方區分, 造公訴狀。

於控訴裁判所開重罪裁判所, 要檢事長造公訴狀. 於始審裁判所開
重罪裁判所, 要檢事造公訴狀, 若令檢事合行該所檢察官職務者造
之.【謂控訴裁判所檢事長行重罪裁判所檢察官職務爲常, 故要作其公訴狀.
然或隨事宣令檢事代作亦不妨.】

第三百七十四條　公訴狀要開載左項條件.

第一項, 被告事件始末及加重, 減輕情況

第二項, 被告人名氏, 年甲, 身位, 職業, 居所, 貫址

第三項, 豫審時所蒐集原被告證據

第四項, 罪名法律正條, 及轉移重罪裁判所宣告槪略.

第三百七十五條　公訴狀不要記註轉移重罪裁判所宣告狀以外事件及
被告人.

第三百七十六條　於轉移重罪裁判所宣告狀, 向一被告人開載非附帶別
箇重罪, 檢察官得各造公訴狀, 向裁判長請求, 分別爲辯論.【謂由各
箇重罪, 罪質, 罪況皆不同一, 恐審查混淆.】

裁判長於一公訴狀開載非附帶別箇重罪, 得以其職權令分別爲辯論,
若將數通公訴狀所疏載事件同時令爲辯論.

第三百七十七條　書記少尙要先被告人出廷五日以前, 將公訴狀謄本發
付.【謂假與五日間光陰, 令被告人爲辯護之備.】

若被告人有數名, 要將謄本各別發付.

第三百七十八條　重罪裁判所長若受其委任陪席判事, 自公訴狀解到二
十四時後, 要得書記對同, 將被告事件推問被告人, 且問具否有辯
護人.

若不具辯護人, 要以裁判長職權, 就該所所屬代言人中選充.

被告人及代言人不容異議, 得令代言人一名兼攝被告人數名辯護.
【謂同一事件而被告有數名者.】

非自其辯護人經三日之後, 不得開辯論.【謂爲令被告人與代言人精細

諮詢, 不取敗屈, 假與三日光陰。】

第三百七十九條 辯護人有障礙, 若被告人申告事由, 應改選。而不改選, 裁判長要照依前條規則選充, 但改選辯護人, 要三日間停止辯論。

第三百八十條 書記於第三百七十八條所揭載, 要造推問文案, 登錄選具辯護人履行其式。

辯論中改選辯護人, 及停閣辯論, 要將其事由登錄公判始末書。

第三百八十一條 不具辯護人而爲辯論者, 不成爲處刑宣告。【謂於無罪宣告, 雖闕辯護人而無損於被告者, 故特於處刑宣告言之。】 一就辯論之後, 雖有違第三百七十七條至第三百七十九條規則者, 被告人不得容異議。【謂恐被告人應言而不言, 中道起議, 希圖延挩裁判, 故設此制限以預防其作弊。】

第三百八十二條 辯護人於第三百七十八條處分之後, 得與被告人接見。又得於書記局閱覽一切訴訟文書, 且抄寫之。【謂詞訟文書不許賫出局外, 故曰得於書記局閱覽。】

自有轉移重罪裁判所宣告, 至裁判宣告, 除辯護人之外, 不分何人, 不得與被告人接見。但得被告人現勾留地裁判所長允可者, 不在此限。

第三百八十三條 因檢察官及民事原告人請求, 所勾喚證佐人名氏目錄, 要先於開廷一日送付被告人。因被告人請求, 所勾喚證佐人名氏目錄, 要同一期限內, 自書記送付檢察官。因民事所勾喚者, 送付民事原告人。【謂證佐人亦或不報, 不有其障礙者, 故原被告互通報其名氏, 又開廷前寬假一日。】

第三百八十四條 證佐人不豫通知名氏者。自非爲驗實參照, 不得聽其陳述。但對手人告與[12]異議, 得爲證佐人, 聽其陳述。【謂裁判長爲事實參驗, 以其職權聽其陳述者, 不在此限。】

第三百八十五條 證佐人勾喚狀其解付與出廷之間, 少尙要假與二日.

第三百八十六條 裁判長開廳之日, 要在公庭當陪席判事、檢察官面前, 陳述開廳, 但不要勾喚被告人.

第三百八十七條 裁判長思料辯論應涉二日以上者, 得令重罰裁判所所在去處判事一名, 爲豫備陪席判事.【謂豫設陪席判事, 每參辯論, 雖裁判官中間罹病而不煩要命代員, 自省反覆延滯之患.】

第三百八十八條 裁判官, 檢察官及書記各卽其席之後, 要隨卽起推問及辯論.

裁判長要先諮問被告人名氏, 年甲, 身位、職業, 居所、貫址.

若其答詞有雖與豫審中所陳述齟齬, 認爲不錯公訴狀所揭載被告人, 要續起辯論.

第三百八十九條 書記要唱呼所勾喚證佐人名氏, 其所應唱呼證佐人, 要置之別舍, 臨令陳述, 挨次喚入.

第三百九十條 裁判長臨令書記朗讀公訴狀, 要向被告人告諭, 以潛心詳聽.【謂重罪公訴狀, 尤屬緊要, 訟庭辯論, 皆從其朗讀而起, 被告不得不傾聽而答辯, 第三百七十四條所云, 卽此也.】

第三百九十一條 裁判長要待書記朗讀訖, 方始推問被告人.

被告人將豫審中所招服事件爲不確認, 若欲除消之, 要令辯明其事由.

被告人雖自招服, 仍不得不爲審查.【謂其招服出於庇親故, 或有所爲而自誣者, 不爲少, 要必參究其實, 方始終結公判.】

第三百九十二條 裁判長旣終推問之後, 要向被告人告知證憑, 隨出爲辯解, 且得發出反證合利己者.【謂雖有辯護人, 而裁判長擧合利被告者以指示之, 亦其職務之一也.】

---

12 '與'자는 문맥으로 보아 '無'자의 오기로 보인다.

第三百九十三條 裁判長每原告證佐人陳述訖, 要向被告人問有否意見。

第三百九十四條 證佐人旣爲陳述之後, 要祗候別舍, 但自裁判長得退
庭允可者, 不在此限。

陪席判事, 檢察官, 被告人及民事原告人, 得請求更問證佐人, 又令
與他證佐人對質。

裁判長得以職權爲前項處分。【謂證佐人陳述或有所齟齬, 則不得不以判
事諸人請求, 若裁判長職權, 令爲對質, 或新爲陳述。故雖旣終陳述, 不許隨
意退庭。】

第三百九十五條 裁判長思料證佐人當被告人面前自生愛憎畏懼之念,
應不得確陳, 得陳述中因檢察官, 民事原告人請求, 或以職權, 姑退
被告人。【謂公判以面決爲法, 若此條所云, 原一時權宜, 出於不得已者。】

裁判長於證佐人旣終陳述之後, 要將被告人再召入公庭, 告知該條
條件, 且其意見令陳述。

第三百九十六條 裁判長旣終第三百條所定次序之後, 要將終結公訴,
上辯論宣告。【謂其係檢察官求刑, 原告人要償者, 更開辯論。】

第三百九十七條 檢察官及被告人, 得就辯論中所發見條件, 求豫審,
而於裁判所可其請求, 要令所開重罪裁判所, 該所判事一名, 爲豫
審, 且發其報告書。

第三百五十七條第一項規則, 亦適用之本條。

第三百九十八條 有辯論終結宣告者, 檢察官要爲將的用法律, 陳述
意見。

被告人及辯護人, 得於檢察官意見不允當者辯論。

第三百九十九條 終前條辯論之後, 民事原告人要就私訴陳述其所請求,
被告人, 辯護人及民事干連人得爲答辯。

檢察官要就私訴陳述意見。【謂檢察於賠償旣非原被告, 其陳意見, 特由
職務耳, 故於最終方爲陳述。】

於裁判所得延捱私訴辯論之期。【謂不得同一裁判, 如第三百六條第二項
所揭者之類。】但要閉廳以前判決之。【謂重罪裁判所不常置, 故不容不先
閉廳判決。】

第四百條 被告事件係重罪且證憑明白者, 要照依法律行處刑宣告。

又於第二百二十四條第三項以下事情, 要行放免宣告, 且放其人。

第四百一條 犯罪證憑不明白者, 要行無罪宣告, 且放其人。

又就原被告要償, 要照依第三百九十九條規則, 行裁判宣告。【原被
告要償, 謂如第八條及第十六條所云之類。】

第四百二條 辯論中發見他重罪輕罪, 非附帶公訴狀揭載事件者, 而有
檢察官請求, 要令所開重罪裁判所, 該所判事一名爲豫審, 於本會
或次會倂本案事件一體裁判。【謂非本案附帶者, 不在裁判所管理權內, 故
須有檢事請求, 令更爲豫審, 而後從數罪俱發從重之例。】

第四百三條 檢察官、其餘訴訟關係人得向重罪裁判所對審裁判宣告
而爲上告。【謂重罪裁判以爲終審, 不許爲控訴, 惟於對審裁判則許爲上告。】

第四百四條 闕席裁判, 裁判長要令書記朗讀公訴狀及豫審文書, 緊要
者又聽原被告、證佐人陳述。檢察官要就定擬法律陳述意見, 而民
事原告人要將要償陳述意見。

民事干連人得爲答辯。【謂干連人不分本犯在否, 不得免要償之責, 故得
爲辯論。】

第四百五條 闕席裁判宣告狀, 要因檢察官、其餘訴訟關係人請求發付
本人若其居所。

第四百六條 向係闕席裁判處刑宣告, 非檢察官不得爲上告。【謂闕席者,
若出廷則有起障礙之道, 故不許上告。】

第四百七條 闕席裁判受處刑宣告者, 至期滿免除, 不分時日, 得起障
礙。但就緝捕, 要限十日內起障礙。【謂闕席裁判旣不經本人辯論, 又不
得辯護人帮助, 非斷不可復動者, 故本人常有起障礙之權。】

第四百八條 障礙申陳, 要於所爲闕席裁判重罪裁判所爲之。

於重罪裁判所, 要判決合受理否其障礙。

判決合受理其障礙者, 要於本會若次會更爲裁判。

第四百九條 所爲闕席裁判重罪裁判所閉廳之後, 要向其所屬控訴裁判所起障礙。

於控訴裁判所判決合受理其障礙者, 要照依常規行更合受重罪裁判所判決宣告。

第五編 大審院職務

第一章 上告 【上告者, 最終極之上訴也。謂豫審若公判宣告有違律乖規者, 卽求破毁釐正, 苟他有矯正之道, 不許輒爲上告。大抵於終審裁判者爲多, 其始審怠控訴, 及終審闕席裁判不起障礙者, 幷失上告之權。】

第四百十條 檢察官及被告人向豫審若公判宣告, 得於左項條件爲上告。

第一項, 違背法律, 不受忌避申請者

第二項, 違背裁判所結構規則者

第三項, 行所管爲非管, 若非管爲所管宣告, 或行轉移非管裁判所宣告者。

第四項, 違法律中無效規則者。【如第二百六十三條, 第三百八十一條則此也。】若有違法律雖容異議, 不肯認可者。【謂如合令被告人最終發言, 而不令發言, 直行裁判, 違第三百條所云之類。】

第五項, 違背法律受理公訴若不受理者

第六項, 於法律所定條件不叩檢察官意見者【謂若如第百二十八條, 第百七十六條, 第百八十三條, 第百九十四條, 第二百二十條, 第二百七十三

條, 第二百九十三條, 第三百二條所定, 其曰以職權者, 不在此限。】

第七項, 於裁判所不判決所受請求事件【謂可理則理之, 不可理則却之, 凡有所請求者, 不容不受。】若除以職權得判決者之外, 判決不受請求事件者。【謂違不告不理之本旨。】

第八項, 不公行裁判宣告, 若無禁止傍聽而不公行推問及辯論者。【謂應禁傍聽而不禁傍聽, 而又不公行推問辯論, 其雖爲傍聽禁止而不公行裁判者, 亦同。如第二百六十四條所云, 此也。】

第九項, 不附宣告以事實及律條若有所齟齬者。【謂如第二百二十八條及第三百四條所云之類。】

第十項, 有擬律錯誤者【謂將輕罪科重罪, 及擅爲輕重加減之類。】

第十一項, 有越權處分者【謂以恐嚇詐僞誘致招服, 或勒制被告人身體之類。】

第四百十一條 於免訴若無罪宣告, 設令有違被告庇蔭規則者, 若雖有因犯所誤所管者, 不得爲上告。【謂行免訴無罪宣告, 旣利被告人, 則雖有不用辯護人等違規者, 無害於被告人。況於犯處搜查罪情易爲豫審, 尤省紛挐, 與就犯質身位上誤所管者大不同, 是所以有此特例也。】

第四百十二條 民事原告, 被告人及干連人得向係私訴豫審若公判宣告, 依第四百十條所定項件, 爲上告。

第四百十三條 上告對手人, 至大審院判決, 不分時日, 得爲附帶上告。大審院檢事長亦得爲附帶上告。

第四百十四條 上告期限三日, 但豫審自宣告狀解付, 公判自宣告自起算。【謂豫審不面爲宣告, 故與公判自殊起算法。】

第四百十五條 有向豫審若公判宣告爲上告者, 除勾留, 保釋, 責付, 釋放及放免外, 停止其施行。【謂死者不可復生, 損者不可復補, 無論宣刑, 於豫審亦不得施行。】

第四百十六條 將爲上告者, 要將其申請狀納原審裁判所書記局。【謂

以上告期限甚短，而申請本院則每至令訴訟人愆期失權，故令直申請原裁判所。】

上告申請狀要自申請，限二十四時內書記解付之對手人。

第四百十七條 上告申請人要自申請，限五日內將其詞狀納原裁判所書記局。

書記要自領受詞狀，限二十四時內解付之對手人。

第四百十八條 對手人要自領受上告詞狀，限五日內將其答辯書納原裁判所書記局。

書記要自領受其答辯書，限二十四時內解付之上告申請人。

第四百十九條 檢察官所納上告詞狀若答辯書，要各造二通，一通納之大審院，一通解付之對手人。訴訟關係人向私訴裁判宣告所納上告詞狀若答辯書，亦同。【謂本主若代言人，於出院辯論之際，要必挾帶對手詞狀若答辯書。】

第四百二十條 書記於經過前數條所定期限之後，要速將訴訟及上告文書納當該裁判所檢察官。

檢察官要將其文書限五日內納大審院檢事長，且有意見附記。

檢事長要向院長請求將上告事件登載刑事局檔簿。

第四百二十一條 上告申請人及對手人得出代言人。【本條所謂上告及對手人，專據被告人、民事原告人若干連人而言。檢察官不與焉。盖檢察官不分上告、對手，一有上告，檢事長代述其趣旨若爲答辯，固無出代言人之理由。大抵不慣詞訴者，多費閒辯，徒曠時日，故令自撰代言人出院，是爲大審院要則。】

受重罪刑宣告者爲上告，若檢察官爲合該重罪刑者爲上告，其受宣告者，不親選充代言人，要以院長職權，就該院所部代言人內選充。

第四百二十二條 院長要就刑事局判事中命專任判事一名。

專任判事要檢閱一切文書，造報告狀。【謂大審院既不須審查事情，推問證人, 又不須原被告對辯, 特按上告及答辯趣旨, 判決擬律之當否耳, 故令專任判事, 精密審覈。】但不要附自家意見。

第四百二十三條　上告人及對手人至專任判事納報告狀, 得經由大審院書記局, 納辯明狀, 擴張趣旨。【謂上告以終極上訴, 令各十分主張權利】。若專任判事旣納報告狀之後, 納辯明狀要附之該狀。【謂稍後而納者, 不得經判事觀覽, 直納之大審院。】

第四百二十四條　書記要先開廷三日, 將其時日報知上告及對手人、代言人。

第四百二十五條　開廷日要專任判事於公廷朗讀其報告狀。檢事長及代言人要各辯明其趣旨。【謂檢事官爲上告人, 則檢事長代之, 若受處刑宣告, 則代言人辯明。】

於私訴上告, 要檢事長最後陳述意見。

第四百二十六條　上告人若對手人不出代言人者, 要徑直爲判決。【謂出代言人與否, 聽其自由, 但應出而不出者, 爲自棄其權利, 故仍爲對審而判決。】

第四百二十七條　於大審院將上告爲無由, 要行棄却宣告。

第四百二十八條　於大審院將豫審若公判上告爲破毀有理由, 要破毀其宣告, 將該事件轉移他裁判所。但後數條所開載者, 不在此限。

第四百二十九條　因擬律錯誤, 若乖違法律, 受理公訴或不受理而毀破原裁判宣告者, 不須移其事件, 要於大審院直行裁判宣告。【謂如爲將犯罪若免罪故殺人者, 合處死刑, 誤依刑法第二百九十四條, 處之無期徒刑, 又將公訴消滅者, 誤受理之, 將非有大赦者, 誤爲經赦而不受理之類。】

第四百三十條　豫審若公判次序, 雖有違規則而無害於後者, 不須移其事件, 要止破毀其次序。【謂如豫審處分雖闕書記對同, 於被告不有所害, 若被告人臨公判雖有所忌避, 不爲申請, 而裁判官自回避之類。】

第四百三十一條　有向豫審若公判宣告內部分爲上告而不關他部分者,

於大審院要毀破其上告部分, 照依法律, 行應分裁判宣告, 若將其事件轉移他裁判所。

第四百三十二條 於大審院破毀原裁判宣告, 直行裁判宣告者, 要令原裁判所若他裁判所施行。【謂被告人雖至上告, 尙見勒住原裁判所, 則令該所施行宣告爲便宜。然原裁判若係重罪裁判所, 則或有先上告判決而閉廳者, 故令他裁判所施行, 亦爲不妨。】

第四百三十三條 於大審院將破毀事件轉移他裁判所, 要定示原裁判所接近同等裁判所, 但其事件特係私訴者, 要移之民事裁判所。【謂公訴裁判旣定, 則要償事件不得與刑事相干預。】

第四百三十四條 大審院判決, 係法律者, 認爲確定。【謂裁判所受其事件解付者, 於法律上乃不得更其判決。】

面所受大審院解付裁判所, 裁判宣告得照依常規, 更爲上告。

第四百三十五條 於法律所不罰而受處刑, 若過當重刑宣告, 期限內不上訴, 而裁判確定者。大審院檢事長得因司法卿命, 若以職權, 不分時日, 爲非常上告。【謂不合爲愆期限, 不上訴而令不正裁判, 遺跡後代, 故設此特典。曰非常云者, 所以別常訴也。】

有非常上告要破毀原裁判宣告, 於大審院直行裁判宣告。【謂認爲律所不罰, 則宣告無罪, 爲過當重刑, 則貼斷其刑。】

第四百三十六條 於左項檢事長其餘訴訟關係人, 得向大審院裁判宣告哀訴該院。

第一項, 大審院不履行前條所定式則者。

第二項, 將訴訟關係人所申請條件不爲判決者。

第三項, 同一裁判宣告, 有兩條件齟齬者。

第四百三十七條 將爲哀訴者, 要自裁判宣告限三日間申請書記局。

書記要自領受申請書限三日間解付之對手人, 對手人同一期限內納其答辯書。

大審院要照依上告常規判決哀訴。

第四百三十八條 大審院裁判宣告, 自宣告三日間又有哀訴者, 將其判決停止施行。

第二章 再審之訴【謂旣經控訴上告若未經上訴, 而裁判宣告有害被告者, 確定之後請求再審。爲此訴者, 旣無定期, 又不分時日。】

第四百三十九條 再審之訴, 於左項, 得向重輕罪處刑宣告爲庇護被告而爲之, 但非經裁判確定之後不得爲。

第一項, 人命罪處刑宣告之後, 其認爲殺死者現在生存, 若犯罪前死亡, 顯證明白者。

第二項, 同一事件非共犯, 而別受異處刑宣告者。【謂以裁判宣告相抵觸, 二者之中, 無罪必居其一】

第三項, 犯罪前所造公正證書, 證明不足現在該犯所者。【公正證書謂官吏在官署所造文案之類。】

第四項, 因被告人陷害而受處刑宣告者。【謂有受陷害之罪者, 則宣刑之不允, 亦足以證焉, 如裁判、檢察、警察諸官, 受貨賄若挾逞怨仇, 或證佐人、鑒定人陳述詐僞, 以陷害被告之類。】

第五項, 以公正證書證明訴訟文書有僞造若錯誤者。

第四百四十條 應得爲再審之訴者, 如左項。

第一項, 宣告處刑裁判所檢察官。

第二項, 該裁判所屬控訴裁判所檢事長。

第三項, 大審院檢事長, 但要因司法卿命若以職權爲其訴。

第四項, 受處刑宣告者。

第五項, 受處刑宣告者死亡, 則其親屬。

第四百四十一條 再審之訴, 無論罪刑消滅, 不分時日, 得爲之。【謂求再審者, 原由欲繩謬誤, 洗冤枉, 無有拘刑期時日之理。】

第四百四十二條 欲爲再審之訴者, 要將原裁判宣告謄本及證憑文書, 附詞狀納之原裁判書記局。【此項及第二項係前條第四、第五項人求再審次序。輕罪裁判所檢察官亦要照第三項用此式。

原裁判所檢察官要將意見書附其文書, 納之大審院檢事長。

原裁判所檢察官及控訴裁判所檢事長欲自爲再審之訴者, 要照依前項次序, 納其文書。

第四百四十三條 大審院要因檢事長請求, 速令專任判事一名, 爲其審查而發報告狀。

第四百四十四條 大審院要停閣他事件, 集會刑事局判事全員於會議局, 依據專任判事報告狀及檢事長意見書爲判決。【謂再審極要鄭重, 故須判事全員。又停施刑, 故閣他一切事件, 要先爲判決。】

第四百四十五條 大審院認再審爲有理由, 要破毀原裁判宣告再審公訴、私訴, 而將其事件轉移同等裁判所。

其受解付裁判所, 要照依常規爲裁判。【謂受其解付者, 不拘非管, 依常規。】

第四百四十六條 死者親屬爲再審之訴, 而大審院認爲有理, 不須將其事件轉移他裁判所, 要破毀原裁判。【謂不以死者復告, 止破毀原裁判而已。其係私訴者, 於民事裁判所爲其訴。】

第四百四十七條 因再審裁判宣告無罪, 若於前條宣告破毀, 要爲澗復聲聞, 將其宣告狀揭示若公告。【謂揭貼於申明亭, 公告於新聞紙, 若收罰金及裁判費皆要還付之。】

第三章 定裁判所管之訴【謂裁判所管, 律有定則, 雖自不容抵觸, 或有時

裁判官忌避若更變流疫等事變, 而親管裁判所不能管理者, 故設此章開審判請
求之路。】

第四百四十八條 凡裁判所不分通常特別, 定行非管宣告, 若因忌避或
　　異常事變, 不能管理訴訟事件者, 檢察官其餘訴訟關係人得爲定裁
　　判所管之訴。大審院檢事長得因司法卿命若以職權爲其訴。
第四百四十九條 欲爲定裁判所管之訴者, 要將訴訟文書附其詞狀納之
　　大審院書記局。
第四百五十條 於大審院要集會刑事局判事五名以上於會議局, 依據專
　　任判事報告狀及檢事長意見書, 判決宣裁判所管之訴, 而將管理裁
　　判所定示。

第四章　爲公安若嫌疑轉移裁判所管之訴

第四百五十一條 因罪質身位人員若地方民心其餘重大事情, 而裁判上
　　有紛紜危險之恐者, 得爲公安而將其事件轉移他處同等裁判所。【謂
　　如罪係國事, 信從衆多, 若凶黨, 恐有人心煽動之變之類。】
第四百五十二條 爲公安而轉移裁判所管之訴, 要大審院檢事長因司法
　　卿命於該院爲之。
第四百五十三條 於大審院會議局要不須聽訴訟關係人申請, 速判決前
　　條之訴。
第四百五十四條 因被告人身位, 地方民心若訴訟情況, 而裁判上有不
　　能保持公平之恐者, 得因嫌疑將其事件轉移他同等裁判所。【謂轉[13]

---

13 '轉'자는 '事'자의 오기로 보인다.

係貴紳巨族、富豪大戶, 或因其犯罪而被損害者多之類。】

第四百五十五條 爲嫌疑而爲轉移裁判所管之訴, 親管裁判所檢察官其餘訴訟關係人得爲之。【謂裁判官不公之疑, 親接人所能知, 而非司法卿所親睹。】

民事原告人向裁判所有嫌疑者, 爲私訴, 若被告人不向該裁判所起異議, 旣就本案爲辯論者, 不得爲前項之訴。

第四百五十六條 爲嫌疑而爲轉移裁判所管之訴者, 要將其詞狀二通納原裁判所書記局。

書記須速將其一通解送對手人, 對手人得自解送限三日內納答辯書。

第四百五十七條 於大審院要照依第四百五十條規則, 判決前條之訴。

第四百五十八條 有爲嫌疑而轉移裁判所管之訴, 於裁判所乃停閣其訴訟次序。

第六編 裁判施行′ 復權及特赦

第一章 裁判施行

第四百五十九條 重罪, 輕罪, 違警罪, 非經裁判決定之後不要施行其刑。【謂死刑至拘留一施行其刑則不可自新, 故必經盡上訴若閱終期限, 方始爲確定不可變動者。】

第四百六十條 死刑宣告一定, 檢察官要速將訴訟文書納司法卿。【謂死刑非奉司法卿命, 必不得施行, 故雖宣告一定, 要納其文書而待其命。】

司法卿有死刑施行之命, 要限三日內施行。

第四百六十一條 除死刑之外, 處刑宣止一定, 要直施行。

第四百六十二條 行刑, 要因原裁判所若自大審院所指命裁判所檢察官指揮爲之。

罰金科料、裁判費及沒收物件, 要依檢察官命令狀徵收。

合破毀若廢棄沒收物件, 要檢察官處分。

第四百六十三條　死刑施行, 要書記造其始末書, 照依行刑規則, 與對同官吏俱署名捺印。

自餘係行刑方法細目, 別立規則定之。

第四百六十四條　裁判宣告一定, 若有闕席裁判, 該裁判所書記要造已決罪表, 登載左項條件, 但大審院行宣告該行刑, 裁判所書記要造之。

第一項, 犯人名氏, 年甲, 職業, 居所及貫址。

第二項, 罪名, 刑名。

第三項, 再犯。

第四項, 裁判宣告年月日。

第五項, 對審裁判若闕席裁判。

第四百六十五條　已決罪表要造二通, 將一通解送司法省, 一通貯藏其裁判所書記局。

違警罪已決罪表要造一通, 貯藏其裁判所書記局。【謂非於同一裁判所管內再犯, 則無以再犯論, 故不將罪表送司法省。】

第四百六十六條　受處刑宣告者, 其宣告陳疑義, 若其施行容異議, 要於當該裁判所裁決之。【謂如宣告中不明示刑之輕重長短之類, 非當該裁判所不得告諭。】

第四百六十七條　受處刑宣告者逃亡之後就捕, 獲申告誤認, 要解送前斷罪裁判所。

其裁判所不能認定本犯者, 得爲驗實參照, 提召曾預其事件裁判官, 檢察官, 書記及原被告證佐人。

第四百六十八條　於前二條要在公庭聽聞受宣告者申陳, 及檢察官意見行裁判宣告。但向其宣告, 不許上訴。

第四百六十九條 係賠償及合償還訴訟關係人裁判費, 宣告施行照依通常民事規則。

第二章　復權

第四百七十條 復權之請, 要受處刑宣告者, 於刑法第六十三條所定期限經過之後, 稟之司法卿, 復權願請書要本人署名捺印, 納之現住地始審裁判所檢事。

第四百七十一條 復權願請書要附左項文書。

第一項, 裁判宣告狀謄本

第二項, 本刑滿期特赦若證明其爲期滿免除文書

第三項, 假出監獄及見解監視證書

第四項, 辦濟賠償及裁判費, 若免其義務證書。

第五項, 旣住現今居所, 及生理記載文書。

第四百七十二條 檢事要覈該犯身行其餘要件, 將意見書附前條文書納之控訴裁判所檢事長。

第四百七十三條 檢事長要更檢覈之, 將意見書附係復權願請文書納之司法卿。

第四百七十四條 司法卿要檢閱係復權願請文書, 認爲合允可者, 迅速上奏。

第四百七十五條 因救裁若司法卿意見棄却復權之請, 要司法卿通知控訴裁判所檢事長, 檢事長通知始審裁判所檢事。

於前項非經過刑法第六十三條所定期限半數, 不得更爲其請。

更爲復權之請者, 亦照依前數條規則。

第四百七十六條 有復權裁可者, 要司法卿將其裁可狀解送控訴裁判所檢事長, 檢事長解送之始審裁判所檢事。

檢事要將裁可狀謄本下付請願人。

又要將裁可狀謄本解送行處刑宣告裁判所, 該裁判所要記註之裁判宣告狀。

第三章 特赦

第四百七十七條 特赦於處刑宣告一定之後, 不分時日, 得檢察官若監獄長具狀犯情, 申請司法卿。

監獄長申請特赦要經由檢察官。但檢察官須附意見書。

有特赦申請, 要司法卿將意見書附其文書上奏。【謂特赦申請, 司法卿亦不得可否, 一仰上裁。此所與復權殊也。】

第四百七十八條 司法卿於處刑宣告一定之後, 不分時日, 得爲特赦申請。

除死刑之外, 雖有特赦申請, 不停止處刑施行。

第四百七十九條 有棄却特赦申請, 司法卿通知之行處刑宣告裁判所檢察官。

第四百八十條 有特赦裁可者, 要司法卿將特赦狀解送行處刑宣告裁判所檢察官, 乃照依第四百七十六條規則。

行副護軍 臣 嚴

日本司法省
視察記 三

—

일본 사법성 시찰기 삼

여기서부터는 영인본을 인쇄한 부분으로 맨 뒤 페이지부터 보십시오.

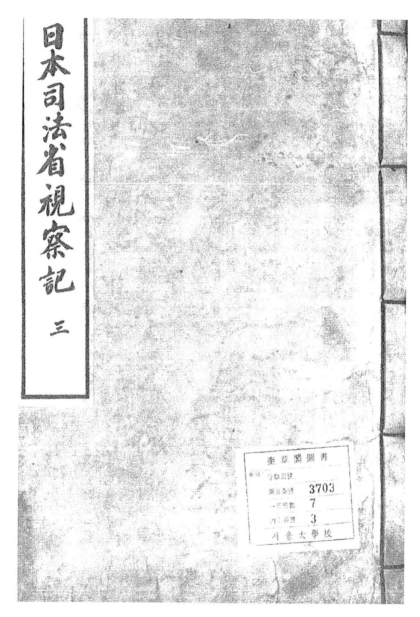

第三節　證據　自第一百四十六條至第一百四十八條

第四節　被告人推問及對質　自第一百四十九條至第一百

第五節　檢證及物件勒住　自第一百五十七條至第一百六十

第六節　證佐人推問　自第一百七十條至第一百九十條

第七節　鑑定　自第一百九十一條至第二百條

第八節　現行犯隊審　自第二百二十八條至第二百零乙條

第九節　保釋　自第二百十一條至第二百十九條

第十節　隊審終結　自第二百二十三條至第二百三十三條

第四章　駁審上訴　自第二百三十四條
　　　　　　　　至第二百六十一條

第四編　公判　自第二百六十二條
　　　　　　　至第二百九十條

　第一章　通則　自第二百六十二條
　　　　　　　　至第二百七十二條

　第二章　違警罪公判　自第三百二十一條
　　　　　　　　　　至第三百二十六條

　第三章　輕罪公判　自第三百七十一條
　　　　　　　　　至第三百四十七條

　第四章　重罪公判　自第三百四十八條
　　　　　　　　　至第三百七十二條

第五編　大審院職務　自第四百一十條
　　　　　　　　　　至第四百五十八條

　第一章　上告　自第四百一十條
　　　　　　　　至第四百三十九條

　第二章　再審之訴　自第四百四十條
　　　　　　　　　至第四百四十七條

　第三章　定裁判所管之訴　自第四百四十八條
　　　　　　　　　　　　至第四百五十條

6

第四章　為公安若嬶疑轉移裁判之昕　自第四百五十

一條至第四百五十八條

第六編　裁判施行復權及特赦　自第四百五十九條至第四百五十八條

第一章　裁判施行　自第四百五十條至第四百六十九條

第二章　復權　自第四百七十六條

第三章　特赦　自第四百七十條至萬四百八十條

7

治罪法目錄 止

治罪法

第一編　總則

第一條　公訴須要證明罪犯的用其刑而偵察官從
法律所定區分行之

第二條　私訴償要賠償若還復由犯罪所生損害若
贓物而屬被害者須從民法

第三條　公訴非須被害者告訴而起者又非因棄告

訴私訴之權而消者

定者不在此限　但法律所別

第四條　私訴不分其金額多寡得附帶公訴起之刑
事裁判所
又私訴得別起之民事裁判所。但法律所不許者不在此限。

第五條　公訴私訴裁判要依親管裁判所現行法律
所定訴訟次序。

裁判之種類

10

第六條　公訴私訴並發刑事裁判所若並發刑事民

事兩裁判所者不得將私訴先公訴裁判違者不成

為宣告　本條為回護被告者為發聞先宣告畤償還㪅勞有不先理之公訴民判之契

第七條　於民事裁判所一為私訴非檢案官有起訴

不得請降其訴更起之刑事裁判所㪅其令原告人聽佛公所陪審惟將刑軍裁判所令原告人聽佛之㪅又被告人得無民州向官之辞連

於刑事裁判所為私訴者得通同被告人請降其訴

更起之民事裁判所要通同肯聽以吊原告人擅圖自通與告為回護使吉有發

第八條　被告人雖得免訴若無罪宣告懲書雖卞若如親屬柑道告大欼改法作間令保免

公訴以起誕下日或反告人故公訴期尚若經改確定裁判若大欼改法作間令保免

11

願ノ期限

依從民法不得令被害者要賠償邊贓有防礙

第九條　公訴之權消滅者如左

第一項　被告人身死

第二項　偵告訴乃坐者被害人棄權若私和

第三項　確定裁判

第四項　既化罪後頒行法律廢停其刑者

第五項　大赦

第六項　期滿免除

12

第十條　私訴之權消滅者如左。

床私之患而起私有經皇期有短長皆下條所云。

廢州大赦。雖校公訴之權不得消私訴之

權賠償之責係財産者居多本犯雖身死受遺產者不得不任其責是私訴所以床異公訴者也

第一項　牧害者棄權若私和

第二項　確定裁判

第三項　期滿免除

第十一條　公訴期滿免除期限如左

第一項　違警罪　六個月

第二項　輕罪　三年

第三項　重罪　十年

第十二條　私訴期滿免除期限設令被害者，無能力
關初罹癲癇若受
理庭之禁者之願　或於民事裁判所起訴亦與公訴
期限同
而起首公私一凓公訴登安不自私訴無位

亦不
自由

除之例
　關未過期限先有真科者以
　犯證明關從民事之通例

若從公訴既經處刑宣告者乃依民法所定期滿免
除

第十三條　公訴私訴期滿免除日期從犯日起筭其
繼續犯罪者從終犯日起筭

第十四條　檢察官若民事原告人於刑事裁判所既
就起訴次序若就豫審或公判次序，得將期滿免除

期限中斷其正犯從犯及民事干連人未發覺者亦

本項所以回護公衆之權利謂犯皆之罪附
同

同不同者虞因期滿免除戒臨實公衆

其中斷期滿免除期限者從停訛起訴豫審若公判

之日再起筭期限但不得通筭前後超過第十一條

所定期限加倍之數　此項乃若凶防關殿告人之損

之權實殺告　言謂閱起訴前遠停訴未保公訴

人者亦不少

第十五條　起訴若經審公判次序違其規則者不成

爲中斷期滿免除期限　關如綸事虎諫審頌炙付證
又謂參照物件若指示扎處扎

名等如第百九條所
云否則爲骨規刪

但裁判官誤所管者不在此限　關殷告人所管方起
訴抯頭有難遠辨知

15

第十六條　校告人得免訴若無罪宣告其當初為告
訴告發者若民事原告人出凶意若重過者得要求
其虧損之償

校告人雖受處刑宣告其當初為告訴告發者若民
事原告人出凶意若重過告過實必罪者亦如之實
開如告誣枝傷以謀故致傷之類

若民事原告人向陳審若公判宣告為上訴自取敗
屈者被告人得要求其由上訴而所得虧損之償

要償之訴在本案未經決告以前得於當該裁判所

者故雖誤唔答而不
得謂被告人為無罪

爲之刑事歲刑審由要償刑事所不管理也

第十七條 被告人難受無罪宣告不得向裁判官檢
察官若書記司法警察官爲要償但各該官故意
損害贖如懲禁八刀難免責贖受貨略之類 或犯刑法所定之罪者
不在此限

第十八條 本律計期限以時者從全時起算以日者
不算初日期盡日若當休暇不算入限內 期滿免除以事為 而算入限 被告人算期限
但期滿免除期限不在此限 期滿免除以事為 被告人算期限

稱一日者以二十四時稱一月者以三十日稱一年
別例 亦屬

17

者依曆、謂不日以三百六十五日者、不分歲月大小間差總以一週年。

第十九條　本律所定期限、每陸路八里除與一日雖島地若外國路程之殿與於別律定之海道流配地、其未滿八里者三里以上亦同。

第二十條　凡經過本律所定訴訟期限者除特異事故外為失訴訟之權。

第二十一條　訴訟關係人不於裁判所在地居住、應當權設僑居申報書記局、違者雖不得文書遞交、不得容異議。

18

第二十二條　將文書遞交訴訟關係人本律別無定

規者書記應合造丹令該局使丁遞交

其應受領文書者在裁判所管外得將其事件囑託

該管外裁判所書記〔謂官吏之屬不越听管〕

人若不得交付本人應於其家交付同居親屬若催

人

第二十三條　遞交文書要開造二通將一通交付本

其遞交人要令受領者於二通文書上署名捺印不

能署名捺印者須附記事由。

其不得交付同居親屬若催人若不肯受領者得交

19

付該處戶長戶長要僉印文書速付之本人

遞交人要於二通文書上記載受領者名氏處所及
日時

其違本條規則者不成為文書遞交

遞交人應徵納該書一通於書記局該局要為憑信
以保存

第二十四條　休暇日及日出日没前後不得行文書
遞交遞者不成為遞交但本人承允受之者不在此
限日出入前後屬人家靜息時間敬憚毁父、闕職學日人多不在家或致交書之遲延而

第二十五條　官吏文書要使用本屬官印記載年月

20

日及處所署名捺印又每葉契印其不得用官印者

須附記事由違者不成爲文書

其非官吏者文書要本人親自署名捺印不能署名

捺印者除官吏對面所造外要令對同人代署附記

事由

第二十六條　凡造作訴訟文書正本若謄本不分官

私不得輒改竄文字甚有將文字挿入若刪除或記

註欄外者要僉印之刪除者須存其字樣記載原數

以便觀覽違者不成爲增減更字（本條爲閣防僞造文書而設）

第二十七條　本律所定條陳豫審若公判規則通犯罪

在須降以前者亦得用之

訴訟次序在本律須降以前者不違規律仍存其効

驗

第二十八條　本律通將來應須行別法它豫審若公

判次序罪犯亦得用之但有砑抵觸者不在此限

其於既經須降別法它豫審若公判罪犯不在前項

之例

第二十九條　本律於應以江陸海軍律處斷者不得

用之

第三十條　本律稱親屬者依刑法第百十四條第百

22

十五條之例

第二編 刑事裁判所結構及權限

第一章 通則

第三十一條 通常刑事裁判得與民事裁判於同一
裁判所合其權（如軍事裁判所之類）

第三十二條 之裁判所位置及所管區域司法卿奏
聞取自上裁

第三十三條 裁判所置檢察官一名若數名

23

第三十四條 檢察官刑事職務如左項

第一項 搜查罪犯 謂罪犯之有無檢查而向裁判所告其罪

第二項 向裁判官請求審查罪犯的用法律 謂檢察官請裁判官審

第三項 指揮裁判所命令及其宣告施行 謂指揮訴訟之事開公

第四項 於裁判所保護公益 謂審判得陳言其為公

第三十五條 檢察官要一名對同公廷 謂檢察官在開緊事件不

第三十六條 裁判所置書記一名若數名

第三十七條 書記要對同豫審若公判開造文案及公判始末其餘一切訴訟文書,謂書記之於裁判所,繁要亦同,倫案官若對同,亦石戌裁判,

又如保存裁判宣告其餘一切文書,

第三十八條 從罪名分定裁判所管,如左項,

第一項 違警罪於違警罪裁判所,

第二項 輕罪於輕罪裁判所,

第三項 重罪於重罪裁判所,

其一人犯重罪及輕罪若犯輕罪及違警罪二罪俱發者雖非附帶之罪從其重者併管上等裁判所,謂

一

25

第三十九條　在左項者為附帶罪

第一項　一人若數人同處同時犯數罪

第二項　二人以上違謀其處其時犯數罪

第三項　為令便易自己若他人犯罪或為先本罪
更犯別罪

第四十條　於裁判所等者將犯處裁判所為欣審
及公判所管

其犯處不明白以逮捕地裁判所為所管

26

第四十一條 於各該裁判所管內同時犯一罪若繼

續犯罪以逮捕地裁判所為其所管 如各管內犯罪則
中該犯罪之類經實犯罪用公於各
管內更用貢逮黨其捕利之類

其數罪俱發者亦如之

第四十二條 於犯處小裁判所管內逮捕者要押送
附近該管裁判所

其以令状逮捕者押送發令裁判所

第四十三條 於各該裁判所管內不得逮捕若法律
所不許逮捕者 如逮警思若將當枘就據畨若公判
該羈金之類

裁判所爲其所管

第四十四條　從犯從正犯所管裁判所

若正犯涉各該裁判所所管者有數名將當初就隊

審若公判裁判所爲其所管

其屬高等法院若陸海軍裁判所所管有法律所特

定者不在本條之例（謂四十六下人軍屬而從審若公判裁判所之類）

第四十五條　在外國犯罪合依本國法律處斷者遞

捕之内地將遞捕地裁判所爲其所管自外國解到

者將解到地裁判所爲其所管

其應行闕席裁判者將被告人最終所居裁判所爲

听管若听居不明白者、償起定、裁判听管之訴〔闕席裁判〕

謂如由裁告人之未然稱捕空闕對問坐席之類也。

第四十六條　商船內犯罪者听管及訴訟次序以別

律定之

第四十七條　裁判官行豫審者不得復干預其公判

又㿟行豫審若行公判者除京訴及有向闕席裁判

起障礙者外不得復干預其上訴裁判違者不成為

裁判

者審明

第四十八條　裁判听於受訴事件有自判決應否管

理之權在其判次雖本案既屬終審檢察官及自餘

訴訟關係人得依常規上訴

　第二章　違警罪裁判所

違警罪裁判所

管内所犯違警罪

第四十九條　治安裁判所判所為違警罪裁判所裁判其

判事行之

判事有障礙判事補行之

第五十條　違警罪裁判所判事職務乃治安裁判所

判事行之

第五十一條　違警罪裁判所檢察官職務乃該處警

部行之　不置檢察官所入警部所處小次巳

第五十二條　違警罪裁判所檢察官要每月造己未

決事件表起發輕罪裁判所檢事　期裁月又燹黄人在肌逞改每月必

其事件表要違警罪裁判所判事僉印若有意見附

記附見意者所以辨明延將

第五十三條　違警罪裁判所書記職務乃治安裁判

所書記行之

第五十四條　始審裁判所爲輕罪裁判所裁判其管

第三章　輕罪裁判所

内所犯輕罪

納表人印供其偹關

又行輕罪及重罪豫審謂就罪內罪把舉為跤月所正硯而探本案前帶之罪

又裁判其向管內逮警罪裁判所始審裁判為控訴者刊所開廷裁判判下得不為控訴

第五十五條　輕罪裁判所判事職務該所長向初審謂更裁判職

裁判所判事挨次命之一名若數名以一個年替職務且限以期年者所以令態員務且防弊也

又得再加一個年繼續其職

第五十六條　陳審判事職務司法卿向始審裁判所

判事命一名若數名以一個年謂随擢命之不拘次序

32

又得再仍一個年以上。繼續其職。請豫審判事就得改得以一年

以上繼續其職。

第五十七條　判事有障礙自餘判事若判事補行其

職務。

判事補得對同豫審若公判陳白意見。不得干預紙犬。

第五十八條　輕罪裁判所檢察官職掇。乃始審裁判

所檢事若其所指命檢事補行之。

第五十九條　輕罪裁判所書記職掇乃始審裁判所

書記行之。

第六十條　東京警視本署長及府縣長官各於其管

33

内為司法警察官有搜查罪犯之權並與檢事同但

東京府長官不在此限 謂由東京在口調査節釋察
　　　　　　　　　　嗣将置警視應為其専任

左方所開載官吏輔佐檢事受其指揮要從第三編

所定規則為司法警察官搜查罪犯 闕各該官雖各
　　　　　　　　　　　　　　有所屬而行警

惡未得不聽
代主管檢事

第一　警視警部

第二　區長郡長

第三　治安判事

第四　關警部地方戶長

第六十一條　司法警察官檢察官若裁判官有受他

同職官囑託蒐集其管内應合為證憑若叅照事

物供其審查 謂官吏之權不越所管不得不互用囑託。

第六十二條 檢事要每二個月造遞審若公判已未

大重

決事件表發呈控訴裁判所檢事長 謂每二個月造由事情差淺

事件表要裁判所長盒印若有意見附記。

又要并違警罪裁判所檢察官所移事件表一庬發

呈若有意見附記。

第四章 控訴裁判所

第六十三條 控訴裁判所置刑事局裁判向輕罪裁

判所始審裁判爲控訴者但要判事三名以上判決

謂控訴裁判事次鉤棟之難
明辨故必要判事三名以上

第六十四條　刑事局判事職務裁判所長挨次命該

所判事以一箇年

又得再加一箇年継續其職

局判事行其職務

第六十五條　刑事局判事有障硋裁判所長令民事

裁判所長聽低隨便爲各該裁判長　謂所長以職在
統轄不分民刑

顧懇
帆惟

第六十六條　刑事局檢察官職務乃該裁判所檢事

36

長若其所指命檢事行之，皆以其上要為信也，若非裁判所不屬檢事補

第六十七條　檢事長於該裁判所管內得躬行應屬

輕罪裁判所檢事司法警察及起訴職務或令其所

部檢事行之

又須因起訴若他職務行移該管內檢察官

九檢事長監督該管內檢察官及司法警察官

第六十八條　檢事長要每三個月造簿番若公判己

未決事件表發呈司法卿

又要倂輕罪裁判所檢事所移事件表一齊發呈司

法卿若有意見附記

事件表要裁判所長盒印若有意見附記

第六十九條　刑事局書記職務乃謨裁判所書記行
之下置書記補長與第六
十六條不置論節問同

第五章　重罪裁判所

第七十條　重罪裁判所裁判其管內所犯重罪。同不常員。

第七十一條　重罪裁判所每三個月一爲開設。關前判臨則廳後每有重犯事件繁。
若事件浩繁日不暇給得控訴裁判所長及檢事長
申稟司法卿須其允可臨時開廳

第七十二條　重罪裁判所於控訴裁判所若始審裁
凡此裁判要急速不爲作後間之願

判所開設

第七十三條 重罪裁判所要頂左方職員裁判

第一裁判長一名

控訴裁判所長就該所判事中命之

第二陪席判事四名

於控訴裁判所開廳乃該所長就該所判事中命
之於始審裁判所開廳乃以該所長及前任判事
送充重罪裁判所左八所関匪經裁判所左要頂互右分東準長棟有
補事長若其所指命倫事行之

第七十四條 重罪裁判所檢察官職務乃控訴裁判

若於始審裁判所開廳檢事長得令該所檢事行其

職務論更理裁判官之職務多故裁判所所

記行之責此偹輕改俟便宜

第七十五條　重罪裁判所書記職務乃該裁判所書

事件表要控訴裁判所長僉印若有意見附記

第七十六條　控訴裁判所檢事長要於開廳後造己

決事件表發呈司法卿檢事長要於重罪裁判所貞

第六章　大審院

第七十七條　大審院置刑事司裁判左項條件

第一項 上吉

第二項 覆審之訴

第三項 定裁判所管之訴

第四項 移裁判所管之訴

第七十八條 刑事局非具判事五名以上不得為
裁判

第七十九條 刑事局判事職務司法卿奏聞取旨命
該院判事

刑事有障礙民事局判事循舊次行其職務

第八十條 刑事局檢察官職務該院檢事長若其所

41

指命檢事行之

第八十一條　刑事局書記職務該院書記行之

第八十二條　檢事長要每三個月造報審公判已未決
事件表發呈司法卿
事件表要院長僉押若有意見附記

第七章　高等法院

第八十三條　高等法院裁判刑法第二編第一第二
章所揭重罪　閼係皇室關事小患罪犯
又裁判皇族所犯重罪及合該禁錮輕罪　閼罰金之刑室候之不
視坐於通常裁判所裁判之　若勅任官所犯重罪

前二項所開載正犯若從犯不問身位何如於該院一膛

裁判殊不得所為二件

第八十四條 開高等法院司法卿奏請取自上裁其

應裁判事件及開院處所亦如之

第八十五條 高等法院以左方職員為裁判

第一裁判長一名陪席裁判官六名

每歲豫就元老院議官大審院判事中奏聞取旨

定之

第二 豫備裁判官二名 醫豫備官者由論所彌久
末及判次而當該裁官病故

事乃關曠故一微
備代員泰坐論辨

第八十六條　陳審判事職務、奏聞取旨、命大審院刑事
局判事一名若數名、不拘分若開歇審判事職也判斷有無罪途不預長實氏
亦依前項式則命之
隙情遏克亦無行

第八十七條　高等法院檢察官職務乃大審院檢事
長、若司法卿所指命檢事行之

第八十八條　高等法院書記職務乃大審院書記行
之

第八十九條　不得向高等法院裁判為上訴但於左
項條件、得上訴該院、

第一項　向閣席裁判起障礙者，

第二項　哀訴，關法未匯刑而受處刑宣告，若受重
刑遣當宣告者庭䏭限內上告，裁判

第三項　再審之訴

第九十條　被告事件浩繁若裁判再審之訴得新置
職員，

第九十一條　高等法院訴訟次序一依通常規則，
高等法院訴訟次序一依通常規則

第三編　罪犯按查起訴及豫審，

第一章　按查，

第九十二條　檢察官緣告訴告發現犯其餘原由認識

若推測有犯罪要依查其證憑及犯人照依第百七

條以下規則行起訴次序

第一節　告訴及告發

第九十三條　有犯重罪若輕罪受其饋贐者不分何人

得告訴犯處若被告人居處踩審判事檢事或司法

警察官

豫審判事受告訴要照依第百十四條以下規則區處。

檢事受告訴要照依第百七條規則區處。

司法警察官受告訴要將其文書速起送檢事。_{察官}

其係違警罪者得告訴犯處當該裁判所檢察官若

司法警察官警察官受告訴要移之該檢察官。

第九十四條 告訴人要務併其合為證憑若參照者。

申告。嗣不識之不得懷違故要併告訴申告。

又告訴人、得照依弟百十條以下規則。爲民事原告人、聞告訴止中告訴單爬爲後直狀抵、

弟九十五條　告訴要以當該人所署名捺印文書行之、

又告訴得用口陳但官吏受其告訴者面造文案朗讀訖所辭是實要僉署名捺印若告訴人不能署名捺印要附記其事由

官吏要將受理陰單交付告訴人、聞不止與告訴人又所以令官吏不急

弟九十六條　官吏臨職務忌識苟推測有犯重罪若

輕罪要速告發該處檢事當職有所告發固屬分內

與常人殊故曰要不曰得其任職外所欲見者亦與常人無殊

其為告發要用所署名捺印文書務附其合為證憑

若欲照者申告閱官吏告發必須大書不許口陳不欲其離藏俊也

其保違警罪要告發違警罪裁判所檢察官

第九十七條　不分何人認識若推測有犯重罪若輕

罪得照依第九十四條第九十五條規則告發該處

若犯處豫審判事檢事若司法警察官 本條義與告所同謂不分

官吏受告發者要依第九十三條規則區處

第九十八條　告訴告發得令人代替、便若九十六條所
云者不在此限〔謂官吏告發係其分内不得委之他人〕
無能力者令法律所定代替人爲之〔謂幼稚之父母若後
見人自虐頂癲癇等〕
賫人〔不類〕亦成爲告訴

第九十九條　告訴告發得降其情若更其詞然照依
第十六條規則不得辭受被告人要償之訴

第二節　現行犯罪

第百條　現行犯罪、謂現方犯罪若現既犯訖發覺者
〔謂犯罪有現行犯罪非現行犯之差現行犯顯發明白無有
寃枉之恐若後之則事情悔人又有逃亡之虞故不
分何人得直逮捕非若現行犯必
須檢事若民事廳告人請求爲審查〕

50

第百一條　有犯重罪輕罪，在左項准現行犯。

第一項　彼一人若數人以罪名追呼者。

第二項　携帶兇器贓物其餘應疑犯罪物件者。

第三項　家長向官吏請求驗檢其家宅內犯罪者。

逮捕疑似該犯者。

第百二條　司法警察官及巡查，臨職務認識有重罪，若輕罪現犯要不待令狀若命令逮捕犯人。

若現犯係違警罪要問名氏居處告於當該裁判所，檢察官其名氏居處不明白若有逃亡之懼者，得勾引該裁判所，聲由違警罪，不許逮捕之故。

第百三條　巡査逮捕攸告人要速交付司法警察官
　謂巡査攸攸已緩之攸外無遺案文案
　之權故亦是捕者要直交中引

其司法警察官受交付者要速依原逮捕及告發文案

第百四條　司法警察官逮捕攸告人若受其交付得疝
　謂現犯以事要速逮治於許准問檢
　人宜警攸未為因有之權不得令離
　起發各狀

為推問及檢證誰然不得

第百五條　有現犯重罪若輕罪不分何人得直逮捕
　謂當人雖有隱問之權不得
責以逮捕致日得不日要

第百六條　於前項逮捕犯人者要勾致司法警察官

若不得勾致得陳述自家名氏職業居處及逮捕事

由姑交付巡查

其炎付犯人於巡查者要速為告訴若告發

但犯人若巡查得向逮捕人要求偕詣官署逮捕人

非有切要事故不得拒其要尤

第二章 起訴

　第一節 檢察官起訴

第百七條 偷事既終候查要為左項處分

　第一項 推測事係重罪要尤豫審於豫審判事

　第二項 推測事係輕罪要隨其輕重難易求豫審

53

或直向輕罪裁判所起其訴

第三項 推測事係違警罪要於證憑文案附記意　謂重罪難者求敵審　輕且易苦氣長公判

見起發達警罪裁判所撿察官

第四項 推測被告人身位罪質若把處不係所管者

要發付該管裁判所撿察官

若推測被告事件不成罪或非應該受理者不須為起訴　非應該受理者謂如因期滿免關領之裁判大敵筆每公訴之推測或須告所乃受理者

無告訴人心類

第百八條 於前項撿事旣起告訴要將其處分通報

校害者 謂敏害者葡地日藤告人起塁撿事　意介阿如囹情所不更攺衷通報

第百九條　檢事求豫審要發付應合為證憑若參照
事物且指示應臨驗逮捕處所人犯若原被告證佐
人。

第二節　民事原告人起訴。

第百十條　校害者就重罪若輕罪將附帶公訴為私
訴要併告訴陳告若既為告訴要就豫審判事陳告
謂併私訴告訴申陳者。曰法。警察官亦得受之。既
為告訴後為私訴者。非判事若檢察官不得受。
豫審判事自校害者直受民事原告申訴。雖不得檢
察官起訟為併公訴私訴既受理。開止為告訴者。與
告發無味。一起私
訴則公訴束頁之故。不拘檢察官
所見何如。不得不為應分審判。

55

豫審判事但有自被害者直受民事原告申訴必要

通報檢事。

第百十一條 被害者至受係公訴本案始審終審裁
判宜告不分時日得爲私訴若變更其要求關民事
原告之

又得於請降私訴之後再爲申訴若變更其要求稿
訴身爲請定等間內時此恨宜之體則再爲其附爲
降其訴卡隨未其權則得辭東北其附爲
限外得郎受
權限分間爲光制
限小得郎受

第百十二條 被害者得委他人代爲私訴若爲請降
或東其權民權不公末自由出官。
若被害者無能力要委代替人爲之。

第三章　豫審

第百十三條　豫審判事、除現行重罪若輕罪外、連前
章定規、非有檢事若民事原告人請求、不得爲豫審、
違者係請求以前不成爲審查、請義判官以不告不
理爲定則政不領起、

第百十四條　豫審判事因重罪若輕罪直受告訴若
告發得發勾嗅狀提向被告人若推測須仍應勘查
謂豫審判事直受告訴告發習聞如人本條另則便
者、要將其事件起送檢事、其爲勾嗅不用判限應仍
宜直出其將事件起送檢事者照依常規告發檢事
實實之義也、

第百十五條　豫審判事受告訴若告發事件、不容稽

57

緩得直將勾引狀發付被告人若推問之後發付勾

雷狀行勾引勾雷圉肅覝外處合謂思情繁惹或

但於斯際要速報檢事起發應合為證憑發照物件

若檢事雖得通報不在一日內起訴際審判事要隨

即放免被告人但後日起訴亦不妨殊其將起雖得

第百十六條　被告人居住去處豫審判事直受告訴

告發或自檢事受其起送事件不容稽緩先照常規

勾問被告人若為驗證之後要將應合証憑若叅照

物件起發把處陳審判事

若推測應護禁錮以上刑者得將勾留狀起發被告人

簡易審訊之刑
考察須候是矣

第百十七條　檢事於豫審中不分時日得請乞該判

事驗視詞訟文書但要限二十四時間還付

又於緊要處分得臨時為其請求

第一節　令狀

第百十八條　豫審判事因檢事若民事原告人起訴

受理重罪若輕罪要先將勾喚狀發付被告人但自狀

單解到至出廷間火尚要假與二十四時

簡事陳週限於末至判定罪

此候不得勒限命出官只令狀氣裁出官

處忻日時與公判勾喚無味

其被告人出廷者要隨卽推問遲尙不過本日內。

第百十九條 豫審判事於應受勾喚被告人不管內居住者得向居住去處豫審判事明示推問條件囑託處分。(謂事涉瑣屑者不必爲勾喚分當於命令)

第百二十條 豫審判事於勾喚被告人日期不出廷者。得發付勾引狀。

第百二十一條 於左項豫審判事得直發付勾引狀。

第一項 被告人居住無定所者。(謂無緣爲勾喚致直爲勾引。)

第二項 被告人有湮滅罪證若逃亡之懼者。

第三項 被告人犯未遂罪若脅迫罪仍有將遂重

其衆之懼者謂不止害公衆又恐其逃竄勾引之分恐以甚護之

第百二十二條 執行勾引狀者要將被告人押致拘該隊審判事謂勾別狀執行者押送避竄之類

其被告人被勾引者要限四十八時内推問若有經過有關審判首勾引狀之月以往往有之權故非更勾引之分以過時限時限非更發付勾留狀傾釋放之謂不因順停推問者仍敕停聽

第百二十三條 被告人先發勾引狀既出在管外得躬就其現處隊審判事求其審查該隊審判事要催勾留被告人速通報之親管隊審判事謂管外判事大受觀管月

事謂拘期無由申辨事情因不得推問然而末分不為放之於留之候觀舊處分把非有被告人謂其不

第百二十四條　於前項親管豫審判事要向他隊審

判事　被告人ノ由　明示推問條件囑託其處分若請求

將被告人照勾引状押送

其隊審判事受囑託者要先為推問報之親管豫審

判事叩其意見放免若照勾引状宜告押送

第百二十五條　被告人受勾引喚若勾引状者病患或有

問　他由ノ囑如祖父母父　母疾病等葉ニ父關

他由不能應奉證明是實隊審判事得就其所在推

但其被告人在所管外要託該處隊審判事囑託惟

問。

第百二十六條　勾留狀除被告人逃亡若第百二十
三條所揭外非旣爲推問推測應該禁錮以上刑者。
不許發付

第百二十七條　豫審判事自發勾留狀經過旬日要
交愎收監狀若照依第二百十九條規則責付被告
人。無定期令次中乞更審
於左項檢事得向豫審判事求停止責付更加十日
間勾留。謂檢事雖有請求取舍惟判事所擇

第百二十八條　收監狀非旣經將豫審着手次序通
一

報檢事且叩其意見之後不得發付

第百二十九條 收監狀要開載左項條件

第一項 被告事件及加重成輕减略

第二項 法律正條

第三項 檢察官意見照會

第百三十條 令除要開載被告事件及其名氏藏繫

居處但除勾喚狀外名氏不明白者要明示容額軆
幹。譌勾喚犬以發中本夫若現审贪必要名氏居處。
若勾引勾照況荳狀名氏不曰省此記註物色。

又要将發付年月時日註記據審判事及書記并署

名蓋印。

勾引勾留及收監状並令巡查執行

第百三十一條　勾喚状照依第二十三條規則令書

記局使丁發付被告人若其所居、

第百三十二條　勾引勾留收監状施行之本邦版圖

内倛有時造正本數道撥仲巡查數員、

執行前項令状者要向被告人先示正本後下付謄

本從第二十三條第二項第四項規則、謂与引状以仕竹及經廣。

但甲管及乙管執行者不得不互相囑記

第百三十三條　巡查執行令状者推測被告人潜匿

其家、若他家、要請戶長若隣佑二名以上對同搜索。

巡查ハ不論發見否被告人ヲ造搜索ニ憑階對同者

署名捺印

家宅搜索ハ日出日入前後不得行

第百三十四條　探審判事覺察被告人潛匿他管內

若推測其潛匿於事件不容稽緩得將令ニ將付巡查

帶行問兄事情緊急者苟識其所在要以速逮捕ヘ

其巡查要就被告人居處探審判事檢事若司法警

察官示令依次隨卽執行

第百三十五條　探審判事不能覺察被告人所在得

将物色状,轉達各控訴裁判所檢事長,請求搜

若逮補,

其檢事長,受請求者,要令其管內檢事,為搜查若

逮捕處分,

第百三十六條　向陸海軍在營軍人軍屬,發付令状

者,要示之該長官,該長官除有他故外,要速發解該

犯,令應令状,其抄行軍之際,亦如之。

第百三十七條　校告人受勾留状若收監状者,要速

句致令状所載監倉,不能者,得姑句致附近監倉,

其監倉長,不論何等事情,要檢閱令状,須受校告人。

一一

67

交付證票、

第百三十八條　巡査執行令狀者要將其得執行與

否並註明正本

但巡査要將係令狀執行文書納之書記局書記要

交付受領證票、

第百三十九條　被告人該受勾留狀若受監狀者既

入監倉若獄舍書記要發付之該犯將其事由註明

正本及謄本。簡己在拘狀　不腹願巡査

第百四十條　被告人除密室監禁外照依監獄則得

偵官吏對同接見親故若代言人。

其尺牘書籍其餘文書非經豫審判事照撿不許皮

告人與外人私自授受但豫審判事得領留其文書。

閒撿倪其有無
弊害寸否授受

第百四十一條 豫審判事推測犯情非應該禁錮以上

刑者豫審間不分時日要求消令状。

閒見改令状
之令状然

但係収監状者要豫懋撿察官意見。

閒此監状當初
發之呣撿察官

第百四十二條 凡監倉内要貯刑法治罪法二書隨

囚告拘請乞借與

閒被告人熟讀法典講明作意則
自曉其罪利所在然為辨誣自少

順供軏拁非
理上許之弊

第二節　客室監禁

第百四十三條　豫審判事、豫審中將客室監禁爲驗

實員必須得因倫事請求或以其職權、向被告人受狀

監狀者行其宣告

敢之恐與二權宜適宜受他長其宜他受行人
通報被事得其處近出事學行人

第百四十四條　被告人受客室監禁宣告者、每一名。

實之別室、非得豫審判事尤可不許接見他人、若授

受文書貨幣自餘物件

但雖食物飲料藥餌自餘應關給物件、令監倉長特

祈指命者給與

第百四十五條　客室監禁、不得超過十日。但每十日、得更命監禁。謂客室監禁、所制人躰、抑勒自由故。不得不制限其時日。若過其日期、尚要監禁、須更為宣告、不然、不先為懲目監禁人。

若更命監禁、要將其事由報告裁判所長。謂防措置、或漢恣横。

豫審判事扵十日間火尚要為二回推問照依常規。造審查文案。謂火尚要二回推問則其數回推問、周法律許望、遣起見刑救告人、得求其次程、或向其判事、為要償之斷。

第三節　證據。

第百四十六條　凡扵法律不得以被告事件形況推

測其有據

其校告人供招官吏驗證文憑若證據物件或證佐

人陳告鑒定人申稟自餘諸色徵憑並任從裁判官

所判定

第百四十七條　豫審判事要因偵察官民事原告人

或被告人請求若以其職權蒐集證據徵憑所驗實

必須者

第百四十八條　豫審判事臨驗若悵索家托勒佳物

件或推問校告人證佐人必要書記對書記要進審

查文案偕判事署名捺印。

若於裁判所外急遽之際不能得書記對同要別員
二名對同但祇監倉推問者令該官吏一名對同。
在前項探審判事要自造審查文案朗讀訖偕對同
人署名捺印。

其非得書記若別員對同者不成為處分。

第四節　被告人推問反對質，

第百四十九條　探審判事要先推問被告人促為驗
證若推問證佐人不容僭越者不在此限，

第百五十條　探審判事令被告人供推其罪不許用

恐嚇若詐騙

第百五十一條　書記要登錄推問及陳述向被告人宣讀。

擦審判事要先將其書詞向被告人問無錯誤否記、令署名捺印、不能署名捺印者須附記其事由、書記要記載照本條式履行、俗擦審判事署名捺印。

第百五十二條　被告人欲求其陳迹有所處更增戒者、要改為推問照依前規登錄其推問及陳述再朗讀、記署名捺印。

第百五十三條　被告人得求見其陳述狀謄本、

74

第百五十四條　陳審判事將對質於證明被告人為

共犯非誤謁等一切情況為緊要得令被告人與他

被告人證佐人及自餘者對質

第百五十五條　書記要登錄對質人供述及由對質

所生一切事件將其部分向對質人宣讀

第百五十一條及第百五十三條規則於對質亦用之

第百五十六條　被告人若對質人聾者問用紙筆啞

者答用紙筆聾者啞者竝不識文字要用通事

其不通國語者亦如之

第百五十七條　通事要傳驛以實宣誓

書記要將審真文憑向通事宣讀令署名捺印第百

九十二條第百九十三條及第二百條規則於本條亦用

之

　第五節　驗證及物件勒住

第百五十八條　懲審判事有於驗實為必要要臨檢

重輕罪咫听

其有檢事請求者不論何等事情要必臨檢

第百五十九條 豫審判事、要將合證明罪質犯狀時、
日處所及枚告人非誤認等情況開造文案、又要將
應便益枚告人情況登錄、謂豫審判事、非恃證明枚
告人罪犯、其應回護者、亦

第百六十條 豫審判事、於臨檢去處、所發見物件思
料其出處形狀足識認被告人非誤認、若其犯情者、
要勒令印造其目錄、但監護遞送其物件、爲書記
責任、名代勒記尾其之類、

第百六十一條 豫審判事臨檢若家宅搜索物件、勒
住等項不及、卽日終結者、得開鎖其遍圍若置看守へ、

要證明之、

第百六十二條　探審判事得臨撿彼告人所居若他

人所居應疑藏匿物件去處

其彼告人若藏匿物件者不在其家要同居親屬對

同親屬不在要戶長對同　關係告人人要事原告帝故
同家主不在則更口長眼司

第百三十三條第三項規則於本條亦用之

第百六十三條　彼告人於臨撿及家宅搜索得自對

同若令人代替　關家宅搜索
非輕故不得眼其眼同　若彼

告人受勾留不得躬自對同但探審判事要其對同

者不在此限

在前項民事原告人及代替人亦得眼同但探審判

78

事不得爲楷留諫審

第百六十四條 諫審判事於家宅搜索要照依第百

六十條規則 勒住物件

若勒住物件要將其目錄謄本交付對同人 開示不奪物件

第百六十五條 諫審判事不分攷告人對同否物件

勒住要將物件示攷告人令爲辨鮮

其哸推問及陳辨要登載文案

第百六十六條 諫審判事將在臨撿去處將開證佐

人陳辨爲緊要 要令書記對同各別推問

第百六十七條　豫審判事在前數條處分中不論何
等人得禁不須允許出入其處所

若有犯其禁者得下逐若及終結其事抑留之

第百六十八條　豫審判事雖係其管內者得因便宜
將臨檢若家宅搜索囑託該地治安判事

第百六十九條　豫審判事將檢閱被告人若豫審干
連人或自他人所起發文書電報若物件為檢實必
須得向驛遞電信鐵道諸官署其餘會社〔關如係遞
預通知其事由接受開拆之但要交付領收票〔薩遞等之

若前項文件現屬劇不用者並要還付原處〔

第百七十條　豫審判事。要勾喚揀事民事原告人若
被告人竚為證佐人指名者。
其原被告證佐人員數影多者。要備其竚指次序若
託為最足驗實者輕罪事件各限五石重罪事件各
限十名。先勾喚之其為驗實要多眾者不在此限。
人豫審判事雖原被告竚不指名者得以其職權為
證佐之勾喚。
第百七十一條　證佐人要用豫審判事名稱勾喚。但
其令狀要遵第二十三條規則起發。
若證佐人在管外要將令狀起發囑託該地輕罪裁

判所書記

第百七十二條　證佐人不在裁判所所在地方居住者

探審判事得將其推問囑託其居住去處治安判事

若證佐人在管外者得將其推問囑託該處探審判事事若治安判事。

第百七十三條　勾喚狀要登記證佐人名氏居處及職業又要證記出廷時日處所及不應勾喚者科罰金且

有時勾引勾喚狀其解到與出廷之間必尚要眼與二十四時

第百七十四條 證佐人,證明因疾病公務其餘事故,不能脈勾喚,傥審判事,要就其所在椎問

第百七十五條 應為證佐人者係陸海軍營內軍人軍屬,(謂營內者,分非役者,)將勾喚狀經由其所部長官起送之該長官要隨即令其出廷若遭職務上有礙障要向傥審判事,陳其事由請求延期

第百七十六條 證佐人除前二條碍障之外有不服勾喚者,傥審判事,要叩稽事意見宣告罰金二圓以上十圓以下。但不許向其宣告容異議若為控訴。(謂)

補遠者,除其暇程須又収其應分待日。

證佐人皆幷白事情令思人不肯出頭者在
陪官任不起爲民主公權而爲良份以故上任勾喚
罰之

探審判事得向其證佐人再將勾喚狀幷罰金宣告

狀起發若直發勾引狀但其整費令本人員擔

若證佐人再不服勾喚應加倍罰金且有時發勾引狀

第百七十七條　探審判事於證佐人不服勾喚至一再

次證明該狀式違規則若有預難辨知的實事故

不肯出廷者要叩檢事意見消除罰金宣告

第百七十八條　證佐人因勾喚出廷者要將其勾喚狀解

付書記若有遺失要證明其非別人

第百七十九條　豫審判事，要向其所勾喚證佐人問

訊名氏年甲職業居住及係第百八十一條所開載者否。

第百八十條　豫審判事，要令證佐人將無受憎無畏

懼申陳以實宣誓。

豫審判事向證佐人，將其宣誓文朗讀訖令署名捺印若

不能署名據印，要附記事由

其宣誓文要附訴訟文書貯藏。

第百八十一條　左項所開載者不許為證佐人但得參

照聽其申陳。

第一項　民事原告人。

第二項　民事原枚告人親屬、

第三項　民事原枚告人後見者、若受其後見者、

第四項　民事原枚告人雇者、

第百八十二條　左項所開載者亦與前條同

第一項　十六歲以下知者、

第二項　知覺精神不足者、

第三項　瘖瘂者、

第四項　枚剝奪公權若停止公權、

86

第五項　事係重大受轉移重罪裁判所宣告若事

離係輕罪合該重禁錮旣付公判者

第六項　就現應申陳事情曾受訴訟以證憑不白

得免訴宣告者　謂其受訴犯罪去應時日病死震名刑名便吾告者乍與現應申陳事件無

亳相誅故雖罕免訴宣告事後細賦不得為証佐人

第百八十三條　為證佐人不肯宣誓若雖宣誓而不肯

申陳者據審判事要叩偷事意見照依刑法第百八

十條宣告罰金但不許向其宣告容異議若為控訴

醫師藥商穩婆若代言辯護代書公證諸人戎紳官

僧侶受係職業密囑者不在前項之例　謂大明諸人於職業上所

第百八十四條　元證佐人要與他證佐人及被告人各別

推問其為驗實必要者乃得令對質

第百八十五條　隊審判事令證佐人申陳確實以犯

處同臨為必要者得同臨重輕眾犯處及其餘去處

若證佐人不肯同臨者要照依第百七十六條規則宣

告罰金

第百八十六條　第百五十六第百五十七條規則亦適

用之證佐人

第百八十七條　證佐人係皇族若勅任官者豫審判

事要與書記俱就其所在廳其申陳

第百八十八條　書記要將證佐人所申陳各別造大案

該文案要登載證佐人行否宣誓事由

第百八十九條　豫審判事要令證佐人知其所申陳

有無錯繆命書記朗讀文案

證佐人於其所申陳得請求變更增戒

書記要於文案上登載其請求及變更增戒條件與

豫審判事及證佐人偕署名捺印若證佐人不能署

名捺印附記其事由

第百九十條　證佐人於得隨即要求出廷盤種日給費，

閒為人體佐雖爾民主義務，若
其責用柴耳日負政得要求，

若證佐以日所得為生理者得除盤種日給費外更
要尤其日所得廳等償金　本條ㇰ寶質有姑日歳刑所給
儶償，

在本條，豫審判事要箋定其金頡以宣告，

第七節　鑒定，

第百九十一條　豫審判事為驗明罪質把状及甘结，將
鑒定人為必須者，要令其係學術職業者一名若數
名鑒定，閒如偶毒校者肝剖尸體分析毒質毆傷
者，視察輕重驗震爲物偽造，偐者海軒

90

第百九十二條　鑒定人要用書記局以令狀勾喚其

式須登錄命鑒定及不服勾喚應合宣告罰金

鑒定人不服勾喚要照依第百七十六條規則處斷但

不得起發勾引狀，餘人與鑒左人必要其人者未

止命罰金

不許勾引

第百七十七條　規則亦適用之本條

第百九十三條　鑒定人要將鑒定以正實宣誓該式從

第百八十條之例

書記要於鑒定令狀瓶尾登錄鑒定人行宣誓而將宣

誓文附搭之

第百九十四條　鑒定人不肯宣誓若雖宣誓而不肯鑒
定者豫審判事要叩檢事意見照依刑法第百七十
九條宣告罰金但不許向其宣告容異議若為㤼訴。

第百九十五條　第百八十一第百八十二條所開載者不
得命以鑒定但急遽之際關其人得惟為叅驗命

鑒定

第百九十六條　豫審判事要務對同鑒定。

第百九十七條　豫審判事得因鑒定人乞墾若以其藏
權增加其員或命之別人。

92

第百九十八條　鑑定人要自造鑑定帖詳錄其次
序及所檢驗要將其所推測登錄
若鑑定人各殊意見要各自造鑑定帖若於一鑑
定帖上登錄各個意見

第百九十九條　鑑定人要於鑑定帖上開載年月
日署名捺印及契印
又諸審判事要於鑑定帖上登記受領年月日與書
記偕簽印
鑑定帖要附搭其令狀
若外國人爲鑑定要將裁判所所命通事譯文倂附

鑑定帖、

第二百條　鑑定人及ヒ通事ニ要給與盤纏雇工錢其餘費用。

第八節　現行犯訊審、現犯流罪本貫急速以防犯人在逃證覺重滅故設此一節以而愛則。

第二百一條　訊審判事先檢事識認有現行輕重罪而該事件要急速不須檢事請求得徑報事由先開訊審。

訊審判事得臨檢犯所起發令狀及照依此章爵定規則爲訊審處分。關推問定音語按鑑定請人搜索家宅勒住物冲等并得行之

第二百二條、在前條、豫審判事、雖無檢事起訴、飢造
檢證文案、爲受理公訴該案、要記載現犯條重罪若
輕罪、

豫審判事、要速將文書送致檢事、但檢事、斫見雖爲將
該豫審非合褙續者、要遘通常規則、終結之、

第二百三條、檢事、先豫審判事、識認有輕重罪不須
豫審判事、得通報事由臨檢犯所行判事處分、但不
得行罰金宣吿、謂檢事、無判決果犯之權故、臨時
爲判事處分不得向證佐鑒定人宜

吿罰
金、

聽證佐及鑒定人陳吿不要用宣誓、

第二百四條　檢事在前條要將意見書附證憑文書
速起發之探審判事　判檢事本代用事徑攝其藏
判不得惲也

第二百五條　第二百三條所假檢事職務司法警察
官亦得權攝之但不得起發令狀

司法警察官要將意見書附證憑文書併被告人起
發之檢事
開目捕放告人若使起查
葰受要諍放告人起美

第二百六條　檢事攝受被告人要限二十四時内推
問造作文案不分起發勾留狀否將請求書附一功

文書起發之探審判事

若認為不合起訴者要徑放免被告人

第二百七條　豫審判事，要二十四時間，推問被告人，

其檢事昕發勾雷狀，解否任其事宜，

第二百八條　豫審判事，得就檢事若司法警察官

措置次序，更爲審查，俾檢事若司法警察官文案，

要附諸訴訟文書，韶檢事警察官，雖嘗就現犯，爲豫

審措置，或不察或遠式亦不可知，

故附事，得更爲審查，但

其文案備以供條欣，

第二百九條　檢事於輕罪，係現犯者，不分起發勾雷

狀否推問被告人思料不頂求豫審得徑勾喚之輕

罪裁判昕，

第九節　保釋，係釋者，得保經而解釋也，尼被

告人，不至審諚宣刑之間待其

第二百十條　豫審判事於豫審中得目被告人受勾
留若收監狀者請求叩檢事意見令該人以文書保
證不分時日必就勾喚而後允可保釋、

若被告人無能力得令親屬若代替人請求保釋、謂
能以保證金故令別人代請、

若於保釋中勾喚被告人要先出延二十四時豫尚

第二百十一條　前條文書要納之書記局、

通報

人以無罪差為后罪安氏一日保釋二日責付
保釋以全圓保其必延責付惟責之其八二者
惟在判事所命耳但作不免身在迷惑
墻諺芝懼於是不得已而勾留早

第二百十二條 凡可保釋要令校告人以金圓保證
出迁但豫審判事須定其金額記注保釋宣告状保謂
釋不止納諡單必令以金圓者以防在迖之患耳若
其金額則事有輕重人有貧富不可槪定故臨時定
之。

第二百十三條 其為保證要校告人若別人將保證
金若貯金預那受人財貨楠或銀行受寄證書納之
書記局見貨而松相借貸文契不許用。謂頃所反銀行證單雖許之其
又饒有肘力而住裁判所管内者得納應合充金額
保證書。

第二百十四條 校告人保釋中應就勾喚而無故不

就勾喚者要没入保證金全額若幾分許、謂没入不由情不同由

第二百十五條　没入保證金、豫審判事要叩檢事意見爲其宣告、保證書則免撰見貨有餘亦還付之不足更要徵收、

本條謂將没收非金額則還付判餘若徵收、

若係別人保證要照依事規則徵收金圓、謂照證書徵收金圓不肯則訴、氏事裁判亦不妨、

第二百十六條　豫審判事既没入保證金、要勾消保釋宣告、謂旣消保釋則不得復不勾醬益由承前約不免有他日不出庭之虞、又豫審中將勾消保釋宣告爲緊要要叩檢事意見、

100

勾消其宣告、韻啟免保釋認、有在迯、岸埋誕之虞、要消其宣告、盖保釋原在判事權內故、仍其優宜。消之亦儁。其優宜。

第二百十七條　豫審判事於保證金沒入後為免訴。
若移違警罪裁判所或以合該罰金移之輕罪裁判
所宣告要叩檢事意見還付既沒金圓、韻在法律罰金以下輕比。
不許勾醒況共免訴于此條保判事
當勿誤認為惜置後覺案予反者。

第二百十八條　豫審判事為前條宣告若勾消保釋
宣告要還付保證金。

第二百十九條　豫審判事不分有無請求保釋叩檢
事意見得將檢告人責付其親屬或故舊於、韻責付者。

保釋必要請求保證責付不想不要請求亦不要保證
特其所住責任慮故耳蓋彼告事件非派該某調以上
係顯肯或財產有力者自愿述
以之虞故特責付之其人耳。

第十節　豫審終結。

第二百二十條　豫審判事將牧告事件為非其所管。
朗係罪實作所若
牧告人身佐者。

意見要起送一切訴訟文書。

檢事要將意見附訴訟文書限三日內還付。

若思料不有別所審查為回豫審終結處分求檢事

第二百二十一條　檢事思料將豫審有所不滿意得
就該條件請求更為審查若豫審判事不肯從其請

求檢事要將意見附訴訟文書限二十四時還付。

第二百二十二條　豫審判事不問檢事意見何如要
以後條所記載宣告終結豫審，謂做如檢事認為生罪，判事以為法律耶不問。
判官告免訴亦唯其所為欺訟，檢事以為書當，固以上訴之權。

第二百二十三條　豫審判事將梭告事件認為非其
所管要宣告其事由若為要勾當須保存前發令狀。
若新發令狀將該事件交付檢事，謂判事雖勾留梭告人而認為非所
管關係既輕故，要送付該件。

第二百二十四條　於充項豫審判事要行免訴宣告
而梭告人受勾留者行放免。

第一項　犯罪證憑不明白者、

第二項　被告事件不成罪者、告親屬相盜之類、

第三項　公訴屆期滿免除者、

第四項　經確定裁判者、

第五項　有大赦者、

第六項　在法律全免其罪者、若證左人首告其訴之類、

校本條校害者不經由民事裁判所不得為要償必

斷、詢源審止判斷有無罪犯不及於讞決申直是

斷源審之所以殊公判也戰不得行私訴裁判、

第二百二十五條　將被告事件思料遣警罪要行轉

移遣警罪裁判所宣告而校告人受勾留行釋放宣

告。

第二百二十六條 將被告事件思料輕罪要行轉移輕罪裁判所宣告。

枚告人受勾留思料合議罰金者要行釋放宣告。　謂

思料合議禁錮者得免保釋若為責付

若枚告人未受勾留得起發令狀以上之刑者。　謂合議禁錮

金之刑不許勾留。

第二百二十七條 將被告事件思料重罪要行轉移重罪裁判所宣告若旣允保釋若為責保要勾消其宣告。

轉移重罪裁判所宣告狀要將及得控訴裁判所檢
事長指揮姑合柠本所監禁校告人記註。

第二百二十八條　豫審終結宣告要照依事實及法
律附白其理由。

其行非管宣告若合勾留校告人者要明示其原由。

其行免訴宣告要明示校告事件不成罪若公訴不
應受理及其原由其犯罪證憑不明白者外同。

其行轉移違警罪輕罪若重罪裁判所宣告要明示
罪質犯狀證憑明白者及該其罪律文正條。

第二百二十九條　前條宣告狀要照依第百三十條

106

規則明揭被告人名氏。

第二百三十條 書記要將豫審終結宣告狀謄本速
起送檢事民事原告人及被告人但此等諸人得照
依第二百四十六條以下規則向其宣告起障礙起
廠謂求爲審於會議
局備公判有控訴

第二百三十一條 被告人不就逮捕行轉移重罪裁
判所宣告若依合該禁錮輕罪行轉移輕罪裁判所
宣告要於該狀上記注其由但被告人非現受句留
不得向其宣告爲上訴謂豫審事件認爲非其所管
轉移宣告所不分被告人就捕與否要爲上告
起障礙若爲上告

第二百三十二條　於前條、檢事若民事原告人、得向
民事裁判所、請求勒住被告人財產、訊彼告人、典賣
其財產則一恐資
其替匿一恐貴
其贈償之資。

第二百三十三條　行豫審終結宣告、豫審判事、要向
裁判所長、速報告其由。

又每十五日、要將豫審未決事件、摘錄申告。

　第四章　豫審上訴。

第二百三十四條　於左項、豫審未及結終之間、檢事、
若被告人、不分時日、得起障礙。

　第一項　㪇弃非管申陳者。

第二項　違法律發令狀若不發令狀、

第三項　違法律行保釋責付若不行者、

第四項　有越權處分者、

民事原告人於第四項得就私訴起障礙謂民事原告人止要賠償無關公訴之權故非係私訴處分不許起障礙、

第二百三十五條　欲起障礙者要向當該裁判所書記局納詞狀、

有起障礙者書記將其詞狀謄本起發對手人對手人得限三日內納答辯書、

豫審處分不由障礙停止施行但由保釋責付檢事、

起障礙停止其施行、謂起障礙者不必出公正或妨停處分但保留責付判停正處分待會議兩判夫、

第二百三十六條　其係障礙者要於當該裁判所會

議局須判事三名以上依詞状答辯其餘訴訟文書

及檢事意見書判夫、謂同公判開庭裁判起障碍者雖官于預而陳審因無原故告對辯之法故會議局判决承專據文書

會議局宣告須速施行但待經豫審終結宣告之後、

方始得向其宣告為上告、謂非經豫審終結宣告不許辯終判之理非故不許

第二百三十七條　於左項乃及陳審終結檢事被告半途而上告、

110

人若民事原告人得忌避豫審判事

第一項　豫審判事若其伉儷與被告人被害者若

其伉儷係親姻者

第二項　豫審判事爲被告人若民事原告人後見

人者

第三項　豫審判事若其伉儷自民事原告人被告

人若其親屬收受贈遺若聽許者

人若其親屬收受贈遺若聽許者

第二百三十八條　忌避要陳請豫審判事但其陳請

須將詞狀二通納書記局

書記要將詞狀起發豫審判事豫審判事要自受起

發限二十四時內將其可否附起詞狀紙尾一通貯

藏書記局一通起送本人

第二百三十九條　豫審判事拋弃忌避陳請陳請人

得起障礙

會議局要依障礙詞狀及豫審判事辦明狀行判決

第二百四十條　豫審判事雖有陳請忌避者若豫抛

弃陳請有起障礙者豫審次序尚要繼續但不得行

終結宣告

其事件不要急迫者得停止豫審次序

第二百四十一條　會議局拋弃忌避障礙者得爲上

告但非經豫審終結之後不得上告。

第二百四十二條 豫審判事躬自識認有第二百三
十七條所定原由若思料応合回避者要向會議局
陳請回避。

回避陳請要於會議局判決。

第二百四十三條 在會議局允可避忌若回避陳請
裁判所長要要令他判事爲豫審該判事雖有前判
事處分得回檢事其餘訴訟關係人請求若以職權
更爲審査。

第二百四十四條 書記得躬自回避若自檢事其餘

113

訴訟關係人陳請會議局忌避。

第二百四十五條　檢察官不得自被告人若民事原
告人忌避、但思料應合躬自回避者、得向會議局陳
請、謂檢察官須要證明罪犯適用其刑原被告原無
得不躬自回避之理、故訴回避不許忌避、但事係親故不
可否尚仰之會議局。

檢事補思料應合躬自回避者、要陳請檢事要允可
廳。

其陳請。

第二百四十六條　檢事得向豫審終結宣告、概起障
廳。

民事原告人就私訴上有越權處分得向豫審終結

宣告。起障礙。

被告人得向移重罪裁判所宣告。起障礙而向移輕

罪若遠警罪裁判所宣告。自非豫審判事。非管越權。

罪利害所關。建罪利害所關。甚難故不問原由。

若轉移裁判所非管。不得起障礙

得繳起障礙輕罪以下差等
既立之限制不許促起障礙得

第二百四十七條　起障礙者限一日間自宣告狀到

違起矣。

第二百四十八條　檢事民事原告人及被告人起障

礙者要將詞狀納書記局書記局須速通報對手人，

起障礙者要限三日間將詞狀納書記局。

115

書記將詞狀速起發對手人對手人得限三日內納
答辨書

第二百四十九條　有起障礙者對手人及其判決不
分時日得起附帶障礙者附帶障礙謂額他有起障礙
手人承附帶而起他件不
眼障
礙
有起附帶障礙者書記要將其詞狀起發對手人對
手人得限三日內納答辨書

第二百五十條　豫審終結宣告障礙期限內又有起
障礙者及其判決停止施行但於勾留被告人若勾
消保釋責付宣告不停止其施行贈向宣告起障礙
礙則障礙有不

116

確當者。其日照作迷而為句醫由輕菲
移使罪為兩保釋責付者。不拘陣礎也。

第二百五十一條　書記。要將陣礎詞狀答辯書其餘
訴訟文書納會議局。

第二百五十二條　會議局要照依第二百三十六條
規則行陣礎判決。
可豫審判事宣告須依其宣告若全照句消或將其
幾部分句消。要夏行宣告。
又得行將枝告人保釋責付若句齒宣告。

第二百五十三條　會議局將陣礎為緊要。要令判事
一名。夏為豫審。若就其所指條件。夏行審查。發其報

117

告状

第二百五十四條　會議局抵障礙審查之際發見非
管越權若公訴不合受理等項得以職權勾消豫審
判事宣告重大有係公益者其集中特立變則此條
卽其一也。

第二百五十五條　會議局抵障礙審查之際發見有
不受共犯起訴若附帶罪豫審者等項要囘檢事請
求若以其職權令判事一名為豫審發其報告状此謂
審理則易其刑次故雖從事請求要為豫審
從犯符同犯罪皆敎此罪情相緝結者合倂

檢事要納意見書。

會議局要愿依報告狀其餘訴訟文書倂陳礙判決、

第二百五十六條　有障礙判決要速將其宣告謄本。

起發檢事氏事原告人及校告人、

第二百五十七條　檢事其餘訴訟關係人得向會議

局宣告為上告、

第二百五十八條　應合向被告人起發宣告狀記其

得上訴及其期限無其登記者照規則至再得宣告

狀攸告人不得失上訴之權及其陳礙是法律要旨、

所以保護被告人君令牧告人不曉律義則雖

有上訴之權不知行之徒經期限自取欧屬。

第二百五十九條　第三百十一條　迄第三百十三條

規則亦適用芝豫審上訴

第二百六十條　重罪裁判所轉移宣告一定檢事要

將一切文書附其宣告狀速起發控訴裁判所檢事
長留向刑事宣告於期限內無起準得者雖起準得
審院亦仍是原案与無上告者亦雖為上告而大
宣告亦仍是原案
宣告不可復動者

檢事長要將一切文書證據物件及轉移梭告人重
罪裁判所等處分命之檢事

重罪裁判所外裁判所轉移宣告一定檢事要速施
行

第二百六十一條　梭告人於豫審得免訴宣告而宣

告一定跡。有發更罪名者。事件同一則不要更受訴。

但有新證憑者不在此限。

其有新證憑者。檢事發之。會議局。會議局要判決應

含免否其起訴。謂新所謂新總之果殊若舊總之其以慎重其事也。

第四編　公判。謂受諸預審判事所起送罪案。若聽中公明判決之謂。

第一章　通則

大凡公判天者傍人環聽中公明判決之謂。

第二百六十二條　訴訟事件要備書記局檔簿所登

錄次序付之公判。謂若錯亂前後稽歟。訟人有幸不幸之差。

裁判所長得為短縮未失句罾日數以其職權變更

121

次序、調勾當非特、擇貞付之得自由故期日未
決定者裁判所長得為限其日數撰變次序

又事由要重而檢察官其餘訴訟關係人有所請求。

得變更次序

第二百六十三條　重罪輕罪違警罪推問辯論及裁判
宣告須要公行之否者為不成宣告 是沿罪要長留非稠人月日所

第二百六十四條　枚告事件有害公要若涉猥褻醜
風俗之恐於裁判所得曰檢察官請求若以其職權。
禁推問及辯論傍聽其共行裁判宣告要許傍聽 其調

禁傍聽法以後司所命而非敗用長一已晦得惇斷
故曰長裁判所附人所民事原敗告所附請求故特係

第二百六十五條　被告人在公庭不受身體拘束但

心松
察食

有時而置守卒一八公迯則解釋之概其身體但有
迯此辟揚之心者而始拊育實

被告人合該禁錮以上刑者非有病故而不肯出庭
得勾致之若雖出庭不肯辯論要省做對質行裁判
宣告。卽令該罰金的醫科科者不坐勾致之而
待裁判宣告故時係之禁錮以上刑。

第二百六十六條　被告人得為辯論用辯護人最高
本法中要旨盖法庭之護甫自生民偶之心有不能
肆辯論盡慈輿者故不令罹之輕重聽與辯護人方
始得情。

123

第二百六十七條 被告人在公庭張亂若喧嘩妨礙
辯論裁判長再加戒諭仍不肯從者得曰檢察官請
求若以其職權退庭或勾留之

在前項得者做大審仍為辯論及行裁判宣告若辯
論涉二日要令被告人出庭雖非審案不得向裁判
宣告起陞嘿默一日間仍不為辯論則
再令被告人出庭者要務得其心服

第二百六十八條 被告人日精神錯亂若疾病不能

辯護人要就裁判所所屬代言人中選用但得裁判
而允可雖非代言人亦得為辯護人置代言人熟練
律典在致跌誤照視故有或請自陳
護得其名丁者為辯護人亦不妨

出庭者及其痊可停止論辯。

若方論辯之際精神錯亂、要待其痊可新起辯論罷

他病者、要續其餘論、但五日間停止辯論、若檢察官

其餘訴訟關係人有所請求要新起辯論

若彼告事件及法律定擬既結辯論、要痊可之後、不

須更為審查行裁判宣告。

第二百六十九條　被告人合該某鋼以上刑者雖公

判日期不出庭、非有将豫審終結宣告狀、若句喚狀、

解付本人證憑不要為闕席裁判（讀限某鋼以上者　義與第二百六十

互條第二項同。

其不能將豫審終結宣告狀若勾喚狀解付本人者。

謂如豫審告人逃之公判
除彼告人逃之公判

不出廷應爲闕席裁判造報單起發親族若戶長。要定假與期限而將其期限內

判期。

第二百七十條　闕席被告人不許用辯護人但其親

屬故舊得證明被告人不能出庭事由

若於裁判所認其事由爲正當得叩檢事意見裁

判所認其事由爲正當得叩檢事意見延裁

第二百七十一條　被告人內一名若數名雖不出庭。

要就其出庭者照依常規爲對審裁判。

第二百七十二條　裁判長在公庭要爲諸般擧肖爲

126

應分處置。本條以下二條。公廷審辧處分。

有唱米誹謗其餘妨礙辯論者得制止若退廷。

第二百七十三條　有於公庭犯輕罪違警罪者。譬如人唱為裁判官吏之類若犯告人仇之須所之本實照數罪俱發之例處斷。

不分身位何如要以裁判長命句任叩檢案官意見。

直為裁判若行付他日公判宣告。

書記要就犯罪事件反裁判長處分随卽造文案。

第二百七十四條　於前條在違警罪裁判所要違警罪為終審裁判輕罪為始審裁判。

其於輕罪裁判所其餘上等裁判所者要輕罪為終

審裁判、謂係裁判而思地者豐功寶在規官、
地而故判地府以每判時登有愛判

第二百七十五條　有於公廷把重罪者裁判長要推
問校告人及證佐人造作文案叩檢察官意見照依
常規為裁判行解付豫審判事宣告
智重罪領比判官氐人而令裁
判者判下命用意例元長案

第二百七十六條　於裁判所不要裁判不受訴事件
但辯論中所發見附帶事件及公庭内罪把不在此
限若附帶事件將豫審為必要得停止本案裁判謂兩
案重聲別判再費為
審查故始閉長案

第二百七十七條　檢察官校告人及民事干連人無

論始審終審至得本案裁判宣告得不分時日為非

管若公訴非合受理陳書謂民事原告人不過有賠謂賠請求之權故不與此件

裁判所得以其職權為非管若公訴非合受理宣告

第二百七十八條　於裁判所抛弃前條陳訴得不待

本案裁判宣告直為控訴若上告乃停止本案辯論謂一反控訴上告則裁判是非未直者歸當故始停辯論

第二百七十九條　檢察官其餘訴訟關係人認有第

二百三十七條所定原由得向違警罪輕罪控訴若

重罪裁判所裁判官及書記陳請忌避謂歷來各裁判官所以

別大審院差大審院裁判官不得忌避

裁判官為豫審又干預其公判若為始審裁判又干
預其終審裁判者亦同

第二百八十條　忌避至得本案裁判宣告得不分時
日陳請有陳請忌避者延框本案辯論

第二百八十一條　陳請忌避若回避自訴八而日忌
日回避其　及為其判決照依第二百四十五條所定
實一也

規則

第二百八十二條　抛弃忌避若回避陳請要繼續前
日停止以後次序但五日間停止辯論者要新起辯
論六十八條第二項同

其因灾變厄難停止訴訟次序者亦同

同

第二百八十三條　證據合用公判者與合用豫審者

第二百八十四條　裁判長得因檢察官其餘訴訟關係人請求若以其職權將豫審中管轄官吏所作文案反驗證文書令朗讀　謂像審判事所造文書極爲緊要故審判官須審覽惟眠其文書朗讀而足

這般文書與原校告證佐人陳述同其效驗

第二百八十五條　造文案司法警察官得自檢察官其餘訴訟關係人爲證佐人若以裁判所職權勾喚

131

陳審判事得爲令辯明文案因裁判所職權若自檢
察官其餘訴訟關係人得該所見可勾喚　謂刑事不
關刑事訴
被訟人
　勾喚若證文書中不操廳文字判之項
裁判所公牒若公牒文定え方始訴勾喚

第二百八十六條　凡於豫審所推問證佐人得復勾
喚之　謂公判以對百辯緒爲主占豫審事操文書
裁判乞等集故更期讀之際或令勾喚口喚

其豫審中所登錄證佐人陳述書拉不勾喚該人若
不眠勾喚或比較豫審公判陳述得因檢察官其餘
訴訟關係人請求若以裁判長職權令朗讀之.

第二百八十七條　第百七十八條以下規則亦適用
之公判證佐人.

第二百八十八條 證佐人不許互相言語又不許先

陳述而對同辯論、

第二百八十九條 證佐人要循左方次序推問、

第一項 因檢察官請求所勾喚證佐人、

第二項 因民事原告人請求所勾喚證佐人、

第三項 因被告人及民事下連人請求所勾喚證

佐人、

第二百九十條 證佐人有數名要逐名氏目次惟問、

而原被告證人次序雖是前條所云而原

被證人衆有數名則就中亦逐其次序、

但裁判長得叫其勾喚者意見變更次序、

第二百九十一條　證佐人及被告人自非裁判長不
得惟問。

陪席判事及檢察官得請裁判長惟問證佐人及被
告人。

訴訟關係人得爲令條件緊要辯論者明瞭向裁判
長求證佐人惟問。

第二百九十二條　證佐人陳述故意不以實思料罪
合該條鋼以上刑者於裁判所要因檢察官其餘訴
訟關係人請求若以職權句佳行以句引狀解付豫
審判事宣告。

134

其證佐人陳述要書記登錄起發豫審判事

於本條在裁判所得因檢察官其餘訴訟關係人請

求若以職權就本案事件宣告裁判延期

第二百九十三條 證佐人不服勾喚者於裁判所要

隨卽叩檢事意見宣告左項科料罰金便不許向其

宣告起障礙及為控訴

第一項 係遠警罪事件者科料五十錢以上一圓

九十五錢以下

第二項 係輕罪以上事件者罰金二圓以上十圓以

下

若枝告人闕席證佐人雖不服勾喚不得宣告科料
罰金延裁判所無應罰理由

第二百九十四條　前條宣告状要書記隨卽其發本人
其受宣告者限三日内證明其事由於裁判所要呼檢
察官意見勿消科料若罰金宣告但於重罪裁判所
閉聽之後者要向現開裁判所申訴

第二百九十五條　證佐人不服勾喚得因檢察官其餘
訴訟關係人請求若以裁判所職權行公判延期宣
告朝非將證佐人推問為緊
　　受如不得延冱公刊期日

檢察官不自為請求者要就公判延期陳白意見

第二百九十六條　證佐人再受勾喚仍不出庭要叩
檢察官意見宣告加倍前額科料罰金及償再次
勾喚花費亦得照前條再延捱公判俾延期之後要
向其證佐人發勾引狀

第二百九十七條　第百九十一條以下規則亦適用
之公判新命鑑定人其不服勾喚要照依第二百九
十三條規則處分

為令鑑定人辯明鑑定事件夏為勾喚要照依就
證佐人所定前數條規則處分

第二百九十八條　被告人係聾啞若不通國語者依

第百五十六條　第百五十七條規則、

第二百九十九條　被告有數名、裁判長先陳其意
見又叩檢察官其餘訴訟關係人意見定推問次序、
但裁判長爲驗實必要得以職權變更其次序、

第三百條　證憑終查之後、要檢察官民事原告人枝
告人幷辯護人及民事干連人挨次發言、謂檢察官、
爲概律民
事原告人、爲
要贖發言、

檢察官其餘訴訟關係人陳述不得自他妨礙檢察
官其餘訴訟關係人得迭爲辯論、但於辯論終末、要
令枝告若辯護人發言、

第三百一條 檢察官雖拋棄公訴而於裁判所要就
本案為應分裁判，案官，則公訴，所為公訴，而裁判，所以殊於私訴也。
不識其案，是公訴之，雖檢官，中間拋棄而裁判，而則不得

第三百二條 辯論中就公判次序有容異議於裁判
所要叩檢察官意見徑直判決但其控訴若上告，非
經本案裁判宣告之後不得為訴訟。則異議多由於防得，訴訟延推裁判故也，

第三百三條 民事干連人得不分始審終審及何等
時日干預其訴訟。

又民事原告人得令民事干連人干預其訴訟。則民事干連人，雖得優已宣告令故告人無能力則不得要，贓贖故不得不餘令干連人，關其新訟，以為敕手。

若有起異議者。要㐧裁判所判決而向其判決得不
待本案裁判宣告直為控訴若上告㐧此際停止本
案辯論。

㐧三百四條　㐧裁判所。行處刑宣告要照事實及
法律明示其理由與應有證憑。謂不待示事實律條。
不澈佃私㕥。
明裁判公正、
不澈佃私㕥。
人示一切證憑者。亦

行免斷宣告亦同。

㐧三百五條　行無罪宣告要為諭其理由向枚告人。
明示無㹠罪證憑。謂律文無㹠無罪正條故㕥㕥示
證憑不白若無證迹為足。

㐧三百六條　㐧裁判所要與公訴裁判同時行私訴

140

裁判宣告。

私訴審查未精確者得於公訴裁判之後行其裁判宣告。間如未能定賠償之多寡之類。

第三百七條　被告人受處刑宣告要以裁判所職權宣告令全員公訴裁判費若令員其一部受免訴若無罪宣告者公訴裁判費要官員償私訴裁判費從民事規則更敗屈者負償。

第三百八條　不分被告人受否處刑宣告其勒住財產不係沒收者雖無本主請求要行還付宣告。

第三百九條　向本案裁判宣告上訴期限內又有上訴

者終其判決停止裁判施行。義與第二百
五十條同

第三百十條　受禁錮以上處刑宣告者有逃亡非現
就捕不得爲上訴。謂非現就捕而訴爲上訴則優俟
訴之
獎。得無罪若輕罪宣告必有妄爲上

第三百十一條　受勾雷者爲上訴若於保釋要將其
詞狀納監獄長監獄長納之當該裁判所書記。

第三百十二條　訴訟關係人若其代替人因非常灾
變厄難經過上訴期限於證明其由得回復航失權
利但自逞灾變厄難日通常期限內要將其證據附
詞狀爲上訴。

142

第三百十三條　書記。要將前條詞狀速起發對手人。

對手人得限三日內納答辯書。

柊應合判決上訴裁判所在會議局。要叩檢察官意
見先判決合受理否其上訴人。前新訟關係人若代替
期限結由誤此等不得不設。
畫敕與通常上訴自為受理者保、
判決令受理上訴者。要令書記將其由通報訴訟關
係人。照侯常規行本案裁判。

判決不合受理上訴者。非有他由要隨即令施行裁
判。

第三百十四條　裁判宣告。要辯論終結之後於庭隨

143

即若次日行之。

其裁判宣告狀要裁判官先宣告造作與書記偕署名捺印。

裁判宣告狀要登載當該裁判所與年月日及經該檢察官名氏。

第三百十五條　訴訟關係人得以其贊求裁判官宣告狀謄本若其抄本但為上訴而求者書記要二十四時內下付。

第三百十六條　於對審裁判所處刑宣告裁判長向其受宣告者告知應得為前條請求與控訴若上告

及其期限若苂關席裁判行處刑宣告要宣告状登

錄應得起障礙及其期限

若關其告知咨登錄照依常規及其為告知停斷上

訴期限經過

第三百十七條　書記要每各事件各別造公判始末

案登載左項條件其餘一切訴訟次序

第一項　公行裁判若行傍聽禁止及其事由

第二項　彼告人推問及其陳述

第三項　證佐人鑑定人陳述及其宣誓若不為宣

誓事由

第四項　原被告證據物件。

第五項　辯論中與議日後陳告事件及檢察官其

餘訴訟關係人前件意見與裁判所判決。

第六項　辯論次序及令被告人最後發言，

第三百十八條　公判始末案要前條記載之外，開

載當該裁判所年月日裁判長陪席判事檢察官

及書記名氏。

辯論涉數日，要登載其緣由及裁判官不曾換其人。

即裁判官換其人，法令從頭更為辯論

故，裁判官便易，大係辯論終結之遲速

辯論中令豫備判事代替，要記其緣由檢察官及書

146

記亦同。謂事係先羅辨論㳒二日
以上置限備判事爲決。

第三百十九條　公判始末案自裁判宣告限三日內修
理要裁判長及書記署名捺印。
裁判長要先署名捺印檢閱公判始末案若有意見
附記紙尾。

第三百二十條　裁判宣告狀及公判始末案正本要
保存當該裁判所書記局。
若有上訴裁判長及書記要簽印裁判宣告狀及公
判始末案謄本附之上訴文書。謂雖有上訴止以謄
本爲解送由恕底本
散佚也。

第二章　違警罪公判。

第三百二十一條　於違警罪裁判所、頷左方條件受
理公訴。

第一項　書記局因檢察官請求所起發被告人勾
喚狀。

第二項　因豫審判事若上等裁判所判决轉移其
事件宣告。謂儻初認爲輕罪者、既經審判、受認爲
違警罪、行移之當該裁判所宣告之類。

第三百二十二條　勾喚狀。要具載應合勾喚者名氏
職業居所出庭時日被告事件及得出代替人若不
登載被告事件而被告人不反其證佐人乃在公庭。

受告知之後得為其呼喚及辯護求二日假與。諭校告事
件。係違警罪。不必要本人
出庭。出代替人。亦不妨。

第三百二十三條　勾喚状其解到與出庭之間少尚
要假與二日。

第三百二十四條　違警罪裁判官將被告事件為要
急速得由檢察官其餘訴訟關係人請求若以職權。
先公判為驗證處分。不要對手人對同謂違警罪不要
急速則先公判得為檢
證遣檢證。亦一膝審故事件。要
審。故事件也。

第三百二十五條　證佐人勾喚状解到與出庭之間
少尚要假與三十四時。

又雖不受勾喚而出庭先推問向書記通名刺者於

裁判所得爲證佐人聽其陳述

第三百二十六條　書記每各事件要唱呼訴訟關係人

名氏若有不應唱呼者待終他件裁判之後方要裁

判其事件唱呼者不應開扃裁判必待本日最終而

後爲之者處戒

有違戻者也

第三百二十七條　違警罪裁判官要當初問被告人

名氏年甲身位職業居處貫址

官吏所造文案若詞狀要書朗讀

檢察官要將役告事件陳述

第三百二十八條　遠警罪裁判官。要向被告人推問
招承否被告事件。

若被告人令代替人首服。要進其所署名捺印文憑。

第三百二十九條　被告人招服者不須舉他證憑。但
於裁判所得因檢察官民事原告人請求若以職權
令舉證。謂雖自服服而或流規故之罪若推民之念待
有亦或有之故。欲待真情推傾舉證亦爲不
妙。

若不招服。要推問原被告證佐人若有證憑提舉。

第三百三十條　檢察官。要就定擬法律。陳述意見民
事原告人要就證明被告事件及要贖陳述意見被告

151

人民事干連人若其代替人要為荅辯。謂民事干連
為荅辯七。

第三百三十一條　被告人民事干連人若其代替人。
受勾喚而不出庭。要聽檢察官及民事原告人請求。
為闕席裁判。謂非兩造對質則一者必多不利或至
悔其跡。民事原告
人。乞無由得贖。

民事原告人不出庭者亦同。

第三百三十二條　闕席裁判宣告狀。要因檢察官其
餘訴訟闕係人請求向闕席裁判者。若其居所解付受闕
席裁判者。欲起障礙自宣告狀解到限三日內要向

書記局納詞狀。

第三百三十三條 於裁判所。要先判決合受理否障
礙詞狀者爲合受理者書記要爲將其起障礙及合
付公判時日。通報該對手人起發句嗅狀。但其解到
與此庭之間必尚要假與二日。又要將合付公判時
日前日。報知障礙人。

第三百三十四條 受理障礙詞狀。要照依第三百二
十六條迄第三百三十九條規則爰爲裁判。

第三百三十五條 犯罪證憑不明白者於裁判所要
其裁判闕席者。不得再起障礙。

行無罪宣告。此以下。謂不分對審開廳裁判宣告。自有分別。

又於第二百二十四條第三項以下事情。要行免訴宣告。

第三百三十六條 被告事件。係違警罪。且證憑明白者。要從法律。行處刑宣告。

第三百三十七條 被告事件。係重罪若輕罪。要行非管宣告。將其事件。解送輕罪裁判所檢事。但得向被告人。發勾引狀。謂雖無管理之權而既係輕罪以上。向得檢束之。

第三百三十八條 向違警罪裁判所宣告。得循左項區分。控訴輕罪裁判所。謂違警罪裁判所。其係終審極牢。此條以下。謂向始審裁

判得為控訴者。

第一項 被告人於受勺雷刑宣告者。

第二項 民事原告人被告人及民事干連人於要償宣告金額超過治安裁判所終審者。

第三項 檢察官其餘訴訟關係人非管越權擬律錯誤若怪裁判無效規則。謂如以私訴裁判先公師或不公行裁判類凡此數項訴訟關係人，自非係自家嫡喜。不得為控訴也。

第三百三十九條 將為控訴者。要向原裁判所書記局。納詞狀但其期限於對審裁判自宣告限三日內。關席裁判姑置障礙自宣告狀解到本人若其居所。

限五日內、

第三百四十條　訴訟一切文書、檢察官要向合受控
訴裁判所書記局起發、

若檢察官係控訴若對手人要向合受控訴裁判所、
檢察官納其意見書。謂一起控訴、不分自家與他人、
要令他檢察官代己者、明曉
事件、
向如。

第三百四十一條　合受控訴裁判所要待書記局、
向訴訟關係人起發勾喚狀後方行裁判。
勾喚狀解到與出庭之間火尚要假與二日.
證佐人勾喚狀解到與出廷之間少尚要假與一日.

156

第三百四十二條　控訴對手人至受其裁判宣告不

分時日得為附帶控訴但附帶控訴得於公庭經直

為之義與第二百

四十九條同

第三百四十三條　控訴事件要照依為輕罪裁判而

所定規則裁判

檢察官其訴訟關係人非得裁判長允可不得勾喚

新證佐人若始審證佐謂始審之際旣得證佐事情

省忆賞也非謂

必禁勾喚矣

不得喚證人所以

第三百四十四條　受控訴裁判所要行原裁判宣告

若勾銷夏行裁判宣告

枝告人獨為控訴、不得行加重原裁判處刑宣告。閭

由私訴而所以起控裁判、依民事常規。

第三百四十五條　第三百三十一條以下規則亦適

用之控訴關席裁判。

第三百四十六條　檢察官其餘訴訟關係人得向遠

警罪事件終審且係對審裁判宣告為上告、罰雖輕

告人控訴原由長輕減及加重
之則乘所以訴控訴之原音
訴關席、仍得障礙故、非終審且對審、不得為上告。

小裁判乘法、不得不須上告、而鑿正、促始審偵得控

第三章　輕罪公判

第三百四十七條　輕罪裁判所須左項受理公訴、

第一項　書記局因檢察官請求向被告人所起發
勾喚状。

第二項　因豫審判事若輕罪裁判所會議局或上
等裁判所判決轉移其事件宣告

第三百四十八條　勾喚状照依第三百二十二條第
三百二十三條規則。

第三百四十九條　彼告事件合該罰金者要於勾喚
状登記而得用代替人。

民事原告人及干連人得用代替人。

第三百五十條　證佐人勾喚状其解到與出庭之間。

159

必尚要假與一日。義與第三百
二十五條同。

第三百五十一條　第三百二十四條規則亦適用之
輕罪事件未經豫審者。謂輕罪事件景輕者。有時下
審者故此為要豫審自付公判故為要豫
此條

民事原告人要證明被害事件。

第三百五十二條　檢察官要於裁判長實問被告人
名氏年甲職業居所實址之後陳述被告事件。

其有文案若詞狀者。要先令書記朗讀乾聽聞原被

告證佐人陳述將證據物件示被告人令為其辯解。

被告人及民事干連人要為其答辯。

第三百五十三條 檢察官要就定擬法律陳述意見

民事原告人要就要求賠償陳述意見

被告人及民事干連人得要爲答辯

第三百五十四條 被告人合該罰金者若照依第二

百六十九條規則應爲闕席裁判而其勾喚日期不

出庭者要爲闕席裁判

第三百五十五條 第三百三十一條迄第三百三十

四條係闕席裁判規則亦適用之此章

第三百五十六條 被告人因闕席裁判受其銅刑宣

告者除左項之外得迄期滿免除起障礙

第一項　被告人先本案裁判豫辯告其事件者。

第二項　將裁判宣告狀發付本人者

第三項　被告人知有處刑宣告有其證迹者。

第一項自宣告狀解到第二第三項自知有宣告限三日間得起障礙、謂第一項以下與對審裁判受宣告為上訴者、無妹。

第三百五十七條　於裁判所有驗實為緊要要因檢察官其餘訴訟關係人請求若以職權勾喚新證佐人若遷定人或為臨驗但為遠般處分照依第三編

第三章所定規則、謂達般處分院輝於豫審辭覈尚臨公判得或為之。

又事件未經豫審者得令豫審判事就所指示條件

審查且發其報告状

第三百五十八條 犯罪證憑不明白者要於裁判所行
無罪宣告

又於第二百二十四條第三項以下事情要行免訴
宣告

第三百五十九條 被告人受句囬者要行放免宣告

於末條事情被告人受句囬者要行終審裁
判宣告被告人若受句囬行釋放宣告所卽處警罪
裁判遠警罪之權而其宣告係終審下得爲控訴且
控訴裁判所固有裁判遠警罪不許句囬則固宣釋放
審下得爲控訴且遠警罪不許句囬則固宣釋放

第三百六十條 被告事件係重罪要行非管宣告若

163

未經豫審行解付豫審判事宣告但被告人不受句
罷者要發句引狀

訴訟文書及證據物件要自檢察官發付豫審判事

第三百六十一條　枝告事件旣經豫審要行解付該
裁判所會議局宣告

於會議局要照依第二百五十三條第二百五十五
為審查行將被告人解付當該裁判所宣告

第三百六十二條　因有會議局宣告而受理事件無
新發見證憑認為重罪要行非管宣告謂會議局雖
罪裁判而則為重罪者不得復還付會認為輕罪輕
議局亦不得裁判故要行非管宣告

檢事、要向大審院、裔定裁判管理之訴、

第三百六十三條 於前二條、迄受會議局若大審院判決得因檢察官請求若以裁判所職權行將被告人勒住該所監倉宣告、

又得照依第二百十條以下規則、聽許保釋、

第三百六十四條 被告事件、係輕罪且證慝明白者、要照依法律行處刑宣告、

被告人受禁錮刑宣告者保釋責付自屬消滅但上訴中得更求保釋 諭係禁錮以上刑者不待覺行宣告自為不得保釋責付但在上訴中則裁判筭定故得更求之、

第三百六十五條　檢察官其餘訴訟關係人得依左

項區分，向輕罪裁判所宣告控訴控訴裁判所，

第一項　檢察官於有無罪免訴若處刑宣告者，於謂
為公益若私益而控訴，但於其處刑宣告，將遠警
無罪免訴為公益於處刑以處輕罪裁判所終審權內，
罪為輕罪者，不謂違警罪以爲輕罪裁判所終審若認為輕罪則得爲控訴。

第二項　被告人除遠警罪宣告外於受處刑宣告
者。

第三項　民事原告人被告人及民事干連人於要
償宣告，超過怡審裁判所終審全額者。此及下項，義
十八條第二　與第三百三
第三項同。

第四項 檢察官其餘訴訟關係人於非管越權擬

律錯誤若乘裁判無效規則者

第三百六十六條 控訴得自裁判宣告限五日內為

之、

受關席裁判者至期滿免除得不分時日間起陳礙

其為控訴但於第三百五十六條限五日內

裁判五日內不為

控訴者失其權。

第三百六十七條 於向公訴裁判宣告為控訴而役

告人受勾留者檢察官要移之控訴裁判所監倉控訴

訴裁係求復審正須要於告人於辯論故

不得不使置之控訴裁判所所在地方、

第三百六十八條　第三百三十九條迄第三百四十

二條及三百四十四條規則亦適用之此章。

第三百六十九條　於輕罪裁判所檢事爲控訴若檢

事長爲附帶控訴將被告事件爲重罪要照依第二

百五十五條規則於會議局行移重罪裁判所宣告。

謂於告人爲控訴者獨難不得加重原案

而檢事若檢事長有控訴者不在此例。

第三百七十條　控訴關席裁判及其起障礙者照依

就始審關席裁判及起其障礙所定規則。

第三百七十一條　檢察官其餘訴訟關係人得向輕

罪裁判所終審裁判宣告於對審者及控訴裁判所

對審裁判宣告為上告

第四章　重罪公判

第三百七十二條　於重罪裁判所須左項堂理公訴
謂重罪裁判所，但有送移反定管裁判
宣告反受而理之不須檢察官請求，

第一項　因豫審判事若輕罪裁判所會議局判決，
轉移其事件宣告，

第二項　因控訴裁判所若大審院判決轉移其事
件宣告，

第三百七十三條　轉移重罪裁判所宣告一定要照
依左方區分造公訴状，

於控訴裁判所開重罪裁判所要檢事長造公訴状
於始審裁判所開重罪裁判所要檢事造公訴状若
令檢事合行該所檢察官職務者造之謂控訴裁判
重罪裁判所檢察官職務為常故要作其所檢事長行
公訴状照或随事宣令檢事代作亦不妨

第三百七十四條　公訴状要開載左項條件
第一項　枚告事件始末及加重減輕情況
第二項　枚告人名氏年甲身位職業居所貫址
第三項　豫審間所蒐集原枚告證憑
第四項　罪名法律正條及轉移重罪裁判所宣告枷
罢

170

第三百七十五條　公訴狀不要記註，轉移重罪裁判

所宣告狀以外事件及被告人。

第三百七十六條　於轉移重罪裁判所宣告狀向一被

告人開載非附帶別簡重罪檢察官得各造公訴狀，

向裁判長請求分別爲辯論。謂由各個重罪罪實

重況。罪況皆不同一恐審

之。

裁判長於一公訴狀開載非附帶別簡重罪，得以其

職權令分別爲辯論若將數通公訴狀所疏載事件，

同時令爲辯論。

第三百七十七條　書記必尚要先被告人出庭五日

171

以前將公訴狀謄本發付, 謂假與五日間光陰, 今被告人爲辯論之備,

若被告人有數名, 要將謄本各別發付,

第三百七十八條　重罪裁判所長若受其委任陪席

判事自公訴狀解到二十四時後, 要得書記對同將

被告事件推問被告人且問具否辯護人,

若不具辯護人, 要以裁判所長職權就該所屬代

言人中選充,

被告人及代言人不愜異議得令代言人一名魚攝

被告人數名辯護, 謂同一事件而被告人有數名者,

非自其辯護人經三日之後, 不得開辯論, 謂爲令被告人與代

言人精細諸詢，不取敗風，假與三日光陰，

第三百七十九條　辯護人有障礙若被告人申告事
由，應改選而不改選裁判長要照依前條規則選充，
但改選辯護人要三日間停止辯論，

第三百八十條　書記於第三百七十八條所揭載要
造推問文案登錄選具辯護人履行其式，
辯論中改選辯護人及停閣辯論要將其事由登錄
公判始末書。

第三百八十一條　不具辯護人而爲辯論者。不成爲
處刑宣告。謂於無罪宣告，雖關辯護人而無損，排於處刑宣告書之，一就

辯論之後雖有違第三百七十七條至第三百七十
北條規則者被告人不得容異議謂恐被告人應言
制限以預防其作獎而不言中道起議
布圖延挺裁判故設此

第三百八十二條　辯護人於第三百七十八條處分
之後得與被告人接見

又得於書記局閱覽一切訴訟文書且抄寫之謂
訟文書不許齎出局外
故日得於書記局閱覽

自有轉移重罰裁判所宣告至裁判宣告除辯護
人之外不分何人不得與被告人接見但得被告人
現勾畱地裁判所長允可者不在此限

174

第三百八十三條　因檢察官及民事原告人請求所
勾喚證佐人名氏目錄要先開廷一日送付被告人
因被告人請求所勾喚證佐人名氏目錄要同一期
限內自書記送付檢察官因民事所勾喚者送付民
事原告人被告互通報其名氏又間庭前寬限一日

第三百八十四條　證佐人不豫通知名氏者自非驗
實叅照不得聽其陳述但對于人告與異議者得爲
證佐人聽其陳述職權聽其陳述者不在此限

第三百八十五條　證佐人勾喚狀其解付與出庭之
間必尚要假與二日

175

第三百八十六條　裁判長開廳之日要在公庭當陪
席判事檢察官面前陳述開廳但不要勾喚校告人

第三百八十七條　裁判長思料辯論應涉二日以上者
得令重罰裁判所所在去處判章一名為豫備陪席
判事。顏豫設陪席判事、每答辯論難裁判官中間
罹病而不煩更命代員自省反覆延滯之慮

第三百八十八條　裁判官檢察官及書記各即其席
之後要隨即起椎問及辯論、
裁判長要先諮問校告人名氏年甲身位職業居貫
址。

若其荅詞雖與豫審中陳述有所齟齬認為不錯公

訴狀所揭載被告人要續起辯論.

第三百八十九條　書記要唱呼所句喚證佐人名氏
其所應唱呼證佐人要置之別舍臨令陳述挨次喚
八,

第三百九十條　裁判長臨令書記朗讀公訴狀要向
被告人告諭以潛心聽聞訟庭辯論皆從其朗讀而
起被告不得不傾聽而答辯弟
三百七十四條所云卽此也。

第三百九十一條　裁判長要待書記朗讀記方始推
問被告人。
被告人將豫審中所招服事件為不確認若欲除消

之要令辯明其事由

被告人雖自招服仍不得不為其審查。謂其招服出、於庭親故或

必察完其實方始終結公判、
有那為而自認者不為少要

第三百九十二條 裁判長旣終推問之後、要向被告
人告知證憑隨出為其辯解且得發出反證合利已
者、謂雖有辯護人而裁判長、聚合利校
告者以指示之亦其職務之一也。

第三百九十三條 裁判長每原告證佐人陳述訖要
向被告人問有否意見、

第三百九十四條 證佐人旣為陳述之後、要秖候別
舍、但自裁判長得退庭免可者不在此限。

178

陪席判事檢察官被告人及民事原告人得請求更

推問證佐人又令與他證佐人對質。

裁判長得以職權為前項處分。謂證佐人陳述或有所齟齬則不得不以

新為陳述故難既終陳述不許隨意退庭。

判事諸人請求若裁判長職權令為對質者

第三百九十五條　裁判長思料證佐人當被告人面

前自生愛憎懼畏之念應不得確陳得陳述中因檢

察官民事原告人請求若以職權姑退被告人。謂以公

時權宜出此共不得已者。向決為法此條所云原一

裁判長於證佐人既終陳述之後要將被告人再召

入公庭告知該條條件且有意見令陳述。

第三百九十六條　裁判長旣終第三百條所定次序
之後要將終結公訴上辯論宣告．謂其係檢察官求
　　　　　　　　　　　　　　　刑原告人要償者．
　　辯論．

第三百九十七條　檢察官及被告人得就辯論中所發
見條件求豫審而於裁判所可其請求要令所開重
罪裁判所議所判事一名為豫審且發其報告書，

第三百九十七條第一項規則亦適用之本條．

第三百九十八條　有辯論終結宣告者檢察官要為
的用法律陳述意見．

被告人反辯護人得於檢察官意見不允當者辯論．

第三百九十九條 終前條辯論之後民事原告人要

就私訴陳述其所請求梭告人辯護人及民事干連

人得爲答辯

檢察官要就私訴陳述意見㗊檢察官秋賠償既非
職務其故秋最終方爲陳述 原梭告其陳意見特由

梭裁判所得延摧私訴辯論之期㗊不得同一裁判
二項所揭者之類 如第三百六條第
但要開廳以前判決之常置故不容不先㗊重罪裁判而不
開廳判決

第四百條 梭告事件係重罪且證憑明白者要照依

法律行處刑宣告

又枋第二百二十四條第三項以下事情要行放免
宣告且放其人、

第四百一條　犯罪證憑不明白者要行無罪宣告且
放其人、

又就原被告要償要照依第三百九十九條規則行
裁判宣告、原被告要償、謂如第八條
及第十六條所云之類、

第四百二條　辯論中發見他重罪輕罪非附帶公訴
狀揭載事件者而有檢察官請求要令所開重罪裁
判所該所判事一名爲豫審枋本會若次會併本案
事件一體裁判、謂非本案附帶者、不在裁判所管理
權內故須有檢事請求令更爲豫審

兩後數罪俱發從重之例

第四百三條 檢察官其餘訴訟關係人得向重罪裁判所對審裁判宣告為上告。謂重罪裁判以為終審、不許為控訴惟於對審裁判則許為上告。

第四百四條 關席裁判裁判長要令書記朗讀公訴狀及豫審文書緊要者又聽聞原被告證佐人陳述、檢察官要就定擬法律陳述意見而民事原告人要就要償陳述意見。

第四百五條 關席裁判宣告狀要因檢察官其餘訴訟民事干連人得為答辯、謂干連人不分本犯在否、不得免要償之責故得為辯論。

關係人請求發付本人若其居所，

第四百六條　向係關席裁判處刑宣告非檢察官不
得爲上告，謂關席者若出庭則有起
障礙之道故不許上告，

第四百七條　關席裁判受處刑宣告者至期滿免除，
不分時日得起障礙但就緝捕要限十日內起障礙，
謂關席裁判旣不經本人辯論天不得辯護人
帮助非斷不可復動者故本人常有障礙之權，

第四百八條　障礙申陳要於所爲關席裁判重罪裁
判所爲之，
於重罪裁判所要判決合受理否其障礙，
判決合受理其障礙者要於本會若次會夏爲裁判，

第四百九條　所爲闕席裁判重罪裁判所開一廳之後、

要向其所屬控訴裁判所起障礙、

於控訴裁判所判決合受理其障礙者要照依常規、

行覆合受重罪裁判所裁判宣告、

第五編　大審院職務、

第一章　上告　上告者最終極之上訴也、謂豫審、

　第四百十條　檢察官及被告人向豫審若公判宣告、

得於左項條件爲上告、

第一項　遠背法律不受忌避申請者、

第二項　遠背裁判所結構規則者、

第三項　行所管為非管若非管為所管宣告或行
　　轉移非管裁判所宣告者、

第四項　遠法律中無效規則者、如第二百六十三
　　　　條第三百八十一
　　　　條則、若有遠法律雖容異議不肯認可者、今被告
　　　　人最後發言而不令發言直行
　　　　裁判遠第三百條所云之類、

第五項　遠背法律受理公訴若不受理者、

第六項　於法律所定條件不叩檢察官意見者、如翻
　　　　第百二十八條、第百七十六條、第百八十三條、第
　　　　百九十四條、第二百二十條、第二百七十三條、第

二百九十三條、第三百二條、所定、其目以職權者不在此限、

第七項 於裁判所、不判決所受請求事件、謂可理，則理之，不可理則却之，凡有所請求者不不容不受、若除合以職權得判決者之

外判決不受請求事件者、謂違不告不，理之本旨、

第八項 不公行裁判宣告若無禁止傍聽而不公行推問及辯論者、謂應禁傍聽而不禁傍聽而又禁止而不公行裁判者亦同如第二百六十四條所云此也、

第九項 不附宣告以事實及律條若有所齟齬者、謂如第二百二十八條反第三百四條所云之類、

第十項 有擬律錯誤者、謂將杜罪科重罪若擅為輕重加減之類、

第十一項　有越權處分者「謂以恐嚇詐偽誘致拘服或勒制被告人身體」之類。

第四百十一條　於免訴若無罪宣告設令有遠被告應陰規則者若雖有因犯所誤所管者不得為上告「謂行免訴無罪宣告既刑被告人則雖有不用辯護人等遠規見者無害於被告人況於犯處搜查罪情勞為豫審左省紛爭與就犯賫身住上誤所管者大不同是所以有此特例也」

第四百十二條　民事原告被告人及于連人得向係私訴豫審若公判宣告依第四百十條所定項伴為上告。

第四百十三條　上告對手人至大審院判決不分時

日得為附帶上告。

大審院檢事長亦得為附帶上告。

第四百十四條　上告期限三日但豫審自宣告狀解
付公判自宣告起筭　謂豫審不而為宣告故與公判自殊起筭法。

第四百十五條　有向豫審若公判宣告為上告者除　謂尼者不可復
勾留保釋責付釋放及放免外停止其施行。謂尼者不可復備無論宣告於豫審亦不得施行。

第四百十六條　將為上告者要將其申請狀糾原裁
判所書記局。謂以上告期限其短而申請本院則每失權故令宣申請原裁判所。

上告申請狀，要自申請限二十四時內書記解付之
對手人，

第四百十七條　上告申請人，要自申請限五日內，將
其詞狀納原裁判所書記局，

書記，要自領受詞狀限二十四時內，解付之對手人。

第四百十八條　對手人要自領受上告詞狀限五日
內將其答辯書納原裁判所書記局，

書記要自領受其答辯書限二十四時內，解付之上
告申請人，

第四百十九條　檢察官所納上告詞狀若答辯書要

190

各造二通一通納之大審院一通解付之對手人

訴訟關係人向私訴裁判宣告所納上告詞狀若答

辯書亦同、謂本主若代言人於出院辯論之

除要必恢帶對手詞狀若答辯書

第四百二十條 書記於經過前數條所定期限之後

要速將訴訟及上告文書納當該裁判所檢察官、

檢察官要將其文書限五日內納大審院檢事長且

有意見附記、

檢事長要向院長請求將上告事件登載刑事局檔

簿、

第四百二十一條 上告申請人及對手人得出代言

人。本條所謂上告及對手人，事據役告人民事原告
人，又若干連人而言檢察官，不與焉。蓋檢察官，不分
上告對手一，有上告檢事長，代述其趣旨，若為答辯，
固無出代言人之理由，大抵不慣詞節者，多費明辯，
徒曠時日故令，自撰代言
人出院，是為大審院要則。

受重罪刑宣告者為上告若檢察官為合該重罪刑
者為上告其受宣告者，不親撰克代言人，要以院長
職權，就該院所部代言人內選克。

第四百二十二條　院長要就刑事局判事中命專任
判事一名。

專任判事要檢閱一切文書造報告狀，謂大審院，既
情推問證人，又不須原被對辯將按上告及答辭趣
旨判決擬律當否其故令辜任判事情審審覈。

但不要附自家意見。

第四百二十三條 上告人反對手人。至專任判事納

報告狀得經由大審院書記局納辯明狀擴張趣旨。
謂上告以柊極上斷令各十合主張權利。

若專任判事既納報告狀之後納辯明狀要付之該狀事觀轉直納之大審院。
謂稱後而納者不得經判

第四百二十四條 書記要先開庭三日將其時日報知上告反對手人代言人。

第四百二十五條 開庭日要專任判事枝公庭朗讀其報告狀。

檢事長及代言人要各辯明其趣旨，謂檢事官為上
告則代言人辯明，告人則檢事長

代之，若受處刑宣

枉私訴上告，要檢事長最後陳述意見。

第四百二十六條　上告人若對手人不出對言人者，謂出代言人與否聽其自由但應出而不出者為自棄其權利者故仍為對審而判決。

要徑直為判決。

御宣告。

第四百二十七條　於大審院將上告為無由要行弃

第四百二十八條　於大審院將豫審若公判上告為

破毀有理由要破毀其宣告將該事件轉移他裁判

194

刑,但後數條所開載者不在此限,

第四百二十九條　因擬律錯誤若乖遠法律受理公

訴,或不受理而毀破原裁判宣告者不傾移其事件

要於大審院直行裁判宣告,謂如爲將犯罪若冤罪

依刑法第二百九十四條處之,無期徒刑又將公訴

消滅者,誤受理之將非有大赦者,誤爲輕赦而不

受理之類。

理之類。

第四百三十條　豫審若公判次序雖有違規則而無

害於後者不傾移其事件要止破毀其次序審處分,謂如豫

審閣書記對同共被告不有再害若枝告人臨公

判雖有所忌避不爲申請而裁判官自回避之類。

第四百三十一條　有向豫審若公判宣告內部分爲

一

上告而不關他部分者於大審院要毀破其上告部
分照依法律行應分裁判宣告若將其事件轉移他
裁判所

第四百三十二條 於大審院破毀原裁判宣告直行
裁判宣告者要令原裁判所若他裁判所施行謂彼告人
雖豆上告尚見動任原裁判所則令該所施行宣告
尚慢宜然原裁判若係重罪裁判所則或有先上告
判状而開屬者故令他
裁判所施行亦尚不
妨

第四百三十三條 於大審院將破毀事件轉移他裁
判所要定示原裁判所接近同等裁判所但其事件
特係私訴者要移之民事裁判所則要僧事件不得謂公訴裁判既定

與刑事相干預、

第四百三十四條　大審院判決係法律者認爲確定。
謂裁判所受其事件解付者、於法律上乃不得變其判決。

回所受大審院解付裁判所裁判宣告得照依常
規更爲上告。

第四百三十五條　於法律所不罰而受處刑若過當
重刑宣告期限内不上訴而裁判確定者大審院檢
事長得因司法卿命若以職權不分時日爲非常上
告、謂不合爲恕期限不上訴而令不正裁判遺跡
後代故說此特典日非常元者再以別常訴也。

有非常上告要破毀原裁判宣告於大審院直行裁

一

判宣告。調認兩律而不罰則宣告無罪爲過當重刑則貼衡其刑

第四百三十六條　於左項檢事長其餘訴訟關係人

得向大審院裁判宣告哀訴該院。

第一項　大審院不履行前條所定式則者。

第二項　將訴訟關係人所申請條件不爲判決者。

第三項　同一裁判宣告有兩條件齟齬者、

第四百三十七條　將爲哀訴者、要自裁判宣告限三

日間申請書記局。

書記要自領受申請書限三日間、解付之對手人對

于人同一期限内納其答辯書。

大審院要照依上告常規判決哀訴

第四百三十八條 大審裁判宣告自宣告三日間又有
哀訴者至其判決停止施行

第二章 再審之訴 謂旣經授訴上告若未經上
告及經上告而裁判宣告有虛枉告者
確定之後請求再審爲此訴
者旣定期又不分時日

第四百三十九條 再審之訴於左項得向重輕罪處
刑宣告爲庇護被告而爲之但非經裁判確定之後
不得爲

第一項 人命罪處刑宣告之後其認爲殺死者現
在生存若犯罪前死凶顯證明白者 一

第二項　同一事件非共犯而別受處刑宣告者、以關
裁判宣告相抵觸、二者
之中無罪、應居其一

第三項　犯罪前所造公正證書證明不足現在該
犯所者、官署所造文案之類

第四項　因枝告人陷害之罪受處刑宣告者、謂有
陷害之罪者別宣告刑之不亢、亦足以審馬如裁判檢
察警崗官、收受貨賄、若枝選忽怯或證佐入鑑
定人陳述虛偽以
陷害枝告之類

第五項　以公正證書證明訴訟文書有僞造若錯
誤者、

第四百四十條　應得爲再審之訴者如左項、

第一項　宣告處刑裁判所檢察官．

第二項　該裁判所屬控訴裁判所檢事長．

第三項　大審院檢事長但要因司法卿命若以職

權爲其訴

第四項　受處刑宣告者．

第五項　受處刑宣告者死亡則其親屬．

第四百四十一條　再審之訴無論罪刑消滅不分時

日得爲之　謂求再審者原由欲龜誤洗冤枉無有拘刑期時日之理

第四百四十二條　欲爲再審之訴者要將原裁判宣

吿謄本及憑文書附詞狀訥之原裁判書記局項此

凡案二項係前條第四第五項人求再審次序
乾罷裁判所檢察官亦要照第三項用此式

原裁判所檢察官要將意見書附其文書納之大審
院檢事長

原裁判所檢察官及控訴裁判所檢事長欲自爲再
審之訴者要照依前項次序納其文書

第四百四十三條　大審院要因檢事長請求速令專
任判事一名爲其審查兩發報告狀

第四百四十四條　大審院要俟閣他事件集會刑事
局判事全員於會議局依據專任判事報告狀及檢
事長意見書爲判決開再審徒要期更致倘刑事令
一切事件

第四百四十五條　大審院認再審為有理由要破毀

原裁判宣告再審公訴和訴而將其事件轉移同等

裁判所

其受解付裁判所要照依常規為裁判　關受其解付裁判者不拘非管

依常規

第四百四十六條　死者親屬為再審之訴而大審院

認為有理由不須將其事件轉移他裁判所要破毀

原裁判　關不以死者從告止破毀原裁判而已其係私節者於民事裁判所為其斷

第四百四十七條　因再審裁判宣告無罪若於前條

宣告破毀要爲前後聲聞將其宣告狀揭示若公告〔謂揭榜於甲明字公告於新聞紙若水哥全民裁判管字受還付之〕末之略之

第三章　定裁判所管之訴〔謂裁判所管律有定則雖自不容他觸或有時裁判官忌避若更變流疫等事變而規管裁判所不能管理者故設此章開審判所謂〕

第四百四十八條　凡裁判所不分通常特別定行非管宣告若因忌避或異常事變不能管理訴訟事件者檢察官其餘訴訟關係人得爲定裁判所管之訴

大審院檢事長得因司法卿命若以職權爲其訴

第四百四十九條　欲爲定裁判所管者要將訴

訟文書附其詞狀納之大審院書記局、

第四百五十條 於大審院要集會刑事局判事五名
以上於會議局依據專任判事報告狀及檢事長
意見書判決宣裁判所管之訴而將管理裁判所定示、

第四章 爲公安若嫌疑轉移裁判所管之訴、

第四百五十一條 因罪質身位人員若地方民心其
餘重大事情而裁判上有紛紜危險之恐者得爲公
安而將其事件轉移他同等裁判所、謂如罪係國事
黨恐有人心煽 信從衆多若兩
動之變之類、

第四百五十二條 爲公安而轉移裁判所管之訴要

大審院檢事長因司法卿命於該院爲之。

第四百五十三條　於大審院會議局要不須聽訟
關係人申請速判決前條之訴。

第四百五十四條　因被告人身位地方民心若訴訟
情況而裁判上有不能保持公平之恐者得爲嫌疑
將其事件轉移他同等裁判所豪大戶或因其犯罪
而妨損害者多之頴。

第四百五十五條　爲嫌疑而轉移裁判所管之訴親
管裁判所檢察官其餘訟關係人得爲之。謂裁判不公
而非司法卿所親暗。之疑親接人所能知

民事原告人向裁判所有嫌疑者為私訴若被告人

不向該裁判所起異議既就本案為辯論者不得為

前項之訴。

第四百五十六條　為嫌疑而為轉移裁判所管之訴

者要將其詞状二通納原裁判所書記局。

書記須速將其一通解送對手人對手人得自解送

限三日內納答辯書。

第四百五十七條　於大審院要照依第四百五十條規

則判決前條之訴。

第四百五十八條　有為嫌疑而轉移裁判所管之訴。

於裁判而乃得閣其訴訟次序

第六編　裁判施行復權及特赦

第一章　裁判施行

第四百五十九條　重罪輕罪違警罪非經裁判確定之後不要施行其刑不可自新故必經上訴若閱終期限方始為隹定不可動者

第四百六十條　死刑宣告一定檢察官要速將訴訟文書納司法卿故雖宣告一定要納其文書而待其命

司法卿有死刑施行之命要限三日內施行

第四百六十一條　除死刑之外處刑宣告一定要直
施行。

第四百六十二條　行刑要因原裁判所若自大審院校
指命裁判所檢察官指揮爲之。

罰金科料裁判費及沒收物件要依檢察官命令
狀徵收。

令破毀若廢弃沒收物件要檢察官處分。

第四百六十三條　死刑施行要書記造其始末書照
依行刑規則與對同官吏俱署名捺印

自餘係行刑方法細目別立規則定之。

第四百六十四條 裁判宣告一定若有闕席裁判該
裁判所書記要造已決罪表登載左項條件但大審
院行宣告該行刑裁判所書記要造之

第一項 犯人名氏年甲職業居所及貫址

第二項 罪各刑名

第三項 再犯

第四項 裁判宣告年月日

第五項 對審裁判若闕席裁判

第四百六十五條 已決罪表要造二通將一通解送司
法省一通貯藏其裁判所書記局

遠懲罪已決罪表要造一通貯藏其裁判所書記局
謂非於同一裁判所管内再犯則無
以再犯論故不將罪表送司法省

第四百六十六條 受處刑宣告者其宣告陳疑義若
其施行容異議要於當該裁判所判決之（註如宣告中不明示）
當該裁判所而不得告諭
刑之輕重長短之類米

第四百六十七條 受處刑宣告者逃亡之後就捕護申
告誤認要解送前日斷罪裁判所
其裁判所不能認定本犯者得爲驗實參照提召曾
預其事件裁判官檢察官書記若原被告證佐人

第四百六十八條 枋前二條要在公庭聽聞受宣告者

申陳及檢察官意見行裁判宣告但向其宣告不許

上訴。

第四百六十九條　係賠償及合償還訴訟關係人裁

判費宣告施行照依通常民事規則

　第二章　復權

第四百七十條　復權之請要受處刑宣告者於刑法

第六十三條所定期限經過之後稟之司法卿復權

願請書要本人署名捺印納之現住地始審裁判所

　檢事。

第四百七十一條　復權願請書要附左項文書

第一項　裁判宣告状謄本。

第二項　本刑滿期特赦若證明其為期滿免除文
書，

第三項　假出監獄及見解監視證書，

第四項　辨濟賠償及裁判費若免其義務證書。

第五項　既住現今居所及生理記載文書.

第四百七十二條　檢事要覈該犯身行其餘要件將
意見書附前條文書納之控訴裁判所檢事長。

第四百七十三條　檢事長要覆檢覈之將意見書附
係復權願請文書納之司法卿.

第四百七十四條　司法卿要檢閱係復權願請文書。

認爲合允可者迅速上奏。

第四百七十五條　因勅裁若司法卿意見弁御復權之請要司法卿通知之控訴裁判所檢事長檢事長通知之始審裁判所檢事。

於前項非經過刑法第六十三條所定期限半數不得更爲其請。

更爲復權之請亦照依前數條規則。

第四百七十六條　有復權裁可者要司法卿將其裁可狀解送控訴裁判所檢事長檢事長解送之始審可狀解送控訴裁判所檢事長檢事長解送之始審

裁判所檢事。

檢事。要將裁可状謄本下付請願人。

又要將裁可状謄本解送行處刑宣告裁判所該裁

判所記註之裁判宣告状。

第三章　特赦

第四百七十七條　特赦於處刑宣告一定之後不分

時日得檢察官若監獄長具状犯情申請司法卿。

監獄長申請特赦要經由檢察官但檢察官須附意

見書。

有特赦申請要司法卿將意見書附其文書上奏 特詔

第四百七十八條　司法卿於處刑宣告一定之後不

分時日得爲特赦申請

除死刑之外雖有特赦申請不停止處刑施行

第四百七十九條　有棄卻特赦申請要司法卿通知

之行處刑宣告裁判所檢察官

第四百八十條　有特赦裁可者要司法卿將特赦狀

解送行處刑宣告裁判所檢察官乃照依第四百七

十六條規則

赦申請司法卿亦不得可否

一仰上裁此所與復權殊也

行副護軍
嚴

日本司法省視察記 三

일본 사법성 시찰기 삼

여기서부터 영인본을 인쇄한 부분입니다. 이 부분부터 보시기 바랍니다.

이주해

현 연세대학교 국학연구원 연구교수.
타이완국립대학에서 중국 고전산문을 공부하여 석사 및 박사학위를 받았다.
주요 역서로는 『한유문집』(2009, 문학과지성), 『육구연집』(2018, 학고방)이 있다.

조사시찰단기록번역총서 8
일본 사법성 시찰기 삼

2018년 8월 31일 초판 1쇄 펴냄

지은이 엄세영
옮긴이 이주해
발행인 김흥국
발행처 보고사

책임편집 김하놀
표지디자인 손정자

등록 1990년 12월 13일 제6-0429호
주소 경기도 파주시 회동길 337-15 보고사 2층
전화 031-955-9797(대표), 02-922-5120~1(편집),
　　　 02-922-2246(영업)
팩스 02-922-6990
메일 kanapub3@naver.com / bogosabooks@naver.com
http://www.bogosabooks.co.kr

ISBN 979-11-5516-812-7 94910
　　　 979-11-5516-810-3 (세트)
ⓒ 이주해, 2018

정가 30,000원